THE EMOTION CODE
エモーションコード

「囚われた感情」の解放による奇跡の療法

How to Release Your Trapped Emotions
for Abundant Health, Love, and Happiness

Dr. Bradley B. Nelson

・ネルソン 著
寺尾まち子 訳

THE EMOTION CODE
How to Release Your Trapped Emotions
for Abundant Health, Love, and Happiness
by Dr.Bradley B. Nelson

素晴らしい両親、ブルース・A・ネルソン・シニアとルース・ネルソンの思い出へ

いつも、私を愛し、信じてくれた。唯一の後悔はふたりの生前中に本書を仕上げられなかったことだが、きっと見てくれている。

ドクター・アイダ・グリンとドクター・アラン・ベイン（ドクとアイダ）の思い出へ

子どもの頃、病気だった私を治し、自然療法の世界を開いてくれたことに。

私の恩師であり助言者であるドクター・スタンリー・フラッグへ

Discover Healingの素晴らしい仲間たちへ

このヒーリング方法を世界へ紹介する手助けをしてくれたことに。

妻、ジーンへ

彼女のアイデア、洞察、貢献、夢、支えがあったからこそ、本書が書けた。

最後に、読者のみなさんへ

本書の手助けで、あなたがよりよい健康、さらなる自由、深い愛、ますますの幸せを見つけられますように——これまで世界中の数千もの人々が見つけられたように。

目次

序文　アンソニー・ロビンズ

私たちの暮らしには目には見えないがつねに作用している強い力がある。放射線、重力、電磁気など、あたりまえだと思いがちなものだ。少なすぎると地球での暮らしは成りたたず、多すぎると私たちは死に絶えてしまう！　だが、私たちを形づくっている力には、人間の感情も含まれるべきである。愛、憎しみ、不安、怒り、感謝などのいくつかの感情は、地球上の他のものと同じく、生命に独自で強力な影響を与えている。だからこそ神経学者、心理学者、生理学者がここ数十年熱心に研究し、感情が人間の思考や行動、個人の健康、幸福、エネルギーレベル、全体的な活力に与える影響の大きさを立証しているのだ。

昨今ではトラウマになりそうな出来事や国家規模の悲劇のあと、実績が証明されているエネルギー療法のプラクティショナーたちが被害者たちを助け、すぐに分析して効果的に治療する方法を探すことが珍しくない。そんななか、妻セージと私はドクター・ブラッドリー・ネルソンの『エモーションコード』について耳にしていたが、まだ読んでいなかった。すると、パーソナルトレーナーのビリーや、親友であり右腕のメアリー・Bといった、私たち夫婦にとって大切な人々がそれぞれ本書の話題を持ちだしてきた。そして3度目に勧められたとき、セージが直感に後押しされた。とても気持ちをそそられたらしく、こう言ったのだ。「この人たちに会うべきよ」

私はスタッフにドクター・ネルソンに連絡を取ってもらい、会うことができないか訊いてもらった。ブラッドリーと奥さんのジーンにフロリダにある私たちの家にきてほしいと頼んだのだ。ありがたいことに、ふたりは承諾してくれた。それどころか飛行機に飛びのってくれ、翌朝に着いたのだ。私たちはエネルギー療法の分野で、ブラッドリーがここ30年で成し遂げた画期的な仕事について知りたいと思っていた。1、2時間かけて、ブラッドリーとジーンは親切に話を聞かせてくれた。ヒーリング分野に入ったそもそものきっかけ、最初から神の恵みだと信じ、人類に尽くすべきだという天命だと感じていたことなど。ふたりはこの世で愛にあふれるヒーリングを成り立たせるという意欲と使命を共有したのだ（そして、まさしくそのとおりになった）。

ブラッドリーとジーンは約30年前、インフォマーシャルで私のカセットテープのプログラム"Personal Power"を買ったことも教えてくれた。当時は厳しい状況だったので、2人で30日プログラムを聞いて宿題をしたことが、60日以内に自宅を兼ねた最初のカイロプラクティック診療所を開くことになったヒーリング分野での第一歩に弾みをつけたらしい。私は知らないうちにふたりの人生で役割を果たし、遠く離れていながら繋がっていたことを聞いてうれしかった。

臨床という舞台で、ブラッドリーは献身的な研究と、師と仰ぐ人々のモデリングと、ひとりひとりの患者が訪ねてくる前に祈り、導きを請うという宗教的な儀式を通して成長した。そして表れている症状に注目するだけではなく、人々にとって重要な指標として、内面の奥にある知性に耳を傾けるようになった。私はこれまで多くの偉大な医師たちと話をしてきたが――人々がさまざまな健康状態に立ち向かえるようになった画期的な業績がある人たちだ――それは、そうした医師たちに共通する方法だった（頭が教える限界は超えろという貴重な教訓だ）。ときにはひどく厄介で辛い難題を抱えている患者がブラッドリーのもとへくることもあり、どうすべきかわからないこともあった。そんなとき、ブラッドリーはハイヤーパワーに頼り、病気の根本的な原因に導かれたのだ。

私たちがブラッドリーが大好きなのは、人々に自分自身を癒せる方法をもっと身に着けてほしいという意欲があるところだ。私にはその考えがよくわかる。というのも、私も深遠な知識と呼んでいるものをいつも求めているからだ。深遠な知識とは？　私にとっては、とても簡単に身に着くもので、すぐに応用でき、自分自身や他の人の人生を変えられるものだ。こうした洞察力や手段は上質な人生を送るうえで非常に貴重であり、心身の活力を担う健康面においてはぜったいに重要である。

こうした大きな目標を胸に灯してゆく道を導かれながら、ブラッドリーとジーンは静かに世界中をまわって、人々が自らを癒せるように、過去の感情の重荷を取り除く方法を教えてきた。この30年間でブラッドリーは世界中で数千人のエモーションコードの認定プラクティショナーを指導し、その人々は今この方法を必要としている人々にセッションを行っている。いつも言っているが、複雑さは実行の敵なのだ。効果があるだけでなく、やり方が簡単で、覚えやすい点がさらに素晴らしい。私たちはブラッドリーが見出したものを受けとり、まずは家庭から今の生活にすぐにその原理を応用して、自分たちだけでなく、愛する人をも救えるのだ。ブラッドリーによれば、本書で紹介されている原理は誰でも使え、必要なのは覚えたいという意思だけらしい。

その夜、ブラッドリーとジーンは私たちにヒーリングセッションをじかに体験させてくれた。どんなものなのかまったく予想がつかなかったが、とても興味をそそられた。つまるところ、私たちが消すべきなのは心の重荷以外にあるだろうか？　ブラッドリーたちは夫婦で一緒に身体の不調を探るようだった。子ども時代の出来事や家族の行動形式からエネルギーの不具合を発見する速さにはびっくりした。身体のあらゆることが感じたことや考えたことに左右されていることには驚かなかった。驚いたのは、エモーションコードを使える人は昔の感情的なトラウマで閉じこめられたエネルギーをとても簡単に正確に判定し、あっというまに解放できることだった。最近では、トラウマとなった記憶は体内に保管され、子孫まで受け継がれることが科学者によって証明されている。エモーションコードは潜在意識から情報を得ているので、子孫に遺伝した感情さえ発見して解放できるのだ。

エモーションコードの素晴らしいところは、「Trapped Emotions：囚われた感情」が見つかったときに、その感情を再現しなくていい点だ――話すことすら必要ない。ブラッドリーとジーンは感情の〝溜まり〟を取り除いて、エネルギーの詰まりをきれいにするだけなのだ。セージも私もこのヒーリング方法が目の目を見たことに感謝している。ブラッドリーとジーンに会えたのはとてもうれしかったし、時間を割いてくれたこともありがたかった。私たちにはふたりの光がすぐに見え、親友と呼べることにとても感謝しているのだ。

この40年、私は人々が過去の印象や限界のある思いこみを乗り越え、精神を健康にできるよう手助けすることに人生を捧げてきた。だからこそ、エモーションコードによって個人の成長への道のりや、拡大されたアイデンティーや、特別に上質な人生が、過去から自由になってもっと大きくなりたいと願う人々にとって可能になることがわかり、とても興奮している。

本書で知った内容により、感情の体験がいかに蓄積されるかについての理解が変わり、その理解の変化によって、人生も変わるだろう。本書によりすでに世界中の多くの人生が変わっており、さらに数百万の人々がこのシンプルな方法を使って、自らや愛する人々を癒してくれることを期待している。セージも私もこのすてきなご夫婦と、ふたりの仕事と愛すべきやさしさに感謝している。エモーションコードにも。この方法を私たちに教えてくれてありがとう！

アンソニー・ロビンズ

謝辞

本書にご協力くださった方々に感謝いたします。

両親へ
　私を友人兼主治医にしてくれ、ふたりの話を書かせてくれたことに
グレッグへ
　磁気療法と、物事に対する新しい見方を教えてくれたことに
ブルースへ
　意思の力と無条件の愛の力を教えてくれたことに
ミシェルとノエルへ
　ふたりの励ましと愛に
娘ナタリーへ
　洞察力と、見事な文章力と編集能力に

娘セイラへ

素晴らしい写真を撮って協力してくれたことに

出版エージェントであるトム・ミラーへ

適切な出版社を見つけてくれたことに

編集者であるセントマーティンズ・プレス社のジョエル・フォティーノズへ

メッセージを信じ、世界の未来像を見てくれたことに

友人であるアンソニー・ロビンズとセージへ

ふたりの率直さと寛大さ、そして世界を癒すために進んで力を貸し、光のために尽くしてくれていることに

妻ジーンへ

どんな困難のときもそばにいてくれ、私の着想の源であり、協力者であり、親友でいてくれることに

最後に、神へ

祈りに応えてくださったこと、本書を仕上げるために必要なものを与えてくださったこと、ヒーリングの使い手にしてくださったこと、私の人生を導いてくださっていることに

読者への注

　エモーションコードは心身ともに驚くべき結果と素晴らしい恩恵をもたらすセルフヘルプの方法である。それにもかかわらず、比較的新しい発見であり、まだあまり研究されていない。

　本書で紹介した例はすべて実話だが、プライバシーを守るために名前を変えている場合がある。本書はブラッドリー・ネルソンと、このヒーリング方法を実施した経験がある人々の個人的な観察と経験に基づいている。読者の心身の健康は100%自己責任である。エモーションコードは心身の特定の疾病の有無について誤った解釈をしたり、診断に利用したりするべきではない。筋肉テストもスウェイテストも疾病の有無を診断するために使用してはならない。

　本書は健康管理に関するいかなる専門家の代替となることも意図していない。著者も発行者も本書で取りあげた、もしくは指導した療法や対処法を用いて引き起こされたいかなる結果についても責任を負わない。本書で取りあげたいかなる内容の利用も、読者の選択であり、読者のみの責任による。本書で取りあげた情報は個人での利用を意図したものであり、法律で認められた機関以外のいかなる療法の営業上での使用も意図したものではない。また、本書の内容は医学的な助言を意図しておらず、医療上の診断や治療に使用すべきではない。いかなる医療上の問題についても、医師に相談すること。

なお、結果には個人差があり、著者と発行人は本書の内容の正確性及び完全性についてはいかなる主張も保証もせず、責任を負わない。とりわけ販売目的や特定の目的を意図した使用で含意された保証については責任を負わない。また、著者と発行人は本書に記された情報やプログラムで直接的もしくは間接的に生じた、もしくは生じたと主張される損失、偶発的間接的な損害について、個人に対してもいかなる存在に対しても責任を負わない。

著者による序文

2007年に『エモーションコード』の初版が刊行されて以来、エネルギーヒーリングが驚異的な伸びを見せて受け入れられたことを目にでき、非常にうれしく思っている。これまでもたびたび言ってきたように、私の人生におけるこれまでの経験は、すべてこのシンプルで素晴らしい方法を世の中に紹介するための準備だったように思う。このヒーリング方法は天からの、すべての真理の源である神からの授かり物だと心から信じている。今この時期に授けられたのは、切実に必要とされているからだ。

私は人生の方向性について神の助けを願っていた時期に、力強く明快な祈りへの答えを得て、ヒーリングの分野に導かれた。

エモーションコードは1990年代に私が南カリフォルニアの小さなホリスティック療法のクリニックで開発したヒーリング方法である。毎日患者に施術し、効きめがあるものを見つけ、効きめがないものは捨て、同業者が使っているさまざまな方法や、ヒーリングに関する昔の本など、ヒーリングに関するあらゆることを学んで、できあがった方法である。妻のジーンもともに働き、私が出会ったなかでも非常に直観力の優れた一人として、たいへん力になってくれた。また、私は施術しようとする患者に力を貸してくれるよう、ひそかに静かに神に祈る個人的な習慣もはじめ、次第にとつぜん天からひらめきが降りてくるようになった。

2009年以降、私はラジオ番組で数百回話し、多くのテレビ番組に出演した。そして、あらゆる人々にエモーションコードの技術を教え、世界中で根づいて成長していることを光栄に思っている。また、数千人がエモーションコードがなければ気づかなかっただろう自己治癒力を発見できたことも目にしている。多くの結婚生活が救われ、多くのうつ、不安、パニック障害が解決した。痛みがなくなり、ずっと求めていた安らぎを得た人もいる。Discover Healingのチームは世界中で指導し、数千人のプラクティショナーを認定した。エモーションコードとボディーコードの認定プラクティショナーの多くは他の人々を助けることで生計を立てている。セッションを行ったクライアントの人生が永遠に変わることも多い――ヒーラーとクライアントはじかに顔をあわせていないことも多いのだが。

私はこの方法を伝えるメッセンジャーにすぎないと思っている。スポークスマンであり、教師だ。それがこの世での私の目的だと信じている。ヒーリングは可能だと世のなかに伝えること。天には創造主たる神がいること、神は現実であり、今も生きていて、私たちを愛し、私たちに癒されてほしい、成長してほしい、ヒーリングという贈り物を開け、助けを求め、無条件で愛することを学んだら、いずれは家へ戻ってきてほしいと願っていることを世の中に伝えるのだ。他の人を助けようとしているとき、そのために神の手助けを求めたいときは、無限の力の源を呼びだせばいい。私たちへの愛だけが存在し、本来の私たちを完璧に理解し、私たちの内にある輝かしい可能性を呼びだせばいい。

〝感情の重荷〟は私たちが最も純粋で素晴らしい状態になるじゃまをする。これから本書で学ぶように、感情の重荷はあなた自身の人生経験で生じた場合もあれば、祖先の人生や苦労で生じたものを受け継いだ場合もある。どちらにしてもエモーションコードはあなた自身のみならず、家族や、その他の愛する存在からも、感情の重荷を見つけて解放する。エモーションコードを使えば、大切な人の人生を劇的に変えられるのだ。ペットも含めて！

心と頭を開いてくれれば、これまで発明されたなかで最も力強く効果的だが、とても簡単な方法を知る旅にお連れしよう。エモーションコードである。

第1部

囚われた感情

第1章　囚われた感情――目に見えない蔓延

Trapped Emotions : The Invisible Epidemic

事実は小説より奇なり。小説は可能性に基づいているが、事実は違うからだ。――マーク・トウェイン

感情がなければ、人はいったいどうなるのだろうか？　経験したことすべてが人生模様を織りあげるのだとしたら、その模様を彩るのは経験した感情である。

感情がまったく存在しない世界を想像してほしい。そんな世界に喜びはない。うれしさも、至福も、思いやりも、やさしさも。愛も、どんな好ましい感情もないのだ。

感情がない架空の惑星には、好ましくない感情もない。悲しみも、怒りも、落ちこみも、嘆きも。この惑星で生きるということは、即ちただ存在するだけなのだ。感情を抱くことができなければ、人生はゆりかごから墓場まで、機械的に儀式をくりかえす退屈なものになるだろう。ああ、感情を抱けるのは何とありがたいことか！

だが、経験しなければよかったという感情を抱いたことはないだろうか？　普通の人であれば、人生には暗い時期だってあったはずだ。不安、悲嘆、怒り、挫折、恐れを感じた瞬間があったろう。悲しみや落ちこみを経験し、自信や希望を失うなど、さまざまなマイナスの感情を抱いた時期もあったかもしれない。

自分では気づいていないかもしれないが、そうしたネガティブな感情のなかには、今のあなたが抱えている問題の原因となっているものもあるはずだ。たとえ、それがずっと以前に抱いた感情だとしても。そう、昔の経験が今でもひそかに悪影響を及ぼしているのだ。そうした古い感情を見つけて永遠に解き放つのがエモーションコードなのである。

苦しみの多くは心の奥底に〝囚われている〟マイナスの感情エネルギーによって起こる。エモーションコードはそうした囚われた感情（Trapped Emotions）のエネルギーを見つけて解放する、簡単かつ強力な方法なのだ。

囚われている感情から自由になったことで、より健康的で幸せな人生を送れるようになった人が、すでに多く存在している。たったひとつの囚われた感情が心身両方の問題を起こす場合があるのだ。

次に挙げるのは、エモーションコードを用いて囚われた感情エネルギーを解放した結果、心身の健康に瞬時にめざましい改善があった実例である。

アリソンは腰痛に苦しんでいたが、たちまち痛みがなくなり、その夜にダンスを披露することができた。
リンダはずっとうつ状態で自殺願望を抱えていたが、そこから脱することができた。
ジェニファーは慢性的に抱えていた不安が消え、ずっと願っていた心の底からの自信を抱けた。
ローリは生まれて初めて神に愛されていると感じられた。

シェリルはやっと元夫への怒りを捨てて、愛に満ちた素晴らしい関係を新しい男性と築くことができた。

ジュリアは数回失敗した試験で、よい成績を取れた。

ラリーは足の痛みが消え、引きずることがなくなった。

コニーのアレルギーが消えた。

ニールは2年間持ちつづけていた上司への恨みが消えた。

ヨーロンダは長年苦労していた減量に成功した。

ジョーンは一週間で過食症を克服した。

トムは視力がよくなった。

ジムの肩の痛みが消えた。

ミンディの手根管症候群が治った。

3人の医師にかかっても治らなかったサンディーの膝の痛みがまたたく間に消えた。

キャロルは30年以上夜驚症に悩まされてきたが、1週間で症状が消え、再発しなかった。


こうした事例に加え、類似した多くのことが起きたときも、私はその場に居合わせていた。長年のエモーションコードの実施と指導において、奇跡にも見えるこうした治癒を数えきれないほど見てきたが、すべてはエモーションコードで囚われている感情を解放させただけで起きたことなのだ。

本書を執筆したのは、自分や他者のなかに囚われている感情を見つけて解放する方法をあなたに身に着けてもらうためである。

あなたが医師だろうと、漁師だろうと、主婦であろうと、教師であろうと、エモーションコードは習得できる。とても簡単なのだ。

誰であっても、囚われた感情が及ぼす重大な悪影響から解放される方法を学べるのだ。

感情とは？

日々を生きていれば、絶えず何らかの感情を抱く。こうした感情はすべて目的を果たしている――動機や方針を与え、肉体や高次元の自分《ハイヤーセルフ》や神からの情報を伝えているのだ。ネガティブな感情は厄介で辛いこともあるが、それだって役に立っている。ときには誰もが極端にネガティブな感情を抱くが、それもまた人間の一面なのだ。

感情はどこからともなく湧いてくるものではない――ふたつの基準に基づいて、肉体から湧きおこってくる。すなわち、今経験していることと、過去の経験によって心身に蓄積された情報という基準によって。したがって、うれしかろうが、いやだろうが、その感情は心の奥深くから、理由あって起こったものなのだ。

感情はどんなものでできているのだろうか？　この件についてはのちほど詳述するが、簡単に言えば、感情はエネルギーそのものの振動である。感情にはそれぞれ独自の波長がある。この宇宙に存在するものは残らずエネルギーでできていて、感情も例外ではない。そしてエネルギーが他のエネルギーに影響を与えていることは、量子物理学で証明されている。つまり、肉体もまたエネルギーなので、私たちは感情のエネルギーに影響を受けているのだ。この単純な事実から、感情は精神にも肉体にも大きな影響を与えているのである。

要するに、感情の体験とは

感情が湧きおこると、3つのことが起きる。1、身体から感情の振動が発生する。2、感情を感じはじめ、それと同時に何らかの考えや肉体的な感覚が発生する。3、数秒から数分後、感情をやり過ごして、次に進む。この最後の段階は「処理」と呼ばれ、この段階が完了すると、感情を伴う体験から無事に次の段階に進み、問題が起こることはない。

だが、2番目と3番目の段階がうまくいかないと、感情を伴う体験が完了せず、感情のエネルギーは体内に囚われたままになる。

感情が完全に処理されない理由はまだはっきりと解明されていない。ただ、感情が圧倒的だったり極端だったりする場合は体内に囚われやすいようだ。身体に弱い部分があったり、似たような振動をもつ感情が過去に多く囚われていたりするなど、他の原因がある可能性もあるが、それはまたあとで詳しく説明する。

囚われた感情とは?

心情的に辛かった時期をなんとか忘れたいと思っても、その出来事の影響が囚われた感情という形で残ってしまう場合がある。そうした困難な出来事は意識的に思いだせることもあれば、思いだせないこともあるだろう。辛かった出来事を思いだせるかどうかは、じつはあまり問題ではない。潜在意識が覚えており、エモーションコードを使って情報を呼びだせるからだ。ひどいトラウマを負った人々のなかには数年間の記憶がなく、ほとんど思いだせない人も多いが、エモーションコードを使えば完全に顕在意識を避けることができる。そして潜在意識から囚われた感情に関する重要な情報を得られるのだ。

感情が囚われるたびに、ひとはトラウマになった出来事の真ん中で身動きできなくなる。そして怒った瞬間や、悲しんだり落ちこんだりした時期を乗り越えて先に進むのではなく、このネガティブな感情エネルギーを体内にためこみ、それが心身にとって大きなストレスとなってしまうのだ。たいていのひとは感情的な重荷が想像以上に、文字どおりの重荷であることに驚く。じつは囚われた感情はきちんと形のある明確なエネルギーでできている。目に見えなくとも実在するのだ。

ニールの恨み

カナダ人教師ニールが困難な状況に陥った結果、感情が囚われ、人生に悪影響が出た話をしてくれた。

何年も前の話ですが、私は教師をしていて、校長とまったく馬が合いませんでした。私たちは出会った最初の日から、あらゆることで衝突しました。校長は意地悪で、悪意にあふれ、私のやる気をあらゆる形でそぎました。とうとう、その学年の1月、私は逃げだしました。医師にかかり、ストレス休暇を取ったのです。医師は「しばらく休んで気力を回復して立ち直ったほうがいい」と言いました。そこで、私は約3カ月の休暇を取り、休暇が終わると、また校長と同じ状況に陥ることは避けるという医師の条件付きで、教育委員会に適性証明書を提出して復帰しました。

それでも校長自身や、校長と反目しあった状況に対する感情はなくなりませんでした。頻繁にその感情が湧きあがってきて、あのときの状況について考えては思いをめぐらせ、血圧があがるのを感じました。自分の扱われ方や、校長が自分のやり方に異を唱える教師たちに陰険な態度を取りつづけてきたのに懲戒処分を受けていないという事実に対する怒りや恨みがしょっちゅう湧いてきたのです。とにかく、その状況が2年間続きました。抱えていたネガティブな感情のせいで腹が立ち、眠れませんでした。私たちは南カリフォルニアに行き、ブラッド・ネルソン先生に会い、診療所を訪ねました。すると……先生が恨みの感情を取り除いてくれたのです。感情が取り除かれたとき、本当に何かが自分の中から出ていった感覚がありました。それ以来、まだ校長は嫌いですが、ネガティブな感情はなくなり、血圧があがることもなくなり、数年間私を捉えていた怒りや恨みが消えました。これがブラッド先生に教えられた原理やエモーションコードで、囚われていた感情が消えた経緯です。——ニール・B

人質にされている未来

特定できない何かに圧迫されてあがいている気持ちになったことはないだろうか？　もしかしたら、人生が思うように運んでいないのかもしれないし、誰かとの関係を長続きさせようとしているのに、うまくいっていないのかもしれない。過去の特定の出来事が起こらなければよかったのにと思いながら、先に進もうとすると無力さを感じてしまうのかもしれないし、なんとなく漠然とした形で、現在が過去に支配されているような不安を感じているのかもしれない。

ジェニファーの自己破壊

ジェニファーの体験は囚われた感情が妨げになる場合がわかるよい例である。ジェニファーは私の娘の親しい友人で、輝かしい未来が開けている、楽しいことが大好きな大学生だった。彼女は夏休みに帰省するときに我が家に寄った。そして大学生活は順調だが、過去の出来事にまだ悩まされており、囚われた感情に苦しんでいるみたいだと打ち明けた。

ジェニファーは前年にある若者と熱烈な恋仲になったものの、その激しい恋が破れて以来、新しい男性と出会うたびに不安に襲われていると話した。男性と関わることに対して根拠のない不安を抱えて乗り越えられず、無意識のうちに、これから始まる可能性のある関係を壊してしまっていたのだ。テストをしたところ、ジェニファーの問題の原因となっていた囚われた感情が少なくともひとつは見つかった。

私はジェニファーが私に頼らずとも自分で囚われた感情を解放できるように、エモーションコードを教えることにした。すると、ジェニファーはあっというまに覚え、身体に囚われていた複数の感情を見つけた。なかでも目立ったのが〝創造することに対する不安〟という感情である。この感情は何かを創造すること、たとえば絵を描いたり、新しい仕事をはじめたり、新しい関係を築いたりすることで自信を失うことで生じる。ジェニファーは以前の恋愛でこの感情を抱き、それが体内に囚われたままになっていたのだ。彼女は数分で〝創造の不安〟とその他のいくつかの囚われた感情を体内から解放し、車を運転して家へ帰っていった。

数日後、ジェニファーから電話があり、とても大きな変化があり、今付きあっている若い男性と一緒にいるとき、自分の考えや思いを表現するのがうまくなったと報告があった。以前は、その男性と一緒にいると、怖じ気づいて遠慮がちだったのが、囚われた感情を解放してからは自信がつき、とても気楽に接することができるようになったという。そして数カ月たっても、恋人との関係は続いていた。囚われた感情を解放していなかったら、きっと恋人との関係を壊していたに違いないと、ジェニファーは思ったようだ。

このように囚われた感情を解放することは、あなたにも役に立つ。過去の障害を乗り越えて結婚生活や家族や個人との関係に新たな人生を与えられるのだ。

囚われた感情を解放すれば、今よりもっと安心できて、やる気が出て、これまでずっと求めてきた関係や、キャリアや、人生を自由に築いていける。

人はどういうわけか過去の感情を重荷に感じていることには気づくが、乗り越え方は知らないようだ。西洋ではセラピストに過去について打ち明け、対処法を話しあうというのが従来の方法である。この方法はうまくいくことも多く、人生も救われるが、囚われた感情に直接取り組むわけではないので、問題の根っこはそのままなのだ。

囚われた感情があると、人はさまざまな方法で自らを癒やそうとする。長時間働いたり、薬を使ったり、酒を飲んだり、スリルを求めたり、他の人々の問題を解決しようとしたり。

多くの人が能力を発揮できなかったり、人生をうまく運べなかったりする。その失敗の根本の原因が過去の出来事で囚われた感情で、それが努力を無にしていることに気づかないのだ。次に紹介するのは、その典型的な例である。

法廷速記者ジュリアの場合

ジュリアは法廷速記者になるために学校へ通い、この職業の将来性にわくわくしていた。法廷速記者は特別な表音機械でタイプすることを習い、法廷で発せられた言葉すべてを速く正確に記録しなければならない。ジュリアは教室ではうまくできるものの、試験を受けると失敗していた。これまで3回不合格になり、次が合格できる最後のチャンスだったので、とても心配していた。

試験のときに行動に影響している囚われた感情がないかどうかテストをすると、ジュリアの身体が「ある」と答えを出してくれた。ジュリアの囚われた感情は〝落胆〟だった。15歳のとき、両親が離婚して、ジュリアは辛い時期を過ごした。耐えられないほどの落胆を経験し、それが体内に囚われたのだ。試験になってプレッシャーがかかると、囚われている落胆という感情がじゃまをするのだ。囚われていた落胆を解放すると、ジュリアは気を楽にして自信を持って次の試験に臨み、ほぼ満点を取ったのである。

両親の離婚と、そのことに対する昔の感情が現在に悪影響を及ぼしているなど、ジュリアは思ってもみなかった。

風の影響が目で見るより感じることでわかるのと同じく、囚われた感情は見えないけれど、強い影響をあなたに与えているのだ。

私の経験では、自己破壊や身体的な病気や感情的な問題のかなりの割合が、こうした目に見えないエネルギーによって生じている。次の例はこの説を力強く裏付けている。

歌手のマーク

マークはプロの歌手で、ここ数カ月レコーディングがうまくいっていません。声がいつもと違うと言いつづけているのです。喉の腫れを気に病み、医師からずっと抗生物質を処方してもらっていました。私はマークに他の対処法があると言って承諾を得ました。最初に見つかった感情は、半年前に婚約者に対して抱いた嫌悪感で、それが喉頭に囚われていました。半年前に何があったのかと尋ねると、マークは泣きだし、婚約者の浮気を知ったのだと打ち明けました。同時に、その頃から声に問題が起きはじめたことを思いだしました。その出来事に関する4つの感情を解放すると、マークの気分ははるかによくなり、その日のうちにスタジオに入って、問題なくレコーディングを終えました。——ラスティン・L

囚われた感情が起こすダメージ

囚われた感情があると誤った想像をしたり、悪意のない発言に過剰反応したり、行動を誤解したり、誰かとの関係を破壊したりする場合がある。さらにひどい場合には、抑うつや不安になったり、振り払えない不要な感情が生じたりすることも。身体の器官や組織の正常な機能を阻害し、痛みや疲労や病気を起こして身体的な健康に大きな害を及ぼす恐れもある。だが、どんなに苦しんでも、囚われた感情の目に見えないエネルギーは従来の医療では診断されない。心身の問題を起こしている大きな原因かもしれないのに。

健康や幸せに関わる問題を解消するには、根本的な問題への対処が必要である。痛みや病気の症状を緩和する強い薬はたくさんある。だが薬が効かなくなると、病気の根本的な原因が治っていないので、しばしば症状がぶり返すのだ。

囚われた感情がさらに害を及ぼす前に、その感情が何なのか認識して取り除くことが重要である。

本書は事実をはっきり記す。あらゆる心身の病気や苦しみのほとんどは、囚われた感情が重大かつ隠れた原因であることが多いのだ。

時がすべての傷を癒す？　いや、そんなことは……。

時がすべての傷を癒すと聞いたことがあるだろうが、これは必ずしも本当ではない。あなたは過去の恋愛で感じた痛みをすべて忘れなければならないと考え、セラピーに通ったことがあるかもしれない。そして、今ではすべて忘れたつもりでも、古い感情の目に見えないエネルギーは文字どおりまだ身体に住み着いている。その傷は時間だけでいずれは癒せるものではない。こうした傷は現在の関係での行動や感じ方に影響し、あなた自身に新たな関係を壊させてしまうこともある。感情が身体に囚われている時間が長いほど、心身の痛手を与えやすいのだ。

囚われた感情を解放すれば、重荷ははるかに軽くなる。実際、囚われた感情が解放された瞬間に気持ちが軽くなる人が多い。囚われたネガティブなエネルギーを見つけて解放すれば、あなたの感じ方や行動、選択の仕方、得られる結果に大きな変化が生じる。そして、たいていの場合は、新しく手にした自由と自信が自然に流れはじめる。

Ｊの見事な独唱

17歳の息子Ｊは自閉症です。とても恥ずかしがり屋でおとなしく、以前は電話にも出ませんでした。でもエモーションコードを使うようになってから、少しずつ殻を破るようになりました。

Ｊは春季コンサートで先生に最後の曲の独唱者に選んでもらい、私と娘も観にいきました。するとＪは舞台にあがり、数百人の前で、ひとりで歌ったのです。私たちは観客席で驚いて見ていました――抱きあって涙を流しながら。もちろん、Ｊは緊張していましたが、それでもやり遂げました。１年前には考えられなかったことです。この数週間でとても活発になりました。私は息子にセラピーについて説明しようとしましたが、Ｊは理解しませんでした。それでも、驚くような効果があったのです。エモーシ

ョンコードを体験できた機会に心から感謝します。——リッチェル・T

ありえないことを目撃して

ある患者の話をさせてください。国際養子として引き取られた6歳の男の子です。体重が15キロほどで2、3歳にしか見えず、一般的な試験をしたところ1歳4カ月ほどの認知発達でした（生後1カ月まで水しか与えられていなかったのです）。周囲の人々にも環境にも反応を示さず、言葉も話せませんでした。

私は自然療法を使って、彼の精神を安定させようとしていました。すると、彼がとつぜん毎朝2、3時間泣きつづけるようになったと母親から連絡がありました。私はエモーションコードのセッションを行っていいかと尋ね、母親は承諾しました。

セッションを一度行っただけで、彼は泣き叫ばなくなり、ぶり返すこともありませんでした。両親によれば、よく笑うようになり、一日中落ち着いていることが多くなったようです。私たちはエモーションコードのセッションを続け、素晴らしい効果が出ていることを神に感謝したいと思います。男の子は以前には見られなかった方法で家族に反応するようになり、今では質問をされたり指示を与えられたりすると適切な行動で答えるようになり、さらにはさまざまなことを言葉で表そうとするようになりました。

こうした状況は〝大きな〟変化ですが、彼はエモーションコードで他にも有益な結果を得ています。息子はこれ以上発達することはないと両親は言われていましたが、彼は明らかに発達しています。奇跡を起こす手伝いができたことは、私の生涯にとって非常にありがたい天啓です。エモーションコードに贈られたものに感謝します。——パメラ・R

エモーションコードはあなたが内面どおりの真のあなたでいられるように、重荷を取り除く方法である。あなたは自分自身の感情的な重荷ではないはずなのに、囚われた感情のせいで本来の道からはずれたり、選びたくない道を歩んだりしてしまっているのかもしれない。囚われた感情のせいで、あなたが生きるはずだった活気あふれる健康的な人生が送れなくなる場合があるのだ。

囚われた感情と肉体の痛み

明らかな精神的な痛みに加えて、数百万もの人々が肉体的な痛みや苦しみを抱えている。そして囚われた感情エネルギーが肉体の痛みの一因だったり、原因そのものだったりすることも多い。

デビーの心痛

患者となって1年たった頃、デビーが私のオフィスにやってきて、心臓発作を起こしたと訴えた。胸が痛んで息が苦しいと言い、左腕と顔の左半分が完全に麻痺していた。この24時間で症状が次第に悪化しているようだった。私はすぐさまデビーを寝かせて、医師の力が必要になるかもしれないとスタッフに警告した。そして脈拍などを測って正常であることを確かめると、囚われた感情が原因でこの症状が起きているのかどうかを確かめるためにテストをした。デビーの身体はイエスと答えた。

私はテストを続け、すぐさま囚われた感情は心痛であることに気づいた。さらにもう少しテストをすると、この感情が身体に囚われたのは3年前だとわかった。この時点でデビーは泣きだして叫んだ。「セラピーですべて解決したと思っていたのに！　今になって症状が現れるなんて信じられない！」と。そして3年前、夫が浮気をしたのだと説明した。夫の浮気を知って、デビーは打ちのめされた。結局デビーは離婚し、しばらくは混乱した日々を送ったものの、次第に折り合いをつけていった。たくさん涙を流し、セラピーに1年通い、再婚して、新たな道を歩きはじめたのだ――少なくとも、デビーはそう思っていた。

過去の心痛があんなにも劇的な形でまだ自分に影響を及ぼしていたと知って、デビーは驚いていた。すでに長い期間をかけて対処してきたのに、どうしてその出来事が肉体的な痛みの原因となったのだろうか？一般にやるべきだと言われていることは残らずやったのに。涙を流して感情を表し、友人の慰めとセラピストの助言を受け、今は前夫となった男性と心を開いて話しあい、離婚という事実を受け入れた。けっしてたやすくはなかったはずだが、重要な過程をいくつも経たのだ。デビーの心のなかでは、すでに対処し終えたはずの過去の出来事だった。

デビーに見えなかったことは、誰の目にも見えないものである。過去の出来事が原因で起こった、目に見えない無言の肉体への影響は、症状が出て初めて明らかになったのだ。デビーはあらゆる方法で問題に対処していたが、ひとつだけやり残したことがあった。彼女は囚われた感情に苦しんでいた。

私が囚われていた心痛を解放すると、数秒で腕や顔の感覚が戻った。急に呼吸が楽になり、胸の痛みと重苦しさが消えたのだ。まもなく、デビーはすっかり回復して帰っていった。

結婚が破綻した初期の段階で経験した耐えがたいほどの心痛は、デビーの身体に囚われていた。肉体の症状が一瞬のうちに消えたことは、私にとっても驚くべきことだった。私自身にとっても、囚われた感情という考え方はまだ新しかったからだ。私は目の前で起こった仕組みについて考えた。たったひとつの囚われた感情があんなに激しい症状を引き起こせるものだろうか。

デビーの体験は、囚われた感情が肉体に影響を及ぼすことや、従来のセラピーでは囚われた感情が取り除けないことを示す、劇的な例である。もちろん、従来のセラピーにも利点はあるが。一般的に、囚われた感情はデビーのような激しい症状は起こさない。たいていは目立たないが、心身のバランスを狂わせる影響を与えるのだ。

シャロンの痛みは母が原因だった

ある日、シャロンという患者がやってきて、腹痛を訴えた。右の卵巣の上が痛いと言うのだ。囚われた感情が痛みの原因ではないかとテストをすると、そのとおりだった。

さらに詳しくテストをすると、囚われた感情は〝欲求不満〟で、母親に関することで、３日前に身体に囚われたものだと判明した。この結論を下したとたん、シャロンはひどくうろたえて怒った。「母ですか！　母は３日前に電話をかけてきて、私にいろんなことを押しつけたんです！　私の人生に口出ししないで放っておいてほしいのに！」

シャロンの身体から囚われた〝欲求不満〟を解放すると、痛みは一瞬で消えた。シャロンはびっくりしていた。痛みがこんなにすぐに、すっかり消えるなんて信じられなかったのだろう。さらにびっくりしたのは、母親に対する強い不満が、この３日間苦しんできた肉体的な痛みの明らかな原因だったということだ。

囚われた感情はシャロンのような肉体的な痛みを生じさせるだけでなく、筋肉のバランスを崩して関節の不調を起こし、ついには変形関節症や関節炎を起こしたりする場合もある。囚われた感情を解放したとたん、身体の激痛が治まった例を私は何百も目にしてきたのである。

囚われた感情を解放すると、従来の医療では治せないと思われていた痛みや苦しみを癒せることが少なくない。この例にぴったり当てはまるのが、次にご紹介する元患者からもらった手紙である。

ジムの膝

数年間、患者としてお世話になった者です。初めて先生のもとを訪れたとき、私は脚と膝と背中にたくさんの問題を抱えていました。そして体内をきれいにするために処方されたさまざまなサプリメントの副作用に耐え、私がしがみついていた恨みや怒りや不安を先生に解放していただいたことで、膝の痛みが消え（腰の置換手術をしてもらった医師からは、膝の関節もすり減っているので、置換手術が必要だと言われていました）、歩いたり階段をのぼったりすることができました。痛みを感じないで動けるなんて数年ぶりでした。今も基本的には痛みを感じることなく活発に動けます。年をとれば関節炎にはなるでしょうが、すり減った関節はまだ調子よく動いており、ありがたいと思っています。先生のご著書が成功し、他の人たちにも健康な人生が開けますように。——ジム・H

多くの人が痛みをがまんし、結局は〝痛みとうまく付きあって〟いく。治療法や原因がわからない場合は特に。しかしながら、痛みは問題があることを身体が教えてくれる方法であり、注意を払う必要がある。

私は長年の施術を通じて、肉体的な痛みの根本的な原因である囚われた感情を解放すれば、ほぼ全員の痛みが緩和される様子を目にしてきた。しかも、多くは即座に。じつを言えば、肉体的な痛みの約90％は、対処が必要な囚われた感情があることを伝えようとする潜在意識のメッセージなのだ。

ピンでとめられた過去

ラスベガスのワークショップで教えていたとき、面白い経験をした。手伝ってくれる人はいないかと声をかけると、受講生のなかから20代前半の女性が出てきた。そこで、今身体に大きな問題はないかと尋ねると、彼女は何も問題はないと答えた。

私が筋肉のテストをすると、彼女には囚われた感情があるとわかった。〝サポート（支持）されない〟という感情で、孤独で、助けが必要なときに助けてくれる人がいないという感情に似ている。

筋肉のテストをして、この感情が囚われたのはいつかと潜在意識に尋ねた。すると、それは1歳のときだった。何か心あたりはないかと尋ねても、彼女は首をふるだけだ。

たまたま彼女は母親と一緒にワークショップに参加していて、並んですわっていた。私が受講生のほうを見ると、母親は気まずそうな顔をしていた。

手で口を押えており、怯えているのか、気まずいのか、私にはどちらかわからなかった。娘のほうに記憶がないので、私は母親に何があったのかわかるかと質問した。

母親はとても辛く、気まずそうな声で説明した。「ジェシカが赤ちゃんだったとき、私は布オムツを使って安全ピンでとめていました。とても言いづらいのですが、誤ってジェシカに安全ピンを刺してしまったことがありました。娘は泣きつづけましたが、私は次にオムツを換えるまで、ピンを刺していたことに気づきませんでした。今になって、あのときのことがわかるなんて。あのときも今も、なんと恐ろしいことをしてしまったのだろうと思っています」

私はジェシカのほうを向いて尋ねた。「これが囚われた感情ですか?」。ジェシカの腕を押すと、反応は強く、それが当たりだとわかった。囚われた感情を解放すると、ジェシカは着席した。2週間後、次のような手紙が届いた。

ブラッド先生

ラスベガスにいらしたとき、娘ジェシカが赤ん坊のときに囚われた感情を解放していただきました。じつはジェシカは12歳のときから腰と膝の痛みに苦しみ、大きくなるにつれて悪化していました。誰にもサポート(支持)されないという感情を解放されてから(10日ほど前です)、娘は腰と膝の痛みも締めつけも感じていません。これまでは痛みを感じない日がほとんどなく、次第に悪化していたので、歩き方にも影響するようになっていたというのに。ジェシカは興奮し、内なる喜びという〝新しい〟感覚を経験しているようです。娘は先生に心から感謝しております。

ジェシカは自分の話を公にしてくださってもかまわないと言っています……じつのところ、ラスベガス中の人々に話したくて仕方ないのです! 本当にありがとうございました。 ――モーリーン・C

これも囚われた感情が肉体的な痛みを生むという一例である。感情が囚われたのはジェシカが赤ん坊のときの出来事が原因であり、彼女の顕在意識は記憶していなかった。12歳になるまで腰と膝の痛みが出なかった理由ははっきりとはわからないが、重要なのは今ジェシカが痛みを感じずに前進できるということだ。彼女は痛みを感じずに満ちたりた健康的な人生を送れるだけでなく、健康な関節が問題なく動き、障害を負わずにすむのだ。

ソーニャの〝奇妙な〟痛み

私の母は5年前に黒カビの毒で亡くなりましたが、あの頃は私にとって、とても辛い時期でした。わずか数カ月後にひとり息子が家を出て自立したのです。息子は私の人生そのものでしたので、彼のためにはよいことだと思いながら、ひどく打ちのめされました。そのあと、私は素晴らしい男性と結婚しました。その後まもなく、私は誤って愛犬ジャックを車で轢いてしまいました。ジャックは手術後に3週間の集中治療を受けて何とか命を取りとめたものの、24時間介護が必要になり、私が面倒を見ました。ジャックの命は助かりましたが、私はとても大きな罪悪感を抱えました。この間、私も子宮の全摘手術を受け、ひどくストレスを感じるのに充実感がない仕事をしていました。私はすっかり参ってしまい、涙がこぼれそうになる日も少なくありませんでした。

夜になってベッドに入ったあと、右腿があちこち痛む日が多くなりました。痛みは月ごとにひどくなり、しばらくすると左腿まで痛くなりました。痛みで眠れないほどで、寝つけたとしても、また痛みで起きてしまうのです。片脚だけ痛むこともあれば、両脚痛む夜もありました。やがて左腕も右腕も痛みはじめました。そして、ついには全身が手あたり次第に痛むようになったのです。まもなく夜だけでなく、もっと頻繁に痛むようになりました。数人の医師にかかりましたが、返ってくるのは「奇妙だ」という言葉だけ。医療検査の数値はすべて「良好で正常範囲」でした。

首も、肩も、背中もひどく痛みました。きっとストレスのかかる仕事のせいだと考えていました。そして、ついに背中の神経をつままれたような痛みを覚えました。マッサージ、カイロプラクティック、鍼、理学療法と試し、とうとう背中の痙攣を抑えるために筋弛緩剤を飲むようになりました。それでも治りません。「奇妙」だとか「不思議」だとか言われるだけです。痛みのせいで、私はすっかり疲れはて、身体が衰えて、うつ状態に陥りました。最後は車椅子に乗ることになるのだろうと考えていたのです。塗料の入ったペイントボールを投げつけられているのに、じっと立ったままでいるような気分でした。そして夫もまたどうすれば治せるのかわからず、心を痛めていました。

翌年、私はレイキ療法のレベル1と2の資格を取り、痛みを緩和するために自分で施術しました。効果はありませんでした。自分はレイキを行う〝価値がない〟のだと感じました。その当時は知らなかったのですが、〝無価値感〟こそ、じつは私の身体に囚われていた感情のひとつだったのです。そのあと、どういうわけか――神のおかげだと私は信じていますが――エモーションコードの本と出合うことができました。いつもであれば、読書をしても集中力が続かないのですが、この本は途中でやめられませんでした。そして読み終えると、学校で読むべき本だと思いました。とてもよい本だからです！　私はエモーションコードについて少しずつ学びはじめ、本を読んで1週間で、身体に関する幅広い情報が記されているボディーコード・システムに関する本をすべて購入していました。

その後、私はエモーションコードを活用し、囚われた感情を解放しては、その感情を次々とノートに書いていきました。そして何ページも書きつけていくうちに、もう身体を攻撃していた〝奇妙〟な痛みを感じなくなっていました。エモーションコードを知ってから、わずか数カ月後のことです。そして、これまでの人生で遭遇した多くの死と喪失について感じていた深く暗い悲しみも消えていました。

　この件について神に祈り、これは本物の善きものなのかと尋ねると、返ってきたのは本物の善きものだという答えでした。私はこの方法で他の人々と、神の創造物であるすべての生き物を助けようと決めました。人間であろうが動物であろうが、私たちは生きているどこかの時点で苦しむものであり、どんな形であれ、すべての生き物が苦しみから救われて当然なのです。そんなわけで、私はエモーションコードのプラクティショナーになろうと決めました……生き物を可能なかぎり救うために。こうして、私は資格を取るために学びはじめました。そして息子のクリストファーにも、夫にも、ペットにもエモーションコードを使いました。私はつねに動物を助けることに情熱を注いでいます。動物は見返りを求めずに人間にその身を捧げてくれるのに、無視されて放っておかれることが多いからです。

　子ども時代から人生をふり返ると、自動車事故にあって父を亡くし（私が13歳、父は35歳でした）、高校に進学し、辛い離婚を経験し、充実感のない仕事を続け、ほとんど同時に家族を失ったのですから（死別、距離、事情により）、〝病気〟や手術が必要な症状や痛みが現れたのは当然でしょう。囚われた醜い感情が重なるようにして体内に潜んで〝成長〟しているなんて、誰にわかるでしょうか。でも、それを見つけることができて、本当に幸せです。人生でいちばん辛い時期を乗り越えたのだから、これから先は愛と目標を抱いて生きていけると、夫に伝えました。本当に感謝しています！——ソーニャ・M

もちろん、肉体の痛みのすべてが囚われた感情のせいで生じるわけではない。だが、囚われた感情のせいで肉体の痛みが生じると考えるのは興味深いことではないだろうか？

私がこれまで出合ってきた病気は程度の差こそあれ、大半が囚われた感情の影響を受けていた。どうして、そんなことが起こるのだろうか？

囚われた感情と病気

治療法において最も古い考えは、病気は身体のバランスが崩れることで生じるという考え方だった。囚われた感情はバランスを崩した人間が苦しむ最も一般的な形なのだ。直接的にしろ間接的にしろ、囚われた感情はほぼすべての病気に関わっていると、私は考えている。

囚われた感情は万人に共通しているようである。身体のエネルギーフィールドを歪ませ、完全に見えないので、見つかることなく幅広い身体の問題を起こせるのだ。次に紹介するのは、エモーションコードを活用しているローリー・Wから寄せられた例である。

クローディアは目の手術を受ける予定になっていた。だが、エモーションコードを行うと、自己治癒力で目が治り、医師は手術を中止した。

キャサリンは交通事故にあって姉を亡くして以来、車に対してひどい不安を抱えていた。だが、エモーションコードで大きく変わった。とうとう、ひとりで車に乗って出かけられるようになったのだ。

乳児であるサムはひと晩に何度も目を覚ました。私たちはエモーションコードを使って、トラウマとなった誕生時に囚われた感情を見つけて解放した。サムは鉗子で引っぱられて生まれたのだ。トラウマとなっていたエネルギーを解放し、ひと晩中ぐっすり眠れるようになったことで、サムも両親も楽に夜を過ごせるようになった。

カミールはとつぜん仕事について絶望的になり、あらゆることについて憂うつになった。1カ月前、カミールはトラウマとなる事故でペットを亡くしていた。この喪失に関して、エモーションコードで囚われた感情を解放すると、その夜のうちに、カミールは暗い雲が晴れたような気分になった。

囚われた感情はじつに伝染しやすく、目に見えないのでいつの間にかはびこって、あらゆる心身の苦しみや病気を起こす。

囚われた感情は免疫機能を低下させ、身体を病気にかかりやすくする。体内の組織を歪め、エネルギーの流れを阻害し、器官や腺の正常な働きを妨げるのだ。

次に挙げるのは、囚われた感情の影響（多くの場合は原因）で、私のもとを訪れた患者が訴えた症状と病気である。

注意欠陥障害及び注意欠陥多動性障害	摂食障害	多発性硬化症
依存症	目の痛み	首の痛み
アレルギー	結合組織炎	神経痛

不安症	頭痛	夜驚症
喘息	胸やけ	悪夢
自閉症	裂孔ヘルニア	パニック発作
自己免疫疾患	腰痛	パラノイア
背中の痛み	低血糖	パーキンソン病
ベル麻痺	免疫低下	恐怖症
双極性障害	性的不能	PTSD
がん	不妊症	自己破壊
手根管症候群	不眠症	性的不全
胸の痛み	過敏性腸症候群	肩の痛み
慢性疲労性症候群	関節痛	副鼻腔炎
大腸炎	膝の痛み	社交に対する不安
便秘	学習障害	自殺願望
クローン病	背中の下部の痛み	テニスひじ
うつ病	自尊心の低さ	甲状腺障害
糖尿病	狼瘡	めまい
失読症	片頭痛	体重異常

囚われた感情の解放が万能薬だと言うつもりはない。エモーションコードは重病や深刻な症状に単独で用いるべきではなく、補助的なセラピーとして考えるべきだろう。だが、囚われた感情の影響で身体の病気が生じたのであれば、その感情を取り除くことが助けになるはずだ。

エモーションコードはたやすく使え、とても正確である。囚われた感情を解放すると、即座に劇的な効果が出ることがある。だが、たいていの場合、その効果はとても微妙なのだ。どちらにしても感情を解放すると、大きな満足感と穏やかさを得られるようだ。

人生の変化

エモーションコードのセッションを数回受けたあとの体験についてお話ししたいと思います。

高所恐怖症が消え、気持ちを落ち着けるために動きまわる必要がなくなりました。

自分自身とも他の人々とも繫がっているという意識がとても強くなり、帰属意識が高まって、自信が持てて安心できるようになりました。心が穏やかになり、喜びや幸せを感じて、家族の問題に向きあい、物事を客観的に見られるようになりました。

また、ぐっすり眠れるようになり、消化がよくなりました。他の人々とのコミュニケーションがうまくなり、母と父に対しても感謝できるようになりました。

以前よりずっと心を開き、自由な感覚を持てるようになりました。

ネガティブな独り言を発することも、セラピーに通う必要も、すぐに物事を自分への当てつけだと感じることも、つねに不安で心配ばかりしていることも、腰痛もすべてなくなりました。

これまでの人生でトラウマになっていたことがすべて消えたような気分で、気持ちがとても軽いです！

本当に、心から感謝しています！——ローラ・J

この心身を癒す方法の力を知った数千人の仲間入りをすれば、あなたもエモーションコードが人生に新たな喜びと自由を運んでくれることを実感できるだろう。過去の心の重荷から自由になれれば、これまでよりはるかに穏やかな気持ちになれるはずだ。たとえ、これまで何をしても効果がなかったのだとしても、エモーションコードは心の安定、新たな内面の穏やかさ、大きな癒しをもたらしてくれるだろう。

第2章　囚われた感情の秘められた世界

The Secret World of Trapped Emotions

未来の医師は薬を出さず、患者が体形の維持、食生活、病気の原因と予防に関心を持つよう導くだろう。　――トーマス・A・エジソン

ここまでで、自分には囚われた感情があるのだろうか、あるとしたらどんな感情だろうかと思っているのでは？　囚われた感情は誰にでもある。生きていれば、誰にでも辛い時期があるのだから。一時的に苦労したり、特についていない日があったりしただけでも、感情が囚われてしまう場合がある。感情が囚われやすいのは、次のような状況である。

- 離婚またはパートナーとの間に問題がある
- 劣等感を抱いている
- 経済的に困窮している
- 家庭または職場でストレスを感じている

- 感情を抑圧している
- 長期間ストレスを感じている
- 愛する人を失った
- 流産または妊娠中絶
- 自分や他人にネガティブな感情を抱いている
- ネガティブな独り言を言う
- 無視または放棄された
- 自分または愛する人の身体的な病気
- 肉体的あるいは精神的に戦っている
- 肉体的外傷を受けた
- 肉体的、精神的、性的、言葉による虐待を受けた
- 拒絶された

もちろん、このリストに含まれていないものもある。囚われた感情があるかどうかを知るには、潜在意識に尋ねるしかない。それはたやすくできるが、少しずつ順番に説明していこう。

顕在意識 vs 潜在意識

まず、顕在意識と潜在意識の違いについて語ろう。

簡単な方法がある。よく言われることだが、私たち人間は脳の一部しか使っていない。実際、最近の研究で、顕在意識は脳に蓄積された情報をほとんど必要としていないことがわかっている。つまり、考える、動きまわる、選ぶ、計画する、見る、聞く、味わう、触る、においを嗅ぐという行為はすべて、脳の処理能力をわずかしか使わない顕在意識が行っているのだ。

これが本当なら、脳の大部分は何をしているのだろうか？　顕在意識が脳の力をごくわずかしか使っていないなら、残りは潜在意識が使っていると考えられる。あなたの内にある静かな無意識の知性はつねに忙しく情報を集めて身体機能を効率的に働かせているのだ。また潜在意識は私たちの行動やふるまい方や感じ方にも目には見えないけれど大きな影響を及ぼしていることを理解するのも重要である。

多くの人は潜在意識の存在についてあまり考えない。だが、潜在意識が行っている働きを引き受けることを考えてみるといい。昼に食べたものをどうやって消化するかを指示したり、酵素やタンパク質のつくり方を細胞に伝えたりする難しさを想像してほしい。毎日片時も休まずに心臓を動かしつづけ、肺に空気を出し入れしなければならなかったら？　しかも、これから一生！

潜在意識はコンピュータのように膨大な情報を蓄積できるのだ。

面白いことに、脳には痛感神経がないので、意識があるなかで手術が行われることが少なくない。外科医はその状況を利用して、手術中に脳を繊細に探りながら患者の反応を見るのだ。

脳外科医ワイルダー・ペンフィールドはある状況で脳手術を受けている患者の脳の特定部位を刺激すると、記憶が甦ることを発見した。たとえば、ペンフィールドが電極で脳の特定部位に触れると、患者は急にはっとしてそれまでの人生のある瞬間の状況やにおいや音を思いだすのだ【1】。

こうした急に甦ってくる記憶は、通常の状況では思いだせない出来事や場面であることが多い。そして脳のまったく同じ部分に電極で触れると、同じ記憶が甦ってくるのだ。

あなたが私と同じなら、ときには昨日起きた出来事さえ思いだすのが難しいかもしれない。それでも、潜在意識はじつに驚異的な記憶装置なのだ。

私は潜在意識にはこれまでの人生でやってきたことが残らず記憶されていると考えている。人混みのなかで見た顔も、これまで出合ってきたにおいも、声も、歌も、味も、手触りも、感覚も、すべて残らず潜在意識が記憶しているのだ。

これまで体内に入りこんできたウイルスも、バクテリアも、菌も、あらゆるけがも、考えや感情も、体内の全細胞の歴史もすべて残らず。また潜在意識は身体に囚われている感情も把握し、その感情が肉体的、心情的、精神的な幸福に与えている影響についても理解している。こうした情報はもちろんのこと、それ以上の情報もすべて潜在意識に詰めこまれているのだ。

コンピュータ・マインド

潜在意識は身体が健康でいるために必要なことも知っている。だが、どうしたらその情報を入手できるのだろうか?

私はカイロプラクティックの学校に通っていたときに、自らにそう問いかけはじめた。脳が本質的にコンピュータの役割を果たしていることは、しかもこの世で最も強力なコンピュータだということは知っていた。それなら人々を癒す立場の者たちが脳の果てしない力を活用して、患者の悪いところに関する重要な情報を得られないだろうかと考えたのだ。

セラピーを行っていた時代に、キネシオロジーの一種、つまり筋肉テストを使うと、潜在意識から情報を得られることを知った。筋肉テストは1960年代に骨格の平衡異常を治すためにジョージ・グッドハートによって発明され、今では広く受け入れられている。世界中の多くのセラピストが背骨の歪みやその他のバランスの崩れを矯正するのに筋肉テストを使っているにもかかわらず、筋肉テストで潜在意識から直接情報を入れられるという事実はあまり知られていない【2】。

身体への語りかけ

筋肉テストによって患者の潜在意識との情報伝達路を開くことができる能力は、私にとって非常に強力な手段となった。患者ができるだけ早く健康になるために必要なものがわかるようになったのだ。潜在意識の知恵を心から信じ、筋肉テストを通じてその知恵を伝えてくれる身体本来の能力を信頼するようになったのである。医師たちにも、専門家以外の人たちにも長年指導してきたことで、誰にでもできることだとわかった。誰であっても身体から答えを得られるし、身体が治るために必要な段階を踏めるのだ。医師であることも、その他の訓練を受けることも必要ない。学ぶ姿勢さえあればいいのだ。

この素晴らしい知識を世界中に広めることが私の人生の使命となった。そして祈りと努力を重ねてエモーションコードを洗練させ、誰でも身に着けられるように簡単にした。この方法を使って、自分の身体に囚われた感情エネルギーを解放するのに必要な知識はすぐに得られるだろう。

ネガティブな刺激vsポジティブな刺激

潜在意識から情報を得る方法を伝授する前に、基本的な原則を理解しなければならない。どんなに原始的でも、生物はすべて、ポジティブだろうがネガティブだろうが、刺激に反応するということだ。たとえば、植物は光のほうへ伸びて、暗闇から離れる。水槽のアメーバは光のほうへ動いて、暗闇から離れる。その同じ水槽に毒を1滴たらせば、アメーバは毒から離れてきれいな水のほうへ動く。

潜在意識のレベルでは、人間の身体も変わらない。

通常はポジティブなことや考えに引きつけられ、ネガティブなことや考えに反発する。

それどころか気づかないうちに、それは人生においてずっと続くのだ。顕在意識を黙らせて身体に注意を払えば、潜在意識が情報を発信していることがわかるだろう。

さあ、潜在意識に語らせる準備ができただろうか?

スウェイテスト

潜在意識から答えを得る最も簡単な方法は〝スウェイテスト〟である。本書ではこのあと筋肉テストについても学ぶが、スウェイテストは非常に簡単で、他の人の手助けが不要なので、ひとりきりでも行える。

スウェイテストを行うときは、まずリラックスして立つ。静かな部屋で、音楽やテレビなど、気が散るものを取り除くこと。ひとりで行うか、ともにスウェイテストを学ぶ人と一緒に行うと、いちばん簡単に覚えられるだろう。

スウェイテスト

スウェイテストの手順
- バランスが楽に取れるように、足を肩幅に開いて立つ
- 両手を両わきにおろし、じっと動かない
- 不安なことを頭から追いだし、身体を完全にリラックスさせる。気持ちが楽になるなら、目を閉じてもいい。

数秒もすると、まったく動かずに立っているのは無理だとわかるだろう。身体はひっきりなしに異なる方向に小さく動き、筋力で姿勢を保っている。その動きはごく小さく、意識してコントロールしているわけではないことにも気づくはずだ。

あなたがポジティブで正しく調和したことを口にすると、10秒もしないうちに、身体は前のほうへ揺れはじめるだろう。一方、ネガティブで誤った、調和していないことを口にすると、やはり10秒もしないうちに、身体は後ろへ揺れはじめる。

こうした現象が起きるのは、周囲の様子を見ることに慣れているからに違いない。人は常に四方を完全に囲まれているにもかかわらず、特定のときにすぐ目の前のことにしか対処しないことに慣れている。車を運転していても、歩いていても、食べていても、机で仕事をしていても、つねに後ろや横のことではなく、前のことばかりに対処している。人が何か言うと、身体はその考えを机のファイルや皿に載った食べ物かのように、対処が必要なことかのように見なす。つまり口にした言葉は、目の前に置かれ、対処して処理しなければならいものとして考えられるのだ。

さて、準備ができたら「無条件の愛」と口にしてみよう。この言葉を頭に置いて、その言葉から連想する気持ちを感じてみる。すると数秒後には、身体が前へ揺れはじめるだろう。光へ向かって伸びる植物のように、身体はその言葉のポジティブなエネルギーの方向へゆっくり揺れはじめる。この言葉へ向かう身体の動きはときとして急激で、きっと驚くこともあるはずだ！

次にいったん頭をからっぽにして「戦争」という言葉を口にする。そして、この言葉から連想する気持ちを感じてみよう。あらゆる生き物が毒や害があるものから反射的に離れようとするように、身体も戦争という考えから離れようとする。きっと10秒ほどで身体が後ろへ揺れはじめることに気づくに違いない。

大切なのは、前にも後ろにもわざと身体を揺らさないことである。身体が自然に揺れるにまかせるのだ。このじつに直接的な方法で潜在意識に語らせる機会を与えれば、徐々に最高の結果が得られるようになるだろう。練習すれば、簡単にできるようになる。

次に、本当だとわかっている言葉を口にする。たとえば「私は～です」というように、名前を言ってみよう。アレックスという名前なら、「私はアレックスです」と言うのだ。潜在意識は何が適切あるいは正しいことかわかっている。正しいことを口にすれば、身体がゆっくり前へ揺れるのを感じるだろう。身体はポジティブだったり、適正だったり、正しかったりすることに引きつけられるのだ。

今度は誤っていることや適切でないことを口にしてみよう。あなたの名前がアレックスなら「私はクリスです」とか「私はキムです」などと言ってみる。あなたの名前を選ばないかぎり、潜在意識はその言葉が適切でないこと、あるいは間違っていることを知っているはずである。他のことを考えていないかぎり、この言葉を口にしたら、10秒以内に身体が後ろへ揺れるはずである。身体は「戦争」のようなネガティブな言葉だけではなく、不適切あるいは偽りの言葉にも跳ねかえされるからだ。

頭をからっぽにする

言葉を口にしたら、頭から他の考えを取りのぞくこと。気が散ってしまったら、あなたが何を考えているのか、潜在意識は決めかねてしまう。たとえば、ポジティブなこと、あるいは本当のことを口にしたあとすぐに前夜の夫婦喧嘩のことを考えてしまったら？　きっと身体は後ろへ揺れるだろう。前夜の記憶はネガティブであり、身体は本能的に避けようとするからだ。

辛抱強くなるのが大切である。この方法を学びはじめた当初は身体が揺れるまで想像以上に時間がかかるかもしれない。それでも、けっしてがっかりしないこと。

練習するにしたがって、身体が反応するまでの時間は大幅に短くなっていく。一部の人々にとって、このテストで最も難しいのは、少しの間コントロールするのをやめて、身体が動きたいようにまかせる点かもしれない。コントロールするのをやめるのが難しい人もいるのだ。それでも、これは単純で学びやすい方法であり、まもなく上達するだろう。

重要なのは口にした言葉や考えに集中しつづけることである。頭を落ち着かせ、潜在意識が肉体を通じてあなたと情報のやり取りをできるようにすること。

だが、何らかの身体的な事情でこのテストができなくても、心配はいらない。他にも方法はあり、第5章で説明する。

あなたには囚われた感情がある?

スウェイテストのコツをつかんだら、すぐに活用してみよう。「私には囚われた感情がある」と言ってみるのだ。「私には囚われた感情があるだろうか?」と質問してもいい。おそらく前へ揺れて、少なくともひとつは囚われた感情があることを肯定する答えが返ってくるだろう。だが、身体が後ろに揺れても、まだ囚われた感情がないと決めつけないこと。感情がもっと深いところに囚われていて、見つけるにはもう少し努力がいるのかもしれない。だが、心配はいらない。このタイプの囚われた感情を見つけて解放する方法についてはあとで説明しよう。

囚われた感情は何でできている?

宇宙に存在するものは、物理的な形を取っていようが見えない形だろうが、すべてエネルギーでできている。それがどんなふうに伝わってくるかは、個々のエネルギーの組みあわせや、振動の度合いで決まる。最も基本的なレベルでは、存在するものはすべて同じもの——エネルギー——からできている。あなた自身がエネルギーでできているだけでなく、今あなたの体内を通りすぎているのも異なる形をしたエネルギーなのだ。目に見えないエネルギーは電波、X線、赤外線、思考の波、感情といった形で、私たちの周囲に存在している。

私たちはエネルギーの海で泳いでいる魚のようなものだ。エネルギーは万物をつくるものであり、万物に存在するものであり、万物を通過するものであり、宇宙を満たすものでもある。

エネルギーが感情という形を取ると、私たちはそのエネルギーを感じることができる。そしてネガティブな感情エネルギーが体内に囚われると、私たちは悪影響を受ける。私たちの身体やこの世に存在するすべてのものがエネルギーでできているように、囚われた感情もエネルギーでできているのだ。

感情が生じるところ

数千年前、古代の医師は人体に関して鋭い観察眼を持っていた。ある特定の感情に生活を支配されている人は身体の決まった部分が不調になることを知っていたのだ。たとえば、怒りに支配された生活を送っている人は肝臓や胆のうを患っている。また過剰な悲しみを抱いている人は肺や結腸が悪い。不安を抱えている人々は腎臓や膀胱に問題があるようだった。

つまり、人が経験する感情と身体のさまざまな器官は結びつけられていた。それどころか、人間が感じる感情は器官から生じていると信じられていたのだ。

言いかえれば、もし不安を感じているなら、腎臓か膀胱がその特定のエネルギーまたは振動をつくりだしているということだ。あるいは悲しみを感じているなら、その悲しみは肺か結腸が生みだしていることになる。

もちろん、現代の私たちは、特定の感情を感じているときは脳の特定部位が活動していることを知っている。私たちの感情に作用する化学物質が存在していることも。人間の本来の姿における化学的側面については、キャンディス・パート著〝Molecules of Emotion（感情の分子）〟で明確に説明されている【3】。

同様に、人間の本質にはエネルギー的な側面もあり、感情に作用するエネルギーも存在するが、それはまだ現代科学で研究が始まったばかりである。

これまで施術してきた多くの経験によって、私は身体の器官が感情を生みだすと確信している。古代の医師は正しかったのだ。もし怒りを感じているなら、その怒りは脳から生じているだけではない。その感情の振動エネルギーは肝臓または胆のうから放出されているのだ。裏切られたと感じているなら、その感情は心臓または小腸から放出されているのである。

62ページの「エモーションコード・チャート」を見てほしい。各列にひとつあるいはふたつの器官から生じる特定の感情が記されている。たとえば、1列目には心臓または小腸から生じる感情が載っている。そう、不思議に思うかもしれないが、心臓と小腸は同じ感情の振動を発するのだ。表に載っている器官はすべて各列の感情を生みだしている。とはいえ、私たちの目的は囚われた感情を発見して解放することであり、それさえできれば、囚われた感情がもとはどの器官から生じたものであるかはあまり問題ではない。

かつて、私たちは身体と心ははっきり分かれている別々のものだと考えていたが、今やその境界線は曖昧になり、互いがどう影響しあっているのかわからない。

知性があるのは脳だけでなく、全身である。体内の器官は別個の知性を持ち、それぞれの機能を働かせ、特定の感情や感覚を生みだしているのだ。

身体の器官が感情を生みだしていると聞くと、たいていの人は驚く。そして大部分の医師は関心を抱かないが、この命における原則には明確な相関関係があるのだ。

振動の見極め

さまざまな感情にはそれを表す多くの言葉があり、それは言語によって異なる。たとえば、英語ではさまざまな怒りを表現するのに、rage（激怒）、fury（憤怒）、irritation（いら立ち）、aggravation（かんしゃく）、vexation（腹立ち）、riled（いらいら）、annoyed（むかつき）、irate（憤慨）といった言葉を使う。だが、覚えておくべきことは、エモーションコードを使うときは振動を探すのであって、微妙な感情を表すのに使ってきた言葉はあまり重要ではないということである。

もし、あなたが経験した感情にぴったり当てはまる気持ちがチャートに載っていなくても、潜在意識は最も近い感情を見つけてくれるだろう。結果として、60種類の感情が含まれるこの表にはあなたが経験する感情すべてが、すなわちエモーションコードを利用する際に必要な感情すべてが網羅されているはずである。

各感情の振動の定義については、「感情Emotionsの用語解説」を参照のこと。

デイナ・リーブは囚われた感情のせいで死んだのか?

１９９５年、アメリカの著名な俳優クリストファー・リーブは落馬事故で首から下が麻痺した。多くの人々が妻デイナの尽きることない献身に感動し、夫の死後1年半もたたないうちにデイナが44歳で死去すると、衝撃を受けて悲しんだ。

デイナ・リーブは非喫煙者でありながら、肺がんで死亡した。一般的には副流煙が原因だと考えられているが、私はそうは思わない。肺は私たちが悲しみと呼んでいる感情を生みだす場所であり、悲しみが過剰に

エモーションコード™ チャート

	A列	B列
行1 心臓 または 小腸	放棄（自暴自棄） 裏切り 孤独感（心細さ） 当惑（途方に暮れる） 愛されない（愛が受け入れられない）	努力が報われない 心痛（悲嘆） 不安定さ 狂喜（過度の喜び） 脆弱（ひ弱さ）
行2 脾臓 または 胃	不安（心配・懸念） 絶望（諦め） 嫌悪感 緊張 心配	不出来（落伍者） 無力感 絶望感 コントロール不能 自尊心の低さ
行3 肺 または 大腸	泣く 落胆 拒絶 悲しみ（沈んだ心） 悲哀	混乱 防衛 悲痛 自虐 頑固さ（断固たる執着）
行4 肝臓 または 胆のう	怒り 苦々しさ 罪悪感 憎しみ 恨み	憂鬱（意気消沈） 欲求不満 優柔不断 パニック（うろたえる） 利用される
行5 腎臓 または 膀胱	非難 恐れ 怯え 恐怖を伴う嫌悪感 苛立ち	葛藤 創造することに対する不安感 激しい恐怖 サポート(支持)されない 臆病（優柔不断）
行6 内分泌腺 または 生殖器	屈辱 嫉妬 切望（熱望） 強い欲望（渇望） 圧倒	自尊心（プライド） 恥 ショック（衝撃） 無価値感 役立たず

　チャート日本語訳／高野ひろ子

あふれると、それが囚われた感情となって、もとの器官に影響を及ぼす場合が多い。デイナ・リーブにはまちがいなく悲しむ理由があり、囚われた感情――とりわけ、悲しみが――死の原因のひとつになったに違いない。いや、もしかしたら悲しみこそが原因かもしれない。

もうひとつの例としては、アルコールが人々に与える影響である。アルコール依存症になった人々が肝臓病で死亡することが多いのは誰もが知るところだろう。だが、酒を飲む人々の多くがアルコールの影響を受けているときに怒りっぽくなったり、乱暴になったりすることも知られている。アルコールは肝臓で分解されるが、量が多すぎると肝臓への刺激が強すぎてしまう。器官への刺激や負担が強すぎると、生みだされる感情が想定以上に多くなる。肝臓が生みだす感情で特筆すべきなのは怒りである。職場において飲酒がきっかけで暴力沙汰がしばしば起こるのは、この仕組みのためである。

どこかの器官が病気だったり、負担がかかっていたり、何らかのバランスが崩れていたりする場合、通常より頻繁に、強い感情が生じることが多い。

また、感情は体内のどこに囚われていても、いつも特定の器官から放たれる。たとえば、囚われた感情である怒りはもとは肝臓から生じたものだが、体内のどこにあってもおかしくない。感情は、体内のどこにでも囚われている可能性があることを認識するのが重要である。

身体の器官と感情の相関関係はとても素晴らしく、身体の仕組みを理解するのに重要でもある。すべては古代の医術、エナジーヒーリングから始まったのだ。

エネルギーという薬

エナジーヒーリングは現在知られているなかで世界最古の医術である。紀元前4000年から、施術者であるヒーラーは人間の健康は体内を流れ、身体をつくりあげているエネルギーの質に大きく左右されると理解していた。漢方医学では、そういったエネルギーは〝気〟と呼ばれている。また古代インドの医学、すなわちアーユルベーダでは〝プラーナ〟と呼ばれている。このエネルギーのバランスの悪さが、心身の健康に深く関わっているのだ。

このエネルギーを電気と比べてみよう。電気は見えないが、感じることはできる。電気には色もにおいもない。目には見えないが、まちがいなく存在している。電球のソケットに指を突っこんだり、トースターからパンを取りだすときにビリっと感じたりした経験があれば、何を言っているのかわかるだろう。

人間は自分たちの信念体系に沿った見方で物事を見ることに慣れている。そして、物理的な世界に対する信念は幼い頃に形づくられる。学校でジャングルジムから落ちたら、地面にぶつかって痛い思いをすることを学ぶが、硬いように見える地面もジャングルジムも、じつは振動するエネルギーでできているとは想像できない。私たちは周囲のものが見慣れているとおりだと思いがちだが、アインシュタインや発明家のニコラ・テスラなど多くの人が、宇宙は想像よりずっと複雑で素晴らしいことを教えてくれている。

量子の世界

「自分の手の甲のようによく知っている」という言葉を聞いたことがあるだろうか？　だが、手の甲のことなど本当に知っているだろうか？

手の甲を見てみよう。しわが寄り、爪があり、少し毛が生えている皮膚が見える。そうした見方であれば、手の甲について正確に知っていると言えるかもしれない。だが、顕微鏡で拡大すると、もう見慣れていた皮膚としわには見えない。山や谷におおわれた見知らぬ惑星の表面を見ているような気になるだろう。

顕微鏡の倍率をあげて皮膚を2万倍に拡大すると、群がっている細胞が見えるだろう。それをさらに拡大すると、分子が見える。その分子を拡大すると、分子を構成している原子が見える。その原子を拡大すると、原子を構成している、原子より小さいエネルギーの雲が見える。電子、陽子、中性子などの素粒子である。それは依然として手の甲だが、あなたが知っている手には見えない。

手の甲を見れば、中身がしっかり詰まっているように見えるだろう。テーブルを叩けば、小気味いい強い音がする。だが、しっかりしているように見えても、じつは手には多くの隙間があるのだ。原子未満のレベルでは、回転している電子どうしの間は広く離れている。また、原子は99・9999999％が空である。つまり、あなたの手は99・9999999％からっぽなスペースなのだ！　この原子から空のスペースを取り除けたら、あなたの手は顕微鏡を使わないと見えないほど小さくなってしまう。ほとんど見えなくなってしまうが、それでも重さは変わらず、同じ数の原子が存在しているのだ。

この考えを理解するには、少し時間が必要かもしれない。あなたの手は中身がしっかり詰まっているように見えるが、つねに振動している動的エネルギーでできている。実際、物理学者は原子を構成するいわゆる素粒子は、本当は粒子ではないと理解している。そして原子の構成物質を〝エネルギー単位〟で測定している。そのほうが正確だからだ【4】。

思考はエネルギー

宇宙の万物と同じように、あなたが生みだす思考もエネルギーでできている。思考エネルギーには限界がない。思考は肉体のように大きさや位置に制限がないのだ。私たちは口にしない考えは秘められたもので、頭のなかだけに存在すると考えがちだが、実際には違う。人間はひとりひとりがラジオ局で、絶えず思考のエネルギーを放送しているようなものなのだ。私たちが発した思考エネルギーはよかれあしかれ周囲のものすべてに接触しながら、広大な空間を埋めているのだ。だからといって、他人の考えが読めるわけではないが、他人の思考エネルギーは潜在意識のレベルではある程度は感知されている。人混みで誰かの後頭部をじっと見つめたら、相手はまもなく振り返って、あなたをまっすぐ見るだろう。多くの人がこの経験をしているはずだ。もし経験がないなら、試してみるといい。必ず、言ったとおりになるはずだ！

私たちはみな繋がっている

この現実の世界、すなわち人間という家族全体は、エネルギーで繋がっている。地球の裏側で人々が苦しんで死んでいけば、私たちは潜在意識のレベルで遠くの悲鳴や苦悶を感じ、気持が暗くなる。世界のどこかで悲劇が起これば、世界中が潜在意識で感じとって影響される。逆に、世界のどこかで素晴らしい出来事があれば、世界中が晴れやかな気分になるのだ。

人間がみな繋がっているという証は、潜在意識のレベルから顕在意識に浮かびあがってくる神秘的な思いに現れることが多い。

このエネルギーの繋がりが最も強いのが母と子のようだ。子どもが問題を抱えると、それを感じとれる母親は多い。母親の直感と呼ばれるものだが、私の母にもまちがいなくこの直感がある。母親との繋がりが最も強いのは、おそらくへその緒で繋がっていたからだろう。

このエネルギーの繋がりが強烈に現れている例が、私の施術を受けていた女性に数年前に起こった。ある夜、彼女は家で夫とテレビを見ていた。するととつぜん金槌で叩かれたような激痛に襲われたが、不思議なことに痛む場所は次から次へと移っていった。恐ろしいほどの激痛で、痛みが治まると、心からほっとしたものの疲れ果ててすっかり怯えてしまった。こんな痛みは初めてで、身体のどこが悪かったのかもわからなかった。彼女がこの奇妙でひどく苦しかった体験を説明すると、誰もが、医師さえもがとまどった。

3日後、フィリピンで働いている息子から、彼女に電話がかかってきた。電話は病院のベッドからで、数日前に地元の警察官にひどく殴られたのだという。息子が殴られていたのと、彼女が激痛に襲われたのはまったく同じ時間だった。どういうわけか彼女は息子と深く通じていて、文字どおり〝息子の痛みを感じた〟のだ。母親の直感とはまさにこのことだろう！

測りしれない思考の力

思考の力は測りしれないほど強い。考えていることを口にしたり書いたりするたびに、あなたは思考のエネルギーを使って、周囲に影響を与えている。思考や信念や意図によって、あらゆることが起きているのだ。

思考が植物や菌やバクテリアの成長の度合いに直接影響を与えていることは、科学的な実験で何度も証明されている。スタンフォード大学の物理学者ウィリアム・テイラーは、思考は電子機器にも影響を与えると証明している【5】。

また、ある人物の思考エネルギーを意図的に向けると、その相手が近くにいようが、地球の反対側にいようが、影響を与えられることも研究で証明されている。

たとえば、思考に焦点をあわせている人が使っているイメージが気持ちを落ち着かせるものか湧き立たせるものかにより、標的となる人をリラックスさせることもできれば、不安にさせることもできる。この反応はとても認知しやすく、皮膚の電気抵抗の変化を高感度で計測できるガルバニック皮膚反応によって、実験室で確認できる【6】。

これが自分自身の思考なら、どれほどあなたに影響を与えることか。誰でもときおり心のなかで自分に語りかけているものだ。あなたは自分自身に何と言うだろうか？　多くの人が自らをほめるより、ずっと頻繁に自分を批判している。ネガティブな独り言は想像よりはるかに自分を傷つけているのかもしれない。

周囲の人々はどうだろうか？　まわりの人たちは自分の感情を読みとれるのではないかと思ったことはないだろうか？　他の人々の潜在意識はつねにあなたの思考の波動を感じているのだ。あなたがちょうど考えていたことを友人たちがふいに口にしたことは？　電話に出る前に、誰がかけてきたのか直感でわかったことは？　こうしたことは偶然ではない。思考エネルギーが力を持っていることの証明なのだ。

エモーションコードを使って囚われた感情を見つけるのは、他の人の思考や感情の波動を感じとるのに似ている。異なるのは、潜在意識に尋ねて、筋肉テストで身体から明確な答えを得られる点であり、そのほうが推測よりはるかに正確なところだ。だからこそ、囚われた感情を解放することができるし、その感情が永遠に消えたことを確信できるのだ。

思わぬ発見vs精密さ

どんな代替医療のセラピストも、たいていの人が過去に経験した古い感情エネルギーを抱えていると言うだろう。私たちの肉体は囚われた感情にしがみついており、医師やセラピストはそのことを知っている。それは患者に触れただけで感情や記憶があふれでてくることが少なくないからだ。カイロプラクターからエナジーワーカーやマッサージ師まで、私が知っているセラピストのほとんどが、身体がしがみついていたエネルギーを放出したことで、患者のなかに囚われていた感情を思いがけなく解放することになった経験をしている。囚われていた感情を解放すれば、すばやく大きな治療効果をあげられる。こんなふうに思いがけなく感情が解放されるのは喜ばしいことだが、それは通常はセラピストが意図したことではなく、どんな感情が解放されたにしても偶然でしかない。

だが、エモーションコードははるかに意図的だ。私はエモーションコードを〝感情の手術〟だと考えるときがある。囚われた感情を取り除くことをはっきり意図して探すからだ。けっして残すことなく。囚われた感情は非常に有害な場合があるので、発見して身体から取り除き、必ず解放しないとならない。エモーションコードは正確かつ簡単な方法で、それが実行できるのだ。

囚われた感情と子どもたち

囚われた感情に関わってまもない頃、まだ幼児だった息子レットにこんなことが起きた。レットとドルーは二卵性双生児で、まったく違っていた。ドルーは妻にも私にも愛情深い子どもだった。だが、3歳の頃のレットは妻ジーンにはとても愛情深かったものの、私に何らかの引っかかりを覚えているようだった。私が抱きしめたり頬をすりつけたりしようとすると、「悪いお医者さん！　あっち行って！」と言って押しやるのだ。最初、私たちはある種の成長過程なのだろうと考えていた。そして、そのうちそういう時期を卒業するだろうと思っていたが、私に対するネガティブな感情は1年以上続いた。それは悩みの種であり、いらだちのもとだった。幼い息子がどうしてそんな感情を抱くのか理解できなかったのだ。

ある夜、ジーンと私はすわって話をしていた。レットはジーンの膝にいた。私は腕を広げて、レットを抱きしめようとした。だが、このときもレットは私を追いやり、「悪いお医者さん！　むこう行って！」と言った。このときは、胸が張り裂けそうだった。胸の痛みがこみあげてきて、今にも泣きそうになった。すると、妻がこう言ったのだ。「この子には囚われた感情があるのかもしれないわ」

私はそれまで大人の囚われた感情しか扱っていなかった。私たちはレットにテストをすることにした。エモーションコードを使うと、息子には囚われた感情があった。それは〝悲痛〟だった。だが、この感情を生みだしたのはレットではなかった。もとは私から生じた悲しみだったのだ！　それもレットには何も関係ないことで。ある日、私は娘とけんかをした。私は悲しみ、レットはそのけんかを見て、ネガティブなエネルギーを体内に取りこんでしまったのだ（このように外から吸収して体内に囚われた感情については、のちほど詳しく説明する）。

囚われていた悲しみを解放すると、驚いたことに、レットが私に近づいて抱きついてきた。私は泣きながら息子を抱きしめ、驚くと同時に興奮していた。囚われた感情を解放しただけで息子がこんなにすぐに変われるなら、どれだけ多くの子どもたちを救えるだろうかと。

パイロットの娘

翌日、私はクリニックでレットに起きたことをある女性患者に話した。すると彼女はこう言った。「私の娘にも囚われた感情があるのかもしれません。夫は飛行機のパイロットをしています。毎週、数日間留守にするのですが、帰ってくると、６歳の娘が逃げて隠れてしまうんです。仕事から帰ってきても娘が寄りつかないので、夫が悲しそうで」

翌日、彼女が娘を連れてくると、その子には父親について囚われた感情があることがわかった。この場合、囚われた感情は〝悲哀〟だった。父親が出かけて何日も帰ってこないことへの悲しみだ。どこかの時点であまりにも強く悲しんだせいで、その感情が身体を圧倒し、囚われてしまったのだ。この感情エネルギーが潜在意識にとても強く作用したことで、父親に対する行動に影響したのだ。私たちがこの悲しみを解放すると、母娘は帰っていった。

翌週、母親がクリニックへきた。「ネルソン先生、先日やっていただいた感情へのセッション、とても効きめがありました。ここにきて娘にセッションを受けさせたとき、夫は仕事で留守をしていました。そして数日前に海外から帰ってきてドアを開けると、娘が駆けよって腕のなかへ飛びこんだんです。これまで、そんなふうにしたことないのに！　本当にありがとうございました」

ドルーとトラウマとなった誕生

双子の息子は4歳になるまで、レットのほうが考えを口にすることができておしゃべりだった。ドルーは逆で、妻と私は次第に心配になった。4歳でもまだ言葉を文にして話すことができなかったからだ。それどころか、単語さえめったに口に出さなかったのだ。そして、やっと話しはじめると、まるで何かを言うことを恐れているかのように、よく口に手をあてていた。

ドルーは総じて怖がりのようだった。近所のプールへ行くと、レットはすぐに飛びこむのに、ドルーは不安そうな顔でプールのそばに立っているだけなのだ。何か新しいことに挑戦することに対して、過剰に慎重なのだ。また閉所恐怖症なのに加えて、家から閉め出されることや、どこかに置いていかれることも怖がっていた。外に遊びに出て後ろでドアが閉まると、怯えて泣き叫ぶのだ。

心理検査をすると、ドルーはIQが高いものの、同年齢の子どもより成長が遅いことがわかった。聴覚検査は正常だった。ドルーのどこが悪いのかはわからなかった。

レットでの経験があったおかげで、私たちはドルーにも囚われた感情があるのではないかと考えた。それがドルーの問題の原因だとはあまり考えていなかったが。

テストをしてみると、ドルーには生まれた当日とその直後に起きたトラウマとなった出来事で囚われた感情がいくつかあることがすぐにわかった。

妻ジーンの出産は合計で22時間もかかる難産だった。先に生まれたのはレットだ。とてもきれいで安らかな様子で、すぐに眠りに就いた。その14分後、ドルーが真っ青で弱々しく、非常に難しい状態で生まれた。助かるかどうかわからず、医師たちがドルーを取り囲んだ。ひどく危険な状態だったのだ。

ドルーは持ちこたえたが、それから10日間ほどはトラウマになるほど過酷な状態が続いた。生後2日でレットと一緒に退院したものの、母乳を飲むことができず急激に体重が減り、検査を受けるために再入院したのだ。生まれてからの数日間で命を脅かす感染症にかかったらしい。医師たちはドルーの小さな身体に脊髄穿孔を施し、命を救うために静脈から抗生物質を投与した。

こうした治療を行っている間、ジーンと私はそばにいたいと願ったにもかかわらず部屋から追い出された。どうにかしてドルーを安心させてやることもできず、医師たちが細い血管と脊髄に何度も針を刺そうとしている間、息子が怯えて泣いている声を為す術なく聞いているしかなかったのだ。

このトラウマとなった経験について、私たちは夫婦の間でもあまり口にすることはなく、幼いドルーとも話しあわなかった。あのときのことを考えるだけで動揺したからだ。それから4年たち、私たちが知るかぎりでは、ドルーはそのときの経験についてはまったく記憶がないようだった。それでも、さまざまなことを怖がっていたのだ。

私たちはそのトラウマとなった出来事で囚われた感情をひとつずつ見つけて解放していった。赤ん坊だったドルーがあのとき起きていたことを認識し、心に深い傷を残していたのは本当に驚きだった。ドルーはきっとこの世界に生まれてくるのは素晴らしいことだと期待していたのだろう。それなのに、とんでもなく苦しい状況で生まれてきて対処できなかったのだ。おそらく想像がつくだろうが、ドルーの囚われた感情は〝怯え〟と〝激しい恐怖〟と〝放棄（自暴自棄）〟という思いだった。救急救命室で誰にとっても耐えがたい処置を受けていたとき、まさにそんな気持ちを抱いていたに違いない。

ドルーはまた、暗く居心地のいい子宮からあまり出たがらない兄が生まれるのを待っている間に、パニック感情に囚われていた。このパニックという囚われた感情が閉所恐怖症の原因だと明らかになったのだ。

加えて、ドルーは怒りという囚われた感情を祖父から受け継いでいた。あまり話したがらなかったのは、この受け継いだ怒りが原因だった。自分の言葉で誰かを傷つけてしまうことが怖くて、それで話すときにいつも口に手をあてていたのだ。私たちはこうした囚われた感情をすべて解放し、その夜は寝た。

翌日の朝食で、信じられないほどの変化が起こった！　ドルーがおしゃべりになっていたのだ。とつぜん生まれて初めて、完全な文を話したのである。ドルーを過去のトラウマに縛りつけていた囚われた感情がなくなり、不安がなくなったのだ。そして不安そうな態度とともに、閉所恐怖症も消えた。すっかり自由になって、好奇心旺盛で明るく楽しい子になったのである。

時間がたつにつれて、私は囚われた感情が子どもにとっても大人にとってもひどく問題であり、致命的にすらなり得るのだとますます思うようになっていった。エモーションコードがいかに子どもの苦しみを取り除けるのかがわかる体験談を紹介しよう。

シャワーを浴びながら歌う

私は10歳の少年にエモーションコードを使いました。少年は母親と継父が別居したことを悲しみ、不安になっていました。当日、少年は言語療法に乗り気ではありませんでした。私は泣きたい思い、切望、パニック、不安定さ、悲痛といった囚われた感情を解放しました。その後、母親にメールを送ると、今息子はシャワーを浴びながら大声で歌うようになったと返事がありました。その時期を聞くと、歌いはじめたのはセラピーが終わった直後だったのです！

母親が「ご機嫌なのね。何がそんなに楽しいの？」と尋ねると、少年は答えたそうです。「わからない

けど、とにかく気分がいいんだ。でも、シャワーが楽しいわけじゃないからね！」――リニー・L

腹痛

この夏、私たちは夫の父に会いにいくために長旅を計画していましたが、出発前日に6歳の息子が激しい腹痛に襲われました。午後には身体をふたつに折って泣き叫ぶようになり、私はふとその腹痛の原因となっている囚われた感情があるのではないかと調べる気になりました。そこで息子をうつ伏せでベッドに寝かせ、スウェイテストをしました。そして、コントロール不能、悲しみ（沈んだ心）、遺伝による自尊心の低さという3つの囚われた感情を取り除きました。自尊心の低さは訪ねる予定だった祖父の父、すなわち曾祖父によって囚われた感情でした。セラピーが終わると、息子はベッドから飛び降りて、5時間前に苦しんでいたのが嘘のようにスキップしていきました。――サファイア・T

感情が囚われるのは珍しくない

自動車事故やけんかや離婚など、トラウマになったり、強烈な感情を抱いたりした出来事があると、囚われた感情のエネルギーを持つことが多い。とはいえ、感情的になった出来事すべてで感情が囚われるわけではない。身体は通常の出来事で放出された感情エネルギーには対処できるようつくられているのだ。したがって感情が囚われるのは、それ相応の事情がある場合である。免疫力の低下や過労や何かの事情で平静さを失っているなど、何らかの原因で弱っている場合に起きる。感情は体調が万全でないときに囚われやすいのだ。

囚われた感情の共鳴

囚われた感情は身体の特定の場所で、各々の周波数で振動している。そのエネルギーの振動は周囲の細胞を同じ周波数で振動させる。私たちはこの現象を〝共鳴〟と呼んでいる。

私のセミナーでは、音叉を使ってこの宇宙がどれほど強く共鳴しているかを実演している。音叉のひとつは512ヘルツで振動し、とても高い音がする。もうひとつの音叉は叉の大きさが異なる。これは128ヘルツで振動し、もっと低い音がする。

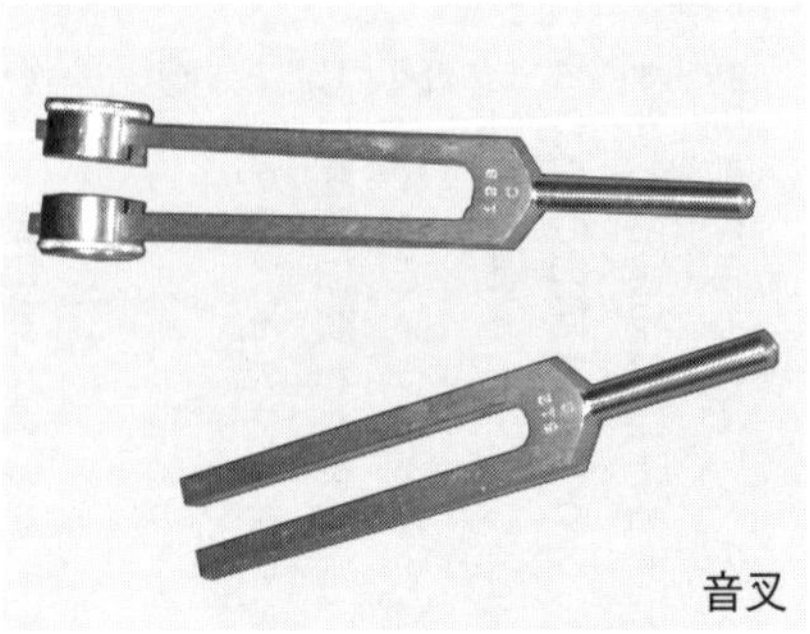

音叉

ひとつの部屋に大きさの異なる音叉をいくつか置いてそのひとつを叩くと、その周波数を持つ他の音叉すべてが、かすかな音で鳴りはじめる。そして最初に叩いた音叉を止めても、他の音叉は振動しつづける。これは音叉どうしの自然な親和性のせいではない。宇宙とはこういう仕組みで動いているのだ。

音叉を叩いてガラス板に置くと、ガラス板も同じ周波数で振動しはじめる。音叉がガラスを構成するエネルギーを、自らの振動に同調するよう動かしているからである。囚われた感情があるということは、体内で音叉がネガティブな感情の周波数でつねに振動しているのに少し似ている。残念ながら、それでさらに同じネガティブな感情を人生に取りこんでしまうのだ。

興奮した人の感情が部屋中の人々にうつった光景を見たことはないだろうか？　それは病院で静かに雑誌を読んでいる人たちと穏やかに順番を待っているところへ狼狽した患者が入ってきたときかもしれない。その患者は待合室を歩きまわり、雑誌を取っては、またすぐに戻している。そしていらだった口調で受付に話しかけている。その身振りからは気分が伝わってくる。だが、いちばん強力なのは目に見えない影響なのだ。その患者は興奮した強烈な振動を部屋中に送っているのだ。そして、あなたや受付やその他の患者の細胞の一部も、興奮した患者と同じ周波数で振動しはじめる。そして、まもなく全員が少しずつ興奮する。部屋の雰囲気が変わったのだ。待合室の人々はこれまでと異なる感じ方をして、異なる反応をしはじめる。興奮した患者は自分の人生にさらなる興奮を呼びこんだだけでなく、周囲の人々にも興奮を生じさせたのだ。

ネガティブな振動

囚われた感情があると、それと同じ感情をさらに人生に呼びこむことになる。囚われた感情がない場合に比べて、その感情を感じやすくなるのだ。

囚われた感情はエネルギーのボールのようなものだと考えていいだろう。実際、そのとおりなのだ。囚われた感情は目に見えず、エネルギーのみでできているが、大きさも形もある。通常はオレンジくらいからメロンくらいの大きさのようだ。

囚われた感情のエネルギーはつねに肉体のどこかにあり、そのエネルギーのボールの範囲内にある組織は囚われた感情の振動するエネルギーに共鳴しやすい。つまり、そうした組織はくりかえしその感情の振動を感じるのだ。

たとえば、怒りの感情が囚われていると仮定しよう。あなたは自分でも気づかないまま、何年も怒りを抱きつづけている。その結果、怒ってもおかしくない状況に陥ると、実際に怒ることが多くなる。まさにそのままの意味で、あなたの一部はすでに怒っているからだ。

囚われた感情が原因であなたの一部がすでに怒りの周波数で振動しているなら、怒りの反応を誘発してもおかしくないことが起きたら、あなた全体がはるかに怒りに共鳴しやすくなるということだ。

ときおり、どうしてひどく怒りやすかったり、ある感情を振り払えなかったりするのかわからないときがある。そうした場合、格闘しているその感情は、自分でもほとんど覚えていない過去の出来事で囚われたものかもしれない。

だからこそ、囚われた感情を解放した場合の効果が、他のセラピーよりはるかに高いのだ。振り払うことが難しかった感情と行動があっさり消えることが少なくないのである。

信じられないくらい単純だが、一度経験すればわかるだろう。囚われた感情を解放するまで、大きな影響を受けて苦しみつづけてしまうのだ。

私はこうした現象を数えきれないほど見てきたが、特に理解しやすいのが次の患者の例である。

ローリとチアリーダー

ローリの囚われた感情は恨みだった。最初にこの感情が湧いた時期を遡っていくと、この感情が囚われたのは高校生のときで、他の少女が関係していたことがわかった。この時点で、ローリはこう言った。「ええ、そうでしょうね。何のことか、はっきりわかっています」。ローリは自分が入れなかったチアリーダー・チームの少女について説明した。理由は何であれ、高校時代にこの少女をひどく恨んでいたのだ。そして何年も前にローリの身体に囚われたせいで、この恨みは消えなかった。

ローリは言った。「まだ彼女のことはとても恨んでいます。ちょっと気味が悪いですよね。私はもう43歳なんですよ。高校時代なんてずっと昔です。彼女のことなんて何も覚えていないだろうと思うでしょうけど、忘れられないんです。卒業以来会ってもいないのに、彼女のことを思いだすたびに恨みが甦ってきて」

私は囚われた感情があると、忘れたほうがいいことを消すことが難しくなるのだと説明した。そして磁石を使って囚われた感情を数秒で解放すると、ローリは帰っていった。数日後、ローリがやってきて報告してくれた。「ネルソン先生、効果がありました！　昨夜、昔の友だちと話していたら、彼女の名前が出たんです。高校卒業以来、初めて何も感じませんでした！　いつもなら恨みが甦ってきたのに、何も感じなかったんです！　本当に素晴らしいです。ありがとうございました！」

カークが抱えていた長年の怒り

カークは怒りっぽい男だった。70歳代後半のときに、背中の痛みを癒す目的で私のもとへやってきた。だが、すぐに他にもカークを煩わせていることがあるのが明らかになった。カークはうちのスタッフにがみがみと文句を言い、私にもつっけんどんな態度を取っていた。ひたすら献身的でやさしい妻に対しても冷淡だった。当初、私は背中が痛いせいで、そんな態度を取るのだろうと考えていた。しかしながら、背中の痛みが消えていっても、態度は変わらなかった。そこで囚われた感情について調べると、怒り、苦々しさ、心配、恨み、欲求不満、怯えといった感情が見つかり、その多くは子ども時代に生じたものだった。

こうした感情を解放した結果、カークは変わった。今や自分の痛みや苦しみより妻のことを心配する、やさしい愛妻家になったのだ。

カークはいつもあらゆることに文句をつけていたが、今は他のことに興味を向け、つねに顔に笑みを浮かべて、ほとんど文句を言わない。カークを知っている誰もが驚いた変わりようだった。もっと早く囚われた感情を解放していたら、違う人生を歩めたかもしれない。

カークにはつねにどんな精神状態でいるのか選ぶことができたが、囚われた感情のせいで、そうした感情に逆らうより共鳴するほうが簡単だった。身体の一部が、怒り、苦々しさ、心配、恨み、欲求不満、怯えを抱いていたのだ。そうした感情のエネルギーが解放されるまでは、毎日ずっとそうした感情と直面していたのである。

アンバランスの影響

身体を量子が集まっている姿として想像してほしい。毎朝起きたとき、私たちの身体は昨日とも一昨日とも変わっていないように見える。しっかり中身が詰まっていて、あまり変化がないように。服を着るときに鏡を見ても、腕や脚がある場所に、本当はエネルギーが渦巻いているのだなどとは思わない。だが、それこそが私たちの姿なのだ。

どんなにあなた自身の姿に見えようとも、その身体は密集した隊形で飛んでいるエネルギーの集まりなのだ。

その隊形に囚われた感情のネガティブな波動を持ちこむと、全体の正常な振動速度が変わる。

それは必ずしも感じられるわけではないし、目ではぜったいに見えないが、認識する方法はある。

音叉の影響を思いだしてほしい。身体に囚われた感情があると、同じ周波数で振動する他の感情が引き寄せられる。たとえば、その感情が恐れなら、簡単に怯えるようになるのだ。そしてエネルギーが体内に囚われていた時間が長いほど、その感情に慣れていく。怖がってばかりいるせいで、次第に自分は怖がりなのだと思いこむようになるのだ。実際には、その囚われた感情のエネルギー、すなわち〝恐怖のボール〟のなかに身体の一部が存在しているせいで、失敗しやすくなっているのだが。身体の一部がくりかえし恐怖を感じているせいで、恐ろしそうな状況に陥ると、いとも簡単に恐怖を感じてしまうのだ。つまり、身体の一部がすでに恐怖に共鳴しているせいで、全身が簡単に共鳴するのだ。

囚われた感情の居場所

感情が身体のどこに囚われるのかはどうやって決まるのかと質問されることが多い。感情はどうやらすでに弱くなっている部分に囚われるようである。遺伝で病気にかかりやすかったり、けがをしていたり、栄養不足でエネルギー的にも身体的にも弱くなっていたりバランスを崩していたりする場所だ。

また、比喩が役割を果たす場合もある。潜在意識が肉体と夢を司っていることを考えれば、筋が通る。象徴と比喩は潜在意識の言葉であり、象徴的な意味を持つ場所に感情が囚われるのはごく自然だろう。

たとえば、あなたが友人の流産を悲しんだとする。その悲しみが強ければ、身体に囚われることもある。女性であれば、子どもを育てる器官である子宮や胸に感情が囚われても意外ではないだろう。あるいは、物事がうまくいかないことが続き、人生において辛い時期を過ごしているとしよう。世の中の重荷を肩に背負っているような挫折感を味わって圧倒されているかもしれない。その場合には、感情は肩に囚われるかもしれない。実際、感情は身体のどこにも囚われるのだ。

あなたが気づかなければ、不調は何年も続く恐れがある。そして、やがて心身両方の健康に深刻な問題を引き起こすかもしれない。

囚われた感情のふたつの面

囚われた感情は精神と肉体の両方に影響を与える。まず、精神に与える影響について話そう。激しい感情を引き起こすことがあるからだ。囚われた感情が精神に明らかな影響を与えた実例を見てみよう。

マリーとトラウマ

とても劇的だった例が、美しく心やさしい50代の女性患者マリーである。私のもとを訪れる1年前、マリーはひとり息子を殺された。さらに悪いことに、息子を殺した犯人の裁判が遅れ、悲劇を忘れることができなかった。

マリーは日々の生活を送ることさえ難しくなっていた時期に、私のもとへやってきた。息子を殺害されてからの1年で、悲しみと喪失感ですっかり参ってしまったのだ。囚われた感情のテストをすると、息子とその死に関する感情が次から次へと見つかった。それを解放すると、マリーはやっと自由になった。もちろん息子を恋しく思い、その不在を感じることは続くだろうが、私が知っているなかで誰よりも幸せで、バランスの取れた人となったのだ。

囚われた感情はネガティブな振動を送りつづけることで、マリーのバランスを崩した。そうした感情を消したことで、健康的な方法で喪失感に対処できたのだ。

セーラとケネディ大統領暗殺

治療にやってきた71歳の女性、セーラのことは一生忘れないだろう。まず、私は筋肉テストでセーラに必要なことを潜在意識に尋ねた。すると、セーラの身体には〝悲しみ（沈んだ心）〟が囚われていることがわかった。

顕在意識がはっきり覚えていないことでも、潜在意識はあなたに起きたことを残らず記憶している。もちろん、囚われた感情ひとつひとつについても詳しく覚えている。その感情が囚われたのはいつか、具体的にはどんな感情で、誰が関わっていたのかといったことも。

私はセーラの潜在意識に悲しみについて質問し、それがいつ起こったのか知ろうとした。すると、悲しみという感情がセーラの身体に囚われたのは１９６３年だと判明した。

私はピンときて、こう尋ねた。「この悲しみはジョン・Ｆ・ケネディの暗殺に関係ありますか？」。セーラの身体が筋肉テストを通じてイエスと答えた。この結論にたどりついた瞬間に、セーラは泣きだした。彼女は涙を流しながら言った。「ええ、そう。あの事件にはひどく動揺したわ。そして数年後に大統領の息子、ジョン・ジュニアが飛行機事故で亡くなったときに、暗殺事件のことが甦ったの。何日も泣いてばかりいた」

ジョン・Ｆ・ケネディが暗殺された１９６３年11月のあの日を記憶している年齢なら、あの事件がどれほど衝撃的で悲しかったかを覚えているだろう。とても耐えられないほどの悲しみだった。そして、その感情があまりにも激しすぎて、肉体で処理することができずに囚われてしまったのだ。

囚われた感情が精神に与える影響

囚われた感情は特定のエネルギーを振動させる。また、私たちの心のなかで特定の出来事と結びついている。セーラの場合、特定の周波数で振動する悲しみという感情は、潜在意識でとりわけケネディの急死と結びついていた。そしてケネディの息子が悲劇的な死を遂げたとき、その事故に対して湧きあがってきたごく自然な悲しみが、すでに囚われていた感情によって増幅された。囚われていた感情と全身が共鳴したのだ。それで1963年のあの日の辛さがすっかり甦り、少しだけ泣いて前へ進むのではなく、何日も泣きつづけた。それどころか、その辛さはけっして消えることがなかった。驚くべきことに、身体の一部はその深い悲しみをずっと感じつづけたのだ。

これは囚われた感情が何年も居すわり、さらに悪化した状態で同じ感情を味わわせた典型的な例である。だが、たいていは今起こっていることが古いトラウマに関連していることに気づかない。しかしながら、何らかの状況に感情的に過剰反応していることに気づいたら、囚われた感情が原因かもしれないと考えていいだろう。

囚われた感情が解放されないままだと、ずっと痛みを感じ、過剰に反応しながら残りの人生を過ごすことになる。そんな必要はないのだ。囚われた感情は簡単に取り除けるのだから。

セーラの悲しみを解放する前に、この悲しみが40年近く体内のどこに居すわっていたのか尋ねることにした。長年、この深い悲しみのボールに浸かっていたのは体内のどこの器官なのか？　その器官に対する影響は？　潜在意識には答えがよくわかっており、それを見つけだすのは質問するのと同じくらい簡単だ。だが、その答えに、セーラも私も驚いた。

筋肉テストで、悲しみは胸の左側に囚われていたことが判明したのだ。

驚きのあまり、セーラと私は一瞬顔を見あわせた。セーラは乳がんを患ったことがあった。4年前に左の乳房を切除したのだ。

囚われた感情のエネルギーは乳房を切除した左胸に居すわっていたのだ。どうして他の場所ではなく、左胸だったのだろうか？　軽い感染症やけがなどの不調で、左胸がひどく弱っていたからかもしれない。だが、私はジョン・F・ケネディを愛していたゆえに、胸のすぐ近くに感情が囚われたのではないかと思う。

胸に囚われた理由が何にしろ、悲しみはセーラの身体に長年とどまった。そして軽度の不調を起こしつづけ、ついには乳がんの一因になった可能性もある。早期の段階で症状に気づかなかったため、セーラは命を救うために左の乳房を摘出した。そして左胸の組織が切除されてもなお、悲しみは居すわり、精神的な影響を与えつづけた。囚われた悲しみを解放させたことで、セーラはやっと精神的に救われたのだ。もっと何年も前に囚われた感情を発見できていたらよかったと心から思う。そうすれば、多くの痛みや苦しみを味わわず、乳がんにもならずにすんだかもしれない。

囚われた感情が肉体に与える影響

囚われた感情にくりかえし歪められた身体組織は、やがてその影響を受ける。

磁石を手にして古いブラウン管テレビやパソコンに近づけると、画面が歪む。これは磁場がテレビやパソコンの画面の正常な電子の流れを阻害しているからだ。磁石を近づけすぎたり長時間放置したりすると、歪みが直らず画面は乱れたままになる。囚われた感情が身体に影響を与える仕組みも、これに似ている。結局、身体も囚われた感情もエネルギーだからだ。ただし、囚われた感情はネガティブなエネルギーであり、磁石がテレビ画面の映像を歪めたように、身体組織を歪める。そして身体組織が長期にわたって歪められた結果が、痛みや不調となって現れる。それで囚われた感情を解放すると、しばしば不調やその他の症状が即座に解消され、病気が急に治ることもあるのだ。

この分野はさらなる研究が進み、病気の過程についても深い洞察が期待できるだろう。

私の経験から言うと、囚われた感情は身体組織に多大な影響を与える場合がある。さて、身体組織が長期間くりかえし刺激を受けると、何が起きるのだろうか？　通常、最初の影響は軽い不調で、感情が囚われた部位によって様子が異なる。症状としては、筋肉の緊張が増したり、免疫力が低下したり、けがをしやすくなったり、老化が加速したりすることが含まれる。

さまざまな痛みも、囚われた感情の結果としてよく見られる症状である。片頭痛から腰痛、首や膝の痛みまで、どれも感情エネルギーが根本の原因として考えられる。

加えて、囚われた感情は遺伝子レベルにも大きな影響を与えるようだ。たとえば、かつては乳がんに関係する遺伝子配列を有していると、将来確実に乳がんを発症すると考えられていた。その証拠に、女優アンジェリーナ・ジョリーは両乳房を切除した。しかしながら現在では、こうした遺伝形質は〝発現〟すなわち活発化する可能性もあるが、しない可能性もあるとわかっている【7】。すべてはそれまでの体験、食生活、さらされてきた毒素、ストレスの程度、精神的な負担によって決まるのだ。私の経験では、囚われた感情が起こした歪みを取り除けば、遺伝子配列さえ変えられる可能性がある。少なくとも、エモーションコードは遺伝子疾患による痛みや症状を緩和できることが多い。たとえば次に紹介するのは、不治の遺伝子疾患を患っていた人がエモーションコードで救われた話である。

遺伝子疾患の症状改善

私は強直性脊椎炎の遺伝子を受けつぎ、何年も前から病気が進行していました。この病気は自己免疫性関節炎で、脊椎靱帯が骨化してくっつくと背中がまがってしまいます。また、全身の関節や器官にも悪影響があります。私はつねに強い痛みを感じ、寝返りを打つときもベッドから出るときも激痛を感じていました。

初めてエモーションコードのセッションを受けると、痛みはレベル8からレベル1まで下がりました。骨の痛みはまったくなくなりました。あれから3カ月たっていますが、骨の痛みはいまでもゼロです。

――スーザン・R

身体組織は長期にわたって刺激を受けると、ついには〝異形成〟すなわち変化の状態に入る。つまり、ある特定の細胞が原始的な細胞に変化しはじめるのだ。これは悪性腫瘍、つまりがんの前駆体であることが多い。がんの原因と考えられているものはさまざまあるが、囚われた感情も大半とは言えなくとも多くの病気の一因であり、がん化の原因でもあるだろう。

これまでセッションを行ってきたがん患者は全員、悪性腫瘍に感情が囚われていた。

これは患部の組織が非常に悪い状態だったため、感情エネルギーがそこに引き寄せられたとも考えられる。たしかにそのとおりであり、病気が進行している場合はなおさらその可能性が高いが、囚われた感情もまだ認められていないものの、がんの重大かつ根本的な原因として証明されつつある。重要なのは囚われた感情を取り除くことだ。すでにがんを発生させていたとしても、取り除けば、今後何年もそれ以上の悪影響を与えなくなるのだから。

ロシェルの肺がん

初めてセッションにやってきたとき、ロシェルの肺には野球のボールほどの大きさのがんがあり、化学療法を受けていた。この悪性腫瘍ができている肺に囚われた感情があるかとロシェルの身体に尋ねると、答えは「イエス」だった。

ロシェルの腫瘍に残っていた感情は何年も前、まだ若いときに囚われたものだった。ロシェルはフィリピン人で、フィリピンに駐在していたアメリカ海軍の水兵と結婚した。子どもができると、ロシェルの夫は一度の航海で半年以上帰らないようになった。頻繁に航海に出ることは覚悟のうえであり、ロシェルは顕在意識では離れて暮らすことをあきらめていたものの、ひとりで子どもを育てるのはたいへんで寂しかった。それでも、自分は夫がいなくても大丈夫だと思っていた。だが、身体はその時期に〝恨み〟〝欲求不満〟〝放棄（自暴自棄）〟といった感情が囚われたことを明らかにした。

「いいえ、まさか」。ロシェルは言いはった。「そんなふうに感じたことはありません。ダニーが海に出てしまうことはわかっていたので平気でした。私はひとりでも大丈夫だから」。それでも背中に磁石を滑らせると、ロシェルは起きあがって首をふった。「すごく不思議。胸のつかえが取れたみたいに軽くなりました」

ロシェルの家からクリニックまで車で1時間半もかかるため、彼女とは3回しか会っていないが、がんができている場所に囚われていた感情を解放するには充分だった。5週間後、ロシェルはクリニックへきてうれしいニュースを聞かせてくれた。医師が新たにレントゲンを撮ると、肺からがんがきれいに消えていたのだ。囚われた感情はこのがんができた重大な要因だったのだろうか？　私はそう確信している。

もちろん、ロシェルは化学療法も受けていたので、囚われた感情を解放したことでがんが消えたのだとは証明できない。だが、肺に囚われていた感情を取り除いたことで、化学療法の効果を大きくできたのかもしれないし、治療に必要な強さを身体に与えられたのかもしれない。長生きして、最善の方法ですべての患者が治療される日をこの目で見たいものである。

ジーンの卵巣の痛み

囚われた感情について何より驚いたのは、肉体的な苦痛を生みだす力だった。その現象との遭遇はじつに劇的だった。妻のジーンがとつぜん左下腹部の激しい痛みに襲われたのだ。筋肉テストによると、痛みを感じているのは左の卵巣で、感情が原因だとわかった。結局、囚われた感情が6つもあったのだ。このあと学ぶことになるが、一度のセッションで解放できるのはひとつの感情だけ。ただしジーンの例のように、同じ場所で複数の感情が見つかることもある。最後に残った感情以外はすべて、ジーンと親しい女性たちの人生に起こった悲劇的で不安になる出来事に関連していた。私はそうした感情が明らかになると、ひとつずつ解放していった。

驚いたことに、囚われた感情をひとつずつ解放していくと、ジーンの痛みはみるみる和らいでいった。そして5つの感情を解放し終えたときには、ほんの少し前に感じていた痛みはほとんど消えていた。

それでも、ジーンの身体はまだひとつの感情が残っていることを示していた。テストをすると、ジーンが幼稚園の頃に〝役立たず〟という感情が囚われたことがわかった。

それは1960年の大統領選挙があった年で、リチャード・N・ニクソンとジョン・F・ケネディが候補者だった。ジーンは先生から、幼稚園から男女ひとりずつが選ばれて、来たる大統領選挙について地元紙の取材を受けることになり、ジーンがその代表になったと聞かされた。候補者についていくつか質問され、特に選挙権があったら誰に投票するかを訊かれるからと。

ジーンはわくわくした。いよいよ当日になり、ジーンは幼稚園で取材用に用意された部屋に入った。正面に椅子がふたつ並んでいた。子どもひとりにひとつずつだ。まず男の子が先に質問され、写真が撮られるたびにカメラのストロボが光った。そしてジーンの写真も撮られたが、どういうわけか質問はひとつもされなかった。写真を撮るためにポーズを取るようには言われたが、それ以外はほとんど無視されたのだ。そして唐突に取材は終わった。ジーンは教室に連れていかれると困惑した。そして次第に自分はどうでもいい存在だったのだと気がついた。

そのあとジーンは自分は役立たずなのだと思いはじめ、その感情が強くなって身体に囚われたのだ。

感情はエネルギーであり、その独自の振動によって、どんな感情なのかが決まる。囚われた感情はエネルギーの小さなボールのようなものであり、必ず〝着地〟する。つまり、身体のどこかにとどまるのだ。どういうわけか、役立たずという感情はジーンの左の卵巣にとどまり、30年も居すわりつづけたのだ。

この最後の感情を解放すると、ジーンの残りの痛みはたちまち消えた。妻と私は体験したばかりの出来事に仰天し、互いに顔を見あわせた。ジーンがこのときの痛みをふたたび感じることはなかった。私はこうした激痛に襲われる人々のことを思うにつけ、もしかしたら即効性のある簡単な治療法があるのではないかと思わずにいられない。

ジャックのテニスひじ

囚われた感情が肉体的な痛みを引き起こした例として、ジャックという患者の話をしよう。ジャックは42歳で、何カ月も苦しんでいる重症のテニスひじを治すためにやってきた。右前腕の症状はひどく、車のエンジンをかけるために鍵をまわすだけでもひどい痛みが走った。私は従来のカイロプラクティックと理学療法で治療にあたった。だが、１週間たってもあまり改善は見られず、私は驚いた。テニスひじは通常はカイロプラクティックで大きな効果が出るものなのだ。

私はジャックのひじが改善しないことにいらだっていた。囚われた感情に対処するようになってまもない頃の話である。囚われた感情がとても強力で、さまざまな症状を引き起こすことを理解しはじめたところだった。囚われた感情が肉体の痛みを引き起こすことはわかっていたが、同時にテニスひじが炎症による症状だということも知っていたし、それまでは治療が効いていたのだ。だが、従来の方法ではまったく効果が出なかったので、私はジャックの潜在意識にテニスひじは囚われた感情が原因かと尋ねた。すると、少々意外だったことに答えは「イエス」だった。

私たちはエモーションコードを使って、ひとつ目の感情を明らかにした。ジャックの身体によると、囚われた感情は〝劣等感〟だった【8】。身体に囚われたのは高校時代で、好きだった女の子に関係していた。その感情を解放すると、ひじの痛みが即座に和らぎ、ジャックは驚いていた。私はもう一度、まだ解放できる感情があるかとジャックの身体に尋ねた。答えはイエスで、ふたつ目の感情も高校時代に囚われたもので、短く不満が残った恋愛（相手はひとつ目とは違う少女だ）が原因だった。囚われた感情は〝緊張〟だった。この感情を解放すると、ひじの痛みはさらに大幅に軽減した。私たちはこの手順をくりかえし、全部で5つの感情を解放した。

すべて高校時代に囚われた感情で、どれもが違う少女との関係が原因だった。セラピーに付き添っていたジャックの妻は面白がっているようだった。

囚われた感情をひとつずつ解放していくたびに、前腕の痛みはみるみる和らいでいった。そして最後の感情を解放した瞬間にすっかり消えたのだ！　ジャックは腕をいろいろな方向に動かした。そして車の鍵をまわすふりをした。痛みはまったくなかった。

ひじの関節は急に問題なく動くようになり、前腕も以前は触れると痛みが走ったのに、筋肉を指で押しても痛みは出なかった。目撃した全員が心底驚いた効果だった。

ジャックは高校時代にテニスをしていたが、もう何年もラケットを握っていなかった。囚われた感情は過剰なストレスやけがや感染症などさまざまな理由で調子を落とし、弱くなっている部分に囚われる傾向がある。ジャックの囚われた感情はすべて前腕に居すわっていた。おそらく前腕とひじは高校時代にくり返しストレスを受け、ある程度のけがもしていたのだろう。また同時に、恋に破れるたびに失意を経験したことで、感情が少しずつ囚われていったのかもしれない。感情は必ずどこかに、とりわけ身体の弱い部分に囚われるのだから。
もしもあの場に居合わせず、この目で見なかったら、ジャックの件はきっと信じられなかっただろうと今でも思っている。

私は患者にエモーションコードを使いつづけ、囚われた感情が根本的な原因であれ原因の一部であれ、多くの症状を引き起こしていることにも、それが患者の健康をひどく損なっていることにとても驚いていた。囚われた感情が残らず解放されると、治療効果はとても強力になる。囚われた感情を消すことで、痛みも、不幸も、慢性疾患も完全に治るなんて誰が思うだろうか！　まもなく、感情のなかには想像よりずっと長く患者の体内に囚われていたものがあることに気がついた。簡単に取り除ける原因のせいで、患者が長年苦しんできたのかと考えると、私はとても辛くなった。

視力の改善

私はエモーションコードを学びはじめた最初の月から父にセッションをはじめました。数日で、斜視のほうの目が逆の目と同じほうを向くことが多くなりました。そして2週間後には慢性的な膝の痛みが大幅に緩和され、最近では一日の終わりに40ヘクタールの農場を歩くようになったので、膝の調子はどうかと尋ねました。すると、父はとても調子がいいことに驚いていました。でこぼこの地面を長く歩くのは、これまでとても難儀だったからです。父は緑内障のため、たまたま眼科で眼圧検査を受ける予約をしていました。眼圧がずっと高く、頻繁に経過観察をしていたのです。私は父の目に影響を及ぼしていた囚われた感情をすでに解放していました。父は眼科から帰ってくると、こう言いました。「眼圧が正常に戻っていて、先生から緑内障の心配はもうないと言われたよ。視力も正常で、なるほどと思ったさ。眼鏡が強すぎてかけていられなかった理由がわかったからな！」──ステイシー・B

病的恐怖

病的恐怖とは特定の行動や人物や物や状況に対して抱く不合理で持続的な恐怖である。囚われた感情は病的恐怖の重大な原因であり、唯一の原因であることも少なくない。人々を苦しめている大半の病的恐怖の根底には、囚われた感情があるのだ。

病的恐怖は生涯続き、人生を台なしにする恐れがある。次に紹介するのは、長年の閉所恐怖症がエモーションコードによって、ついに解消できた話である。

消えた閉所恐怖症

50年間ひどい閉所恐怖症に苦しんできた女性患者の話です。

きっと想像がつくでしょうが、閉所恐怖のせいで彼女の生活はあらゆる面で大きく制限され、テレビを見たり映画館に行ったりすることさえ不安になるほどでした。

画面に狭苦しい場所が映っただけで、その瞬間に飛びあがり、たちまち部屋から逃げだしてしまうということでした。

エモーションコードの最初のセッションのあと、彼女は生まれて初めて、ある番組を見ることができたと楽しそうに報告してくれました。そして、その番組で見たことを詳しく残らず説明してくれました。以前だったらタイトルを口にするだけで部屋から逃げだしてしまったような内容です。

　彼女は興奮しながら「潜水艦での生活」という番組で知ったことを残らず教えてくれたのです。――カースティー・W

飛行機恐怖症

　病的恐怖はどんなものにも起こる。たとえば、かつてセッションを行った女性はかなり珍しい病的恐怖を抱いていた――雑誌の写真やテレビで飛行機を見ただけで、ひどいパニック発作が起きるのだ。ジェット機が頭上を飛ぶときは地面に目を向ける。飛行機を見たら、発作が起きるからだ。

　私は筋肉テストを行い、彼女の潜在意識に病的恐怖の原因は囚われた感情かと尋ねた。答えはイエス。そこでテストを続けて彼女と話し、何があったのか結論を出した。

　数年前、彼女は雑誌で旅客機の墜落事故の記事を読んでいた。その記事には事故の直前に撮られたジェット機の写真が添えられていた。

　記事を読んでいくにつれ、彼女は激しい感情を抱きはじめた。恐ろしい思いをした乗客に強く感情移入するあまり、感情が囚われてしまったのだ。その感情を解放すると、病的恐怖はまたたくまに消えた。まもなく写真だろうと空を飛んでいる実物だろうと、飛行機を見ても発作は起きなくなり、その後も病的恐怖に襲われることはなくなったのだ。

夜驚症

悪夢の原因は囚われた感情だけではないが、夜驚症の原因はまずまちがいなく囚われた感情である。42歳の患者キャロルはほぼ生まれてからずっと夜驚症に悩まされてきた。キャロルの悲鳴で週に3日は夫と子どもたちを起こしてしまうのだ！　夜驚症は悪夢と異なり、特定の夢を見ているわけではないらしい。眠っている間に、特定のとても恐ろしい感情に襲われているのだ。

キャロルの夜驚症は深刻だった。恐ろしい夢うつつの状態から逃げようとして暴れたせいで鎖骨と肋骨数本を折り、頭蓋骨まで骨折したのだ。

「夜驚症を引き起こしている囚われた感情があるだろうか？」という簡潔な質問に、キャロルの潜在意識は肯定的な答えを出した。さらにもう少しテストを進めると、キャロルが5歳のときに、短い期間だがくりかえし悪夢を見ていた時期があり、そのときにパニック、激しい恐怖、怯えといった感情が体内に囚われたのだとわかった。悪夢はずっと以前に見なくなったが、囚われた感情は残ったというわけだ。

そこで囚われた感情を解放すると、1週間で夜驚症は消えて再発しなかった。

PTSD

PTSD（心的外傷後ストレス障害）は一般的な消耗性疾患で、感情の麻痺、抑うつ、不安、友人や家族の忌避、日常生活への無関心などを引き起こす。加えて、PTSD患者は感情または身体の反応が激しく、トラウマとなった出来事やPTSDの原因となった出来事を思いだすと、パニック発作、動悸、悪寒などが起きる。成人の8%がその生涯でPTSDを発症するとされている。PTSDというと、軍隊や戦争に関するストレスが原因だと考えがちだが、トラウマになるほど恐ろしかったり、命の危険を感じたりした出来事を経験あるいは目撃した場合はすべてPTSDになり得る。

PTSDと抑うつの緩和

私の夫ジョンは49歳でPTSDとうつ病の診断を受けました。原因となったのは子ども時代のトラウマ、数度の大事故、病気で2度死にかけたこと、20年間罵倒されつづけた一度目の結婚とひどく揉めた離婚です。おまけに健康を害し、12年以上続けてきた家の改築が身体の事情でできなくなりました。

ジョンは心も身体も魂もすっかりまいってしまいました。そこで、あらゆる方法で何とか自分を動かそうとしました。抑うつと不安症に対処するために向精神薬をいくつか試しましたが、効きめはありませんでした。それどころか、症状が悪化したのです。ジョンは私が初めて対処したPTSD患者でした。彼は〝モルモット〟になることに同意し、私たちはエモーションコードを試してみました。

あらゆる感情に囚われたハートウォール（Heart Wall：心の壁）と身体をきれいにすると、ジョンのPTSDは消えてなくなりました。その後まもなく、ジョンは映画づくりという夢を追って映画学校に入り、成績優秀者として奨学金をもらい、今は夫婦カウンセリング企業の顧客サービス担当取締役として、問題が起きた夫婦とじかに接しています。あの日から今日まで、ジョンはPTSDにもうつ病にもなっていません。

ジョンとの経験以来、私は多くの人がハートウォールと身体から囚われた感情を取り除き、抑うつ状態から抜けだすのを見てきました。また、この仕事をすることで、その人々が心身ともに強くなって抑うつの原因となった人生の問題に取り組めるようになった姿も見てきました。私たちの人生にとって、これこそエモーションコードの可能性です！——アリサ・F

落下によるPTSD

ボーイフレンドのマイケルとウィスコンシン州のデビルズレイク州立公園でハイキングをしたときのことです。マイケルが25メートルの高さの崖から落ちてしまいました。奇跡的に命が助かり、入院して肉体的にはすっかり回復したものの、マイケルにも私にも精神的な傷が残ったのは明らかでした。マイケルは落下したときの状況をほとんど覚えていないのに、パニック発作を起こすようになりました。そして、私は重度の不安とPTSDを抱えることに。そんなときにエモーションコードを紹介されたのです。私はエモーションコードを使ってマイケルのパニック発作を和らげ、不安を軽くし、日常生活で過度に打ちのめされたりストレスを感じたりしないよう手助けをしています。そして、私はもうほとんど不安を感じませんし、PTSDも克服しました。——ディネイ・H

ベトナム戦争退役軍人が見出した救い

私が初めてセッションを行った相手は夫です。夫はベトナム従軍時代のPTSDと戦っていました。そしてパーキンソン病のステージ1という診断も受けていました。私は当初からエモーションコードを使い、現在は9カ月になりますが、すべてにおいて素晴らしい成果が出ています！　夫は気性が穏やかになり、血圧も正常値に戻りましたし、手足の震えもほとんどなくなりました。夫がとても感激してベトナム時代の戦友たちに体験を語って聞かせたので、今ではその戦友たちも私と一緒にＰＴＳＤのセッションを行っています。――ジル・Ｊ

長年のトラウマを消したエモーションコード

子どもの頃からの度重なるトラウマで重度のＰＴＳＤを抱えていた女性がいました。トラウマのせいで気分や態度に影響し、身体にも症状が出はじめていたのです。まず私が彼女の感情を浄化する段階からはじめると、まもなく彼女も自分で熱心に浄化を続けるようになりました。そして1年ほど浄化を続けた結果、彼女はまったく新しい女性に生まれ変わったのです。エモーションコードがこんなにも深いところまで効果をあげたのは初めてで、彼女の癒しのプロセスに参加できたのは、私にとっても素晴らしい経験となりました。彼女はずっと抱えてきた不安から解き放たれ、今はさまざまな対象との関係、とりわけ神との関係から豊かさを与えられています。彼女はエモーションコードが持つ力を知っており、ＰＴＳＤとエモーションコードについての本を出版する準備をしているところです。――メガン・Ｂ

囚われた感情を残しておく余裕があるだろうか？

上質な人生にとって、囚われた感情の解放は不可欠である。囚われた感情を解放すれば、さまざまな問題がいずれ起こるのを防げるだろう。囚われた感情を解放することで、どうして今後苦しめられる可能性がある心身の症状から救われるのか、あなたが少しずつ理解してくれていることを願いたい。

やっと故国に歓迎されたフランク

私が初期にセッションを行った退役軍人のひとりがフランクで、ベトナム戦争に従軍していました。フランクは戦地での体験を誰にも話せませんでした。体験したことを思いだすと、とてつもない怒りが湧きあがってきたからです。彼が戦地について話すことはありませんでした。ただただ心を閉ざしていたのです。

彼を紹介してくれたのは奥さんで、フランクは他の州に住んでいたので電話で話し、エモーションコードは離れていても使えることを説明しました。すると、フランクは「じつを言うと、こうして話すのがやっとなんだ」と言いました。そこで、私はこう答えました。「かまいませんよ。大歓迎です」

電話でのセッションで、私は囚われた感情をいくつか解放しました。しかしながら、そのときわかったのは、フランクが5歳のときに起こったことが、戦争での出来事に対する反応を引き起こしているということでした。じつはフランクのPTSDは5歳で生じ、その年齢で背負った心の重みが戦争での体験で悪化したのです。それを知らなければ、ただ反応が大きいと思うだけで、対処して向きあうことができなかったでしょう。

その後フランクからは連絡がなかったので、いったい何があったのだろうと思っていました。すると、フランクから電話がありました。「セッションのあと、ベトナム戦争について、自分の一部ではなく、歴史のひとつとして話せたよ。それで兄弟に会いにいく決心がついた」。また、フランクは地元のVFW（海外戦争復員兵協会）に出席し、そこで会った仲間とも付きあいはじめました。そして、こう言いました。「次の段階に進みたいと思ったし、メモリアルデーのパレードにも参加したいと思ったんだ」。そこで、フランクは米軍払い下げ物資店へ行きました。すると、店に入ってきたフランクを見て、店主が言いました。「ちょっと待っててください」。店主は奥へ消えると、靴箱を持って戻ってきました。「ブーツのサイズは?」。フランクは答えました。「サイズ11だ」。すると、店主が言いました。「あなたを待っていたんです。これはベトナム戦争で使っていたサイズ11のブーツです」。フランクは誇り高く、名誉あるブーツをはいてメモリアルデーのパレードに参加しました。そのあと、家に帰ってきて奥さんにこう言ったそうです。「今日、故国に歓迎してもらったよ」と。——ルース・K

明るい未来

私はエモーションコードを使って、薬物依存症から回復中のゲイリーとセッションを行っていました。ゲイリーはつねにまた薬物を使ってしまうのではないかという不安を抱えていました。ひどい抑うつ状態で、意欲を失い、自殺願望まで抱いていたのです。けれども囚われた感情を解放すると、心から幸福を感じるようになりました。数週間後、ゲイリーはネイティブ・アメリカンの部族からインターンシップを認められ、学校に戻りました。そして来年、結婚します！——ジャクリーン・W

教師に救われた10代の生徒

私は勤務していた高校の生徒にセッションを行う機会を得ました。ブレイデンは18歳の若者で、抑うつ、不安、薬物依存、そしてＡＤＤ（注意欠陥障害）と戦っていました。エモーションコードでセッションを行うまで、いじめにも何度もあっていたのです。

ブレイデンは感情が乏しく、たいていの日はぼんやり歩きまわって過ごしていました。目にも感情が表れていません。自信がなく、友人も少なくて、知能が高いにもかかわらず成績もよくありませんでした。悲しいことに、とても無気力で、周囲の生徒からいじめの標的にされていたのです。

想像がつくでしょうが、ブレイデンには囚われた感情がいくつかあったので、解放することができました。

1回目のセッションが終わると、ブレイデンの顔つきが変わりました。足取りも弾むようになりました。数日前はゾンビに見えた生徒と同じ人物だとはとても信じられませんでした。他の人々との付きあいも増え、ブレイデンは人生を楽しんでいるようでした。この若者の人生はまだこれからですが、エモーションコードが命綱となってくれるでしょう。本当に奇跡のような変化でした！――ジョスリン・W

囚われた感情を解放すれば、身体組織の正常な機能を妨げる好ましくないネガティブなエネルギーを取り除き、エネルギーの自由な流れを回復させて自己治癒力を高めることができる。

また、先の人生へ進むことを妨げていた動揺や苦痛や古い感情の重しがなくなり、精神も自然な状態に戻る。

次の章では、最近になって再発見された、昔の医師が知っていた人間のエネルギー場に関する驚くべき秘密を教えよう。

第2部

エネルギーの世界

第3章　古《いにしえ》のエネルギーヒーラーの謎

Mysteries of the Ancient Energy Healers

人の誕生はただの眠りと忘却
生まれ出る魂は生命の星
一度は没した星、遙かかなたから渡りきた星
忘れ去りもせず
露わな裸身でもなく
栄光の雲を棚引かせて生まれ出る我々の
ふるさとは神

――ウイリアム・ワーズワス（『対訳 ワーズワス詩集』岩波文庫より）

１９３９年、ロシア人電気技師セミョーン・キルリアンが現在ではキルリアン写真として知られるものを発見した【１】。キルリアン写真は従来のような光ではなく、高電圧と高周波を利用してあらゆる生体から放出されるエネルギーフィールドを撮影する。この技術はＧＤＶ（気体放電視覚化）とも呼ばれる。

この発見以来、ロシアの科学者はキルリアン写真を使って多くの研究をした。そして、あらゆるものがエネルギーフィールドの特性を示しているが、生物のエネルギーフィールドは無生物よりはるかに強力であることを発見した【2】。キルリアン写真で最も鮮烈な印象を与えたのは、葉そのものは半分に切断されているのに、葉全体の完璧で無傷な内なるエネルギーが写っているものだろう【3】。こうしたキルリアン写真は内なる魂の本質を見せることが本当に可能なのだろうか?

〝人間のエネルギーフィールド〟の存在は長い間ヒーリング技術の基本的な教義とされてきた。ヒンドゥー教徒はあらゆるものに浸透して命を与える重要な生命力を〝プラーナ〟とし、5000年も前から理解していた。また、中国人はこのエネルギーを〝気〟と呼び、個体で気のバランスが崩れると健康が損なわれることを理解していたのだ。

歴史を通じて、97もの異なる文化で人間のエネルギーフィールドは信じられてきた。囚われた感情は体内におけるこのエネルギーの流れを歪めて阻害するものであり、エモーションコードはそのエネルギーをバランスの取れた状態に戻す簡単な方法である。

魂と寺院

人間のエネルギーフィールドは本質的にはひとりひとりに存在する魂だと、私は考えている。また、魔法でも使って数人の身体から魂を取りだして並べたら、そっくりなことに驚くだろう。

これまで記録されている臨死体験の多くから、〝死んだ〟人々はしばらく肉体から出ていたことが明らかになっている。空中に浮かんで、自分の身体が横たわっているのを見おろして初めて自分が死んだことに気づく場合もあるようだ。こうした体験をした人々は自分たちの本質は肉体ではないと理解している。肉体は魂を宿す寺院のようなものなのだ。

こうした考えの真理を教えてくれた、けっして忘れられない体験がある。セラピーを行っていた頃、私は厄介な慢性症状を抱えた多くの患者と定期的に会っていた。私には各セラピーの前に、神の導きを求めて短く静かに祈る習慣があり、自分の知識では不充分だったとき、神の助けに感謝したことが何度もあった。

ある日、私は静かに祈りを捧げてから、目の前の診察台に横たわっている患者に目を向けた。そのとき、天から啓示があった。まるで生まれてからずっと見えなかったのに、急に魂の形がはっきり見えたかのようだった。どんなことだったのか完璧に言い表すことはできないが、その瞬間に、神聖な寺院の前に――その患者の肉体という寺院の前に――立っていることをはっきり理解したのだ。私はすぐさま深い畏怖と崇敬の念に満たされた。この特別で強烈な天啓はほんの数秒のことだったが、忘れられない出来事であり、これまでよりずっと高いレベルで肉体についての真理が明らかになったのだ。

この神聖な体験で、人々に対する見方が変わった。それまでもずっと人間に対して深い愛と敬意を抱いてきたが、今では私たちが存在するという真理は、想像以上に深遠で神聖なものだと理解している。私たちはまさに神聖な存在であり、この地上で肉体としての経験を積んでいるのだ。

思考が他人に影響する仕組み

思考は魂の知性から生じ、周囲の人々に大きな影響を与える。思考はエネルギーであり、肉体からくりかえし放出され、限りがない。

思考と感情のエネルギーは他の人々にも他の生物にも微妙な影響を与える。すべてのエネルギーは絶えず接触しており、気づいていようがいまいが、私たちはつねに他者と接しているのだ。

思考は物

昔のヒーラーは思考の力を深く理解していた。私はセミナーで簡単なテストをして、たとえ遠く離れていても、思考が他の人の心身に強く影響することを実証している。

まず、受講生のひとりに協力してもらい、他の人たちに背を向けて教室の正面に立ってもらう。その協力者で実験できるかどうかを調べるために、基準を設定する簡易筋肉テストを行い、「愛」と言わせてから、伸ばした腕をやさしく、けれどしっかり下のほうへ押す。この場合は筋肉が力強く反射し、腕を押されても簡単に抵抗できるはずなのだ。次に「憎しみ」と言わせてからもう一度腕を押すと、今度は反射が弱く、下に押される力に抗えない。

次に目を閉じて頭をからっぽにするよう協力者に指示する。そして実験のじゃまにならないように、私も頭をからっぽにする。それから他の受講生たちに、私が協力者の背中の前で親指を下に向けたら、黙ったまま「あなたが嫌い」とか「あなたは歓迎されていない」といったネガティブな考えを協力者に送るよう伝える。親指を上に向けたら、「愛している」とか「あなたは素晴らしい」とか、協力者に対してポジティブなことを考えるように、とも。

親指を下に向けて受講生たちがネガティブな思考を送りはじめたら、私は協力者の伸ばした腕を押す。実験中、私はいっさい口をきかず、この結果を生みだしているのは思考エネルギーだけだということを示す。

例外なく、協力者の腕の力は弱くなっているはずである。

そのあと親指を上に向けると、受講生たちはポジティブな思考を送りはじめる。そこでもう一度腕を押すと、今度は弱さが消え、例外なく力が強くなっている。この実験の間、協力者は私が受講生たちに合図を送っていることに気づいていない。受講生たちに背を向けているだけでなく、言葉でも指示をしていないからだ。

セミナーをはじめて長年たつが、このテストではつねに確かな結果が出ている。私たちがエネルギーでできていて、思考もエネルギーでできているからだ。エネルギーでできているあなたの身体を思考エネルギーが通過すると、ポジティブであれネガティブであれ、必ず影響がある。この実験の場合、受講生たちのネガティブな思考が協力者を明らかに弱体化させた。一方、ポジティブな思考は協力者を強化したのだ。このおもしろくも単純な実験はじつに深い意味を含んでいる。

当然ながら、あなた自身の思考が最もすばやく強い影響を与えるのは、あなた自身のエネルギーフィールドである。ポジティブな思考がネガティブに変わると、すぐさま振動エネルギーもポジティブからネガティブへと変わる。そして必ずネガティブな結果が生まれるが、最も明白で速やかに結果が現れるのが身体全体の弱体化である。ネガティブな思考が身体の器官や組織を弱くし、そのままの状態でいると、健康や幸福が危険にさらされるのは想像に難くないだろう。

潜在意識はあなた自身の考えか否かにかかわらず、あなたに害を及ぼす危険があるネガティブな思考に気づいている。一方顕在意識は顔の表情や身ぶりや言葉といった証拠を見聞きできないと、ネガティブなエネルギーに気づきにくい。子どもの頃から、こうした〝証拠〟を探すよう教えられているのだ。

私たちはいくぶん鈍感になっており、たいていは目に見えないエネルギーを意識して感知することができない。

生まれた日からずっと、世の中のあるべき姿についての情報を与えられすぎている。見解、意見、先入観、慣例、理論、事実、原則などを与えられているのである。そして、これまで教えられてきたことが真実に基づいていることを願っている。学校へ通い、世界の自然や科学や歴史に関する〝事実〟を学んでいる。大人になる頃には、世の中に対する考えは決まりきったものになるのだ。

そして新しい情報が与えられると、これまで学んできた情報と相いれない事柄について受け入れて理解しづらいのは当然である。考え方を変える必要がある場合、とりわけこれまで教えられてきたことに反する情報ならなおさら、受け入れるのは難しいかもしれない。

あらゆるものの本質

私たちの大半は周囲のものすべてがエネルギーでできており、異なる周波数で振動し、まったく異なるように見え、異なる味やにおいや感触がすることを教えられていない。私たちは言わば〝レゴ〟の世界で暮らしているようなものなのだ。もしもあなたが洞穴で暮らしているなら（あるいは子どもと接したことがないなら）レゴは色や形や大きさが異なる小さなプラスチックのブロックでしかないだろう。だが、テーマパークであるレゴランドに行ったことがある人なら、この小さなプラスチックのブロックがゾウから摩天楼まで何でもつくれることを知っている。

私たちの世界も亜原子粒子（subatomic particles）と呼ばれる小さなブロックでできている。実際には粒子ではないのだが、振動するエネルギーの極小単位だと考えて差し支えない。この小さなエネルギーを合わせると、原子ができる。そしてレゴと同じく、この小さなエネルギーを異なる配列で並べると、水素や炭素やチタンなど、異なる元素の原子ができるのだ。さらに、やはりレゴと同じように、さまざまな原子の配列を変えて並べると、タンパク質、脂肪、炭水化物など、異なる分子ができあがる。結局、周囲のもの、すなわち植物、動物、ガス、液体、固体など存在しているものはすべてこの小さなブロックであり、エネルギーでできているのだ。

謎めいた量子の世界

亜原子粒子は実際には粒子ではない。〝量子〟つまり漠然としたものの量なのだ。量子物理学、すなわちエネルギーの最小単位に関する学問をはじめたのは、アルベルト・アインシュタインや同時代の科学者たちである。こうした優秀な科学者たちはエネルギーの本質を解明しようとして独創的な実験を発明した。量子の研究で解明された驚くべき事象のひとつが、エネルギーは観測者の予測によって、異なった動きをすることである。この謎めいた反応は、原子内のエネルギーにはわずかな〝理性〟があるという理由でしか説明がつかないと考える物理学者は多い【4】。

ある有名な実験で、科学者は原子を分割し、ふたつの粒子（エネルギー）をほぼ光速で異なる方向へ飛ばした。そして異なる方向にある程度移動したあと、ひとつの粒子だけ強力な磁場を通ったことで移動する方向が変わった。すると同時に、もうひとつの粒子も方向を変えたのだ――まったく同じ方向に。かなり距離が離れていても、不思議なことに、ふたつの粒子はまだ繋がっていた。分かれていようが、距離があろうが、片方の粒子に起きたことがもう一方の粒子に影響したのだ。いったい、どうしてこんなことが起きたのだろうか？　この小さなエネルギーはかなり離れていたというのに、瞬間的にコミュニケーションをとっている。どうして、そんな離れ業ができたのだろうか？【5】

この〝量子もつれ〟と呼ばれる現象の仕組みについて確かなことは誰にもわからない。それでも量子物理学において、この現象はくりかえし現れている。どんなに離れていても、片方の粒子に変化が起きると、繋がっている粒子にすぐさま同じ変化が起こるのだ。エネルギーの繋がりにとって、距離は何の障害にもならないようだ。あらゆるものが、他のすべてのものと繋がっているのである！【6】

カミカゼの記憶

こうした不可解な繋がりの現象は個々の亜原子粒子の動きにかぎらない。人体の細胞でも起きているのだ。ある有名な実験で、被験者の白血球が採取されてペトリ皿に入れられた。白血球は外部から侵入したバクテリアや毒素などを見つけて破壊する。被験者には身体の電気活動を測定するために電極がつけられた。また採取された白血球も電気活動を測定できる高感度の機器に置かれた。こうして被験者と白血球両方の電気活動のレベルが正確に測定された。

被験者のひとりの男性は第二次世界大戦時に海軍にいて、太平洋に配置された航空母艦に乗っていた。そのとき、日本軍のカミカゼ特攻機に突撃された。彼はひどく恐怖を感じ、一度ならず自分は死ぬに違いないと思った。

その被験者は電極をつけられると、戦争でカミカゼ特攻隊が航空母艦に突撃するニュース映像を見せられた。それはずっと昔の出来事だったが、身体は忘れていなかった。彼が感じた激しい不安が、身体につけた電極で計測したデータに即座に現れたのだ。

　これはけっして意外な結果ではなかった。だが、部屋の反対側に置かれた白血球の測定データも急激に変化したのを見て、研究者たちは驚いた。被験者と白血球のデータは基本的にはまったく同じだった。白血球の電気の流れは、被験者の身体と同じく不規則になった。そして研究者がニュース映像を消すと、被験者と部屋の反対側に置かれた白血球の電気活動はどちらも正常に戻ったのだ。

　科学者にはとても信じられない結果だった。何度も実験をくりかえしたが、そのたびに同じ結果が出た。どんな結果が出るのかを見るためだけに実験がくりかえされ、被験者と白血球の距離はどんどん離れていった。なんと、まだ生きている白血球を入れた測定機器は数キロ離れた別の研究所まで運ばれ、そこで実験が行われたのだ。

　部屋にいる被験者と数キロ離れた白血球の電気活動と時間を正確に記録するために、実験が何度もくりかえされた。被験者は特攻隊のニュース映像を見せられては、緊張を解かれた。そして、またニュースを見せられ、緊張を解かれるのだ。そのたびに被験者と数キロ離れていた生きている白血球の電気活動の測定結果は同じになった。

　この実験結果は科学者たちが教えられてきたことに、ことごとく反していた。映画を見て不安になった男が自分の白血球を――しかも、数キロ離れた場所にある白血球を――不安にさせられるだろうかと尋ねたら、きっと笑われるだろう。ぜったいに不可能に思えることが起こったのだ【7】。

知性を持つ宇宙

こうした驚くべき現象がじつに神秘的に見えるのは、私たちが何も理解していないからである。実際、エネルギーの謎めいた性質や、仕組みや、活用の可能性をやっと理解しはじめたばかりなのだ。宇宙最大の謎のひとつが今ベールを脱ぎはじめたところだと、私は考えている。

この大きな謎は現代になって発見された亜原子粒子の知性、すなわちエネルギーの知性と関係がある。量子物理学が言っていることが正しいと思ってみてほしい。私たちが生きている宇宙はエネルギーだけでできており、そのエネルギーにも知性があるのだと。

こんなふうに考えるといいだろう。今、あなたがすわっている椅子はエネルギーでできている。そのエネルギーには知性がある。もちろん、椅子は人間と同じように〝考える〟ことはできないが、その椅子をひとつの形として保つために必要なことを正確に行い、この世界であなたが経験することをあるべき姿にする、無数の小さなエネルギーで構成されているのだ。

20世紀最高の頭脳のひとりであり、量子論の父と称されるマックス・プランクはノーベル物理学賞を受賞した際のスピーチで次のように語っている。

「もっとも明晰な科学に、物質の学問に、生涯を捧げてきた男として、原子を研究した結果、これだけは言えます。そんな物質など存在しないと。すべての物質は原子の粒子を振動させ、最小の太陽系とも言える原子構造を維持する力によって生じ、存在します。この力の背後には意識と知性が存在すると想像せざるを得ません。この意識こそがすべての物質の母体なのです」

意思の力

意思もまたエネルギーのひとつの形である。意思は方向が定まっている強い思考エネルギーだと考えたい。エネルギーには知性があるので、意思に〝従う〟ことも〝協力〟することもできるからだ。

昔のヒーラーは宇宙は知的エネルギーで満ち、知的エネルギーでできていて、意思に反応することができるという考えを理解していた。

イエス・キリストは日常的に目や身体が不自由な人々を癒し、死者を甦らせることさえしており、今でも史上最高のヒーラーだとされている。イエスの最初の奇跡は癒しではないが、知的エネルギーの概念を劇的に示している。

イエスは弟子たちとともに婚礼に出席したが、その家の主はぶどう酒を切らしてしまった。当時、それはとんでもない失態だった。イエスは弟子たちに命じて、大きな水がめに水を入れさせ、それをぶどう酒に変えて、まわりの人々を驚かせた。おそらく、イエスは水にぶどう酒になるよう命じただけで、水もイエスの命令に従っただけだろう。水そのものに知性があり、イエスの命令に従えたからできたのだ（欽定英訳聖書、ヨハネの福音書）。

水上を歩く感覚とは？

意思が現実を大きく変えることを説明する話を聖書からもうひとつ紹介しよう。イエスは弟子たちに海を渡らせ、自分は祈るために山に登った。早朝、嵐の真っただ中、弟子たちが船に乗りこむと、海上を歩いて近づいてくる人の姿が見えた。弟子たちは恐れ、幽霊に違いないと考えた。それがイエスだと気づくと、ペテロは「主よ、あなたなら、水の上を歩いて自分のもとへ来いと命じてください」と叫んだ。イエスは「おいでなさい」と答えた。ペテロは船から降りて水の上を歩いてイエスのほうへ歩きはじめた。水の上を歩いたのだ！　だが、周囲を見まわして、自分がしていることがひどく不自然で、嵐がとても激しいことに気づくと、ペテロは恐ろしくなり、まもなく沈みはじめた。ペテロは「主よ、助けてください！」と叫んだ。イエスは手を伸ばしてペテロをつかんで言った。「信仰の薄い者よ、なぜ疑ったのか?」（マタイの福音書）

ペテロは信頼のもとに、すなわち水の上を歩けると信じて、足を踏みだした。信頼と意思が強かったから、水の上を歩けたのだ。そして水の知性は単純にペテロの信頼と意思に即座に反応し、水の通常の状態はすぐさまペテロを支える形に変化した。だが、ペテロが恐怖を感じはじめた瞬間に、水の上を歩けるという能力に対する明確な意思と信頼は消えはじめた。そして信頼がなくなり、明確な意思が消えると、身体は沈みはじめた。宇宙はペテロの新たな精神状態に反応せざるを得ないからだ。

ペテロが沈みはじめたのは、疑い、恐れはじめたからだ。天秤の片側に疑いと恐怖が載り、もう一方に信仰と信頼が載っているところを想像するといいだろう。疑いと恐怖が重くなると信仰と信頼が軽くなるし、逆もまた然りだ。

宇宙も自分に対するあなたの信頼を支持する。できないと思えば、宇宙はその考えを支持し、成功できない。逆に、できると思えば、宇宙はその考えを支持し、力を与えられるのだ。

空中を歩く

父が死去した約2カ月後、私は奇妙な夢を見た。私には意義深い夢で、神からのメッセージだと解釈した。私は夢のなかで大学の廊下を歩いていた。廊下はそれぞれ用事を抱えた忙しい人々でいっぱいだった。まわりには多くの人がいたが、そこで奇妙なことが起こった。私は床から2センチメートルほど浮き、文字どおり空中を歩いていたのだ。とても信じられない感覚だった。私は速く歩き、そのあとまたゆっくり歩いて、浮いている高さが変わるかどうかを確かめた。高さは変わらなかった。私は依然として床から2センチの高さを歩いていたのだ！

まわりの人々は自分の用事に夢中で、誰も気づいていないようだった。私はこう思った。「床から2センチ浮いて歩けるなら、30センチ浮くこともできるだろう」。そう思うとすぐに、そのとおりになった！　床から30センチのところを歩いていたのだ！　後ろをふりかえると、幼い子どもたちがこちらをじっと見ていた。子どもたちも私と同じように床から30センチ浮いて歩いていたが、誰も気づいていないようだった。

歩きつづけているうちに、好きな高さで歩けることに気がついた。まもなく、頭が天井につきそうになった。このとき、周囲の人たち全員がやっていたことをやめ、顔を私に向けていることに気がついた。そして、口々にこう尋ねた。「どうやっているんだい？　どうしてそんなことができるんだ?」

私はこう答えた。「簡単さ！　できると信じて、今やっていることについて神に感謝すればいいんだ！」

そのあと廊下を見おろすと、外に出る大きなガラス戸が目に入った。その向こうには美しい緑の丘が広がり、校舎と広く開けた空が見える。「あのガラス戸を出たら、きっと飛べるに違いない！」

そのとき、目が覚めた。まだ夢うつつだったが、夢が意味していたことははっきりわかった。空中を歩けたということは、できると信じたことは何でもできるということだ。できていることを神に感謝するかぎり。

子どもたちは人生で身についた限界に縛られることのない単純で純粋な信じる心の象徴だ。そしてガラス戸には二重の意味があった。私たち自身が決めている限界と死を象徴しているのだ。メッセージは父がガラス戸の向こうにいることと、父がこの世での能力の限界に縛られることなく、飛ぶことができるということだろう。

この夢を数学の方程式で表すとしたら、こんなふうになるだろう。

できると信じる＋今やっていることに対する神への感謝＝望んでいる結果

そもそも、できないと思っていることをはじめたりするだろうか？　そんなことはないだろう。何をするにしても信じることは重要で、欠かすことのできない最初の一歩なのだ。

また、この方程式において、感謝も重要な要素である。これからの道のりで出合うあらゆる機会も含め、持っているものも、今の姿も、すべては創造主のおかげなのだ。〝今やっている〟という言葉の重要性はどんなに強調しても、しすぎることはないだろう。こうした現在形を使うことで、私たちはすでにその真っただ中におり、実際にそれを〝やる〟ことはとても簡単だと、潜在意識に伝えているのだ。深呼吸をして、そのことについてしばらくワクワクしてほしい。ワクワクして、それが現実になると感じられたら、それは現実になる。実際、すでに起こっているのだ。

すでに持っているものについて神に感謝する心を養えたら、信仰も信じる気持ちも増すだろう。あらゆるものが流れだす力の源に、自分自身を近づけられるからだ。

心が感謝で満ちたら、疑いや不安を感じることなどできるだろうか？　私はそうは思わない。ヒーラーになるためには、疑いを抱いてはならない。不安を捨てなければならない。愛と感謝で心を満たさなければならないのだ。

エモーションコードを使うことで、そうなってほしい。とても簡単だ。信じて感謝するだけで、できるようになる。本当だ！

水からの伝言

日本の研究家・江本勝は、私たちを取り巻くエネルギー世界の理解に対して多大な貢献をしている。著書『水からの伝言』（２０１４年、ヒカルランド）では水の結晶の研究について詳しく語られている。江本は仲間とともに、さまざまな音楽を聴かせてから水滴を凍らせると、まったく異なる結晶ができることを発見した。たとえば、刺激的なロックを聴かせるといびつな結晶になるし、モーツァルトの交響楽を聴かせたときは美しい形をした結晶になるという具合だ。

さらには、紙にさまざまな単語や言葉を書き、水の入った瓶に貼りつけてひと晩置くと、異なる結晶ができあがるという研究結果もある。

「愛している」という言葉を書くと決まって左右対称で形の整った美しい氷晶になり、「嫌いだ」という言葉を書くと、左右非対称のゆがんだ結晶になる。

そして何より最も美しい氷結ができるのは、「愛と感謝」という言葉にひと晩さらしたときである【8】。

人間の身体の70％以上は水だと覚えておいてほしい。ネガティブな考えではなく、ポジティブな考えを持つことがどれほど重要かわかるだろうか？　つねに愛と感謝で自らを満たしていたら、どんな人生を送れるか想像してほしい。どれだけの人々があなたに引きつけられるだろうか。人生はどんなふうに変わるだろうか。人生はそんなふうに送るべきなのだ！

私はいったん死んで一時的に〝あちら側〟に行ってきた人々が書いた話をいくつも読んできた。そして臨死体験をした人々はこの世でどんな車に乗っていたかとか、預金がどのくらいあったかなどという質問はされていないことに気がついた。そうした人々はたいてい「どれだけ仲間を愛せたか？」とか「この世でどのくらい知識を得られたか？」といった質問をされているのだ。

人生とは喜びを味わうことだ。愛情を与えたり受け取ったりする能力を育て、できるだけ多くの知識を得るものだ。他者の役に立ち、持っているすべてのものに感謝し、望みどおりの人生をつくりあげるために学ぶところでもある。

囚われた感情はこうした喜びを味わうのをじゃまして、心身に害を与えるのだ。

驚くべき変化

私はアルツハイマー型認知症患者の施設に入居している祖母がめざましく変わった様子を目にする機会に恵まれました。エモーションコードを使うまで、祖母は関係のない理解不能な言葉をつぶやいている、しわだらけの肉体にすぎませんでした。それがこの6週間で信じがたいほど変化したのを、この目で目撃したのです！　祖母は今、背筋を伸ばして車椅子にすわり、きちんとした文を、それどころかときには雄弁な言葉を組み立てて話しています。祖父（60年連れ添った夫）に、心から愛していると伝え、こ

の数年間その気持ちをうまく伝えられなかったと謝ることさえできたのです。——ティファニー・S

人間のエネルギーフィールド

数十年前、科学界は概ね、どんなものであれ人間にエネルギーフィールドが存在することを否定していた。だが、そのあと科学者たちは考えをすっかり変えた。今ではエネルギーフィールドが存在することをはっきり認識している。新しい技術が開発され、実験で確認できるようになったからだ。たとえば、スキッド磁力計という装置は身体の生化学的及び生理的な活動で生じた微弱な磁場を検出できる。

科学者たちはこの装置を使い、身体のすべての組織と器官が特定の磁気振動を発していることを知ったのだ。生体磁場と呼ばれるものである【9】。

すべての医師が認識しているわけではないが、身体の周囲の生体磁場はEEG（脳波）やEKG（心電図）といった従来の電気測定値よりも患者の健康を正確に読みとれるとされている。

実際、心臓の電磁場は強力で、身体から1メートル近く離れていても正確に読みとれることが科学者に知られている。

磁場には3次元、すなわちホログラフィー・データの情報が含まれているので、身体や電磁場のどの場所でも測定が可能である【10】。

今日の医師が知っていることは師事した教授に教えられたことであり、その教授は自分が師事した教授に教わり、その教授は……。西洋医学は経験主義なのだ。観察に基づいている。観察できなければ、立証できない。そして立証できなければ、事実であってはならないのだ。

そうした欠点はあるものの、西洋医学の型を守っている医師たちは歴史に残る素晴らしい医療の進歩を支えてきた。高精度で重要な検査法や、画期的な手術法や、進歩的な技術の開発において優れているのだ。このように西洋医学には有益な面もあるが、同様に不都合な点もある。

はるか昔の１９４０年代、イエール大学の著名な医学研究者ハロルド・サクストン・バーは症状が現れるよりずっと先にエネルギーフィールドで身体の異常を発見できると主張していた。バー自身に技能や技術はなかったが、エネルギーフィールドを調整したり処置したりすることで病気が防げると提案したのだ【11】。あり得ない考えであり無理があると医師仲間が受けとめたのは、おそらく医学部にいた時代に、そうしたことが可能であると教わらなかったからだろう。

エネルギーフィールドの重要性は従来の西洋医学では無視されており、病気の根本的な原因に対する適切な注意が欠けているせいで、患者がよけいに苦しんでいることが少なくない。

しかしながら昨今では、人間のエネルギーフィールドに注目した治療法の多くが嘲られるのではなく、尊重されるようになってきた。これは技術が発達して科学者が正確な実験を行えるようになったという理由もあるだろうし、そうした代替医療が実際に効果をあげているからという理由もあるだろう。

現在では科学界の主流でさえ、古代中国の医師が数千年も使っていたエネルギーの通り道、経絡の存在を認めはじめている。とりわけ鍼療法は医学界で完全には理解されていないものの、エネルギーによる治療効果が認められている。また、神経による障害を取り除くカイロプラクティックも大きな効果が長期間続くと臨床試験で証明されているが、これはカイロプラクターや患者が１００年以上も前から知っていたことである。

人間の身体がエネルギーと振動と感情と精神でできている存在であることは多くの証拠によって証明されている。エネルギーと宇宙の本質、そしてすべてのものが他のすべてとつねに繋がっていることを知っていくうちに、昔の機械的な手法がいかに限られた単純なものであるかがわかってくる。

今、私たちは医療の歴史で転換点に立っている。私たちの実体がエネルギーであることを証明する量子物理学の発見によって、扉が開かれたのだ。

科学的な研究は絶えず行われ、私たちがエネルギーでできていることや、宇宙では知的な力が働いていることが何度もくりかえし確認されている。

研究は引きつづき、人間のエネルギーフィールドに関する私たちの知識の限界を押しあげてくれるだろう。それとともに、人間の思考の基盤となっているエネルギーについて理解が深まり、囚われた感情が起こす現象こそが悪影響を与えているのだと科学界がいずれ認めてくれるだろうと、私は確信している。

技術が進歩していくにしたがって、科学者も医師も身体のバランスを保つことがいかに重要かを理解せざるを得ないだろう。徹底的でありながら患者にやさしく最高の治療を行うためには、代替医療ですでに利用されている磁気やエネルギーによる治療技術を従来の医療に組みこむのが望ましい。人体のエネルギーについては研究によって知るべきことがまだ多く残されており、そこから得るものは大きいだろう。つい最近まで、科学者はエネルギーフィールドが健康に影響を及ぼすことはおろか、人間の身体にエネルギーフィールドがあることさえ認識していなかったのだ。

治療法にはそれぞれ効果があり、適した役割がある。将来は可能なかぎり多くの方法から、ひとりひとりに最適な治療法が組みあわされて用いられるようになるだろう。

エモーションコードが本当の私に戻してくれた

エモーションコードを使って、よい変化がいくつも起こりました。いくつかあげると……以前よりも幸せになってリラックスし、今は人生に対して前向きな気持ちを抱いています。じつを言うと、本当の自分になれた気がしています。家族や友人からも変わったと言われます。みんなが私のポジティブなエネルギーを喜んでいるようです！——アンナ・O

すばやい回復

私は長年セラピーを行ってきたなかで、身体には生来の自己治癒力があるという事実も、知性が備わっているという証も、この目で見てきた。身体にはバランスをもとに戻して回復するために手助けが必要な場合がある。その手助けをするのが囚われた感情の解放や解毒、カイロプラクティック、適切な栄養などだ。治癒とは少しずつ進むものであり、時間がかかる。

だが、身体が自然に回復するのを待つのは忍耐を強いられる。たいていはすぐに直したいからだ。待ちたくなんてない。今すぐ治したいのだ。くりかえし目に入る広告のせいで、薬を飲めば、たちまち問題が解決するという考えに慣れてしまっているのである。処方薬の一部は病気の原因に対処しているが、ほとんどは症状を軽減しているだけだ。あまりにも効きめがいいせいで、症状が化学的に抑えられているだけなのに、問題がなくなったかのように考えてしまうのだ。

警告ランプ

症状を薬で抑えるのは、車の〝エンジンチェック〟ランプが点灯して気になるときにテープを貼って隠すのに少し似ているかもしれない。しばらく隠すことはできるかもしれないが、根本的な問題を解決しなければ、いずれ車は故障する。

症状はどこかおかしいことを身体が伝えてくる手段だと忘れないこと。何かを変える必要があること、あるいは身体には何らかの手助けが必要なことを伝える警告なのだ。

身体には〝エンジンチェック〟ランプが備わっていないが、どこかが悪いときに伝える手段はある。痛み、疲れ、筋肉の張り、抑うつ、自己破壊、不快感、頭に靄がかかったような状態（ブレインフォグ）、人間関係の問題、病気の進行などで現れるのだ。身体が発する言葉だと考えるといいだろう。身体が外国語で喚いているように感じるかもしれず、どうすべきかわからないときは、ひどいストレスを感じるかもしれない。たいてい囚われた感情のせいで不快感や不調を覚えると、身体はどこかおかしいと顕在意識に訴える。すると、鎮痛剤を飲むか、その訴えを無視する人が多い。そして無視する時間が長くなるほど、身体が発する声は大きくならざるを得ない。

一般的に、あなたが心身に不安を感じると、心や身体はあなたに何かを伝えようとする。ときには、それが環境や食生活や人間関係や仕事において、何かを変える必要があることを意味している。人が経験する痛みや不調はすべてでなくとも、多くが囚われた感情によって起きている。本書は囚われた感情を簡単に見つけて解放する方法を紹介しており、あなたの身体はやっと囚われた感情を解放しろと叫ぶのをやめられるし、あなたも身体が発する重要で美しい言葉を理解できるようになるだろう。身体が発する言葉をうまく理解できるようになれば、問題をつぼみのうちに摘みとり、全体的によい気分でいられるようになる。

囚われた感情を解放することで、患者たちは抑うつやその他の精神的な不調を乗り越えてきた。重症のうつ病と自殺願望に苦しんでいた患者の証言を聞いてみよう。

今日、生きるか、死ぬか？

私は死にたいと強く思うくらい追いつめられていました。毎日目を覚ましては「今日は生きるか、それとも死ぬか？」と決めなければならないほど。思いとどまっていたのは、この命は自分だけのものではないという信念が残っていたからです。もう何年もその言葉を呪文のようにくりかえしていましたが、それでももう生きていたくありませんでした。そんなとき、たまたまネルソン先生のセミナーに参加して、感情に関する話を耳にしました。そのときはあまり詳しく聞けなかったので、お話が終わったあと、先生に話しかけました。「先生は感情について触れていましたが、感情については特に何もせず、詳しいお話も聞けませんでした。私には助けが必要なんです……。もう生きていたくないけど、この世には幸せな人もいるし、きちんと役割を果たしている人もいます。今、私はそうじゃないけれど、そんなふうになりたいんです。力を貸していただけますか？」。その瞬間に、ネルソン先生は私が喜びを失っていた原因を取り除いてくださり、私はすぐに力がすべて戻ってきたような感覚を覚えました。それどころか、その夜はほとんど眠れませんでした。すっかりやる気が戻り、力がみなぎってきたせいで。それ以来、ネルソン先生と一緒にさまざまなセッションをしました。囚われた感情を解放することが大半で、他のセッションもしましたが、感情に関するセッションがとても効果があり、重要です。私は1年半前とは別人になりました。もうパニック発作は起こりません。悩まされていた夜驚症もなくなりました。まったく違う人間になったのです。私は生きていて、人生を受け入れ、人生を愛しています。——カレン・B

2階から玉石の上に落ちて腰の骨を折り、4年間慢性痛に悩んでいた元患者の証言も紹介しよう。

腰の骨折

ネルソン先生に相談したのは、数年前に腰の骨を折り、理学療法や運動プログラムを試しても痛みがなくならなかったからです。最初の施術中に、ネルソン先生は真の治療者だとわかりました。とにかく、そう感じたのです。施術にはたいてい身体のエネルギーの流れをじゃまする〝感情の解放〟が含まれていました。最初は何の変化も感じられなかったものの、次第に痛みが和らいでいきました！　先生のお力を借りたことで、痛みの大部分は私の奥深くにあった感情が原因だったとわかったのです。私の身体はずっと以前から痛みをためこんでいたようで、先生はその痛みを解き放つよう、私の身体に〝語りかけて〟くれました。施術のたびに感情が解放され、その結果として痛みが和らいでいったのは、何と素晴らしい経験だったことか。今日は4年ぶりにアルバイトをすることができましたが、何より重要なのは、心身ともにとても癒されたと感じられたこと、そして身体と感情に密接な繋がりがあるという重大な事実を学べたことでした。ネルソン先生、ありがとうございました！——リンダ・P

原因を取り除く

病気の重大な原因に対処しなければ、身体の自己治癒力で治るまで、病気でいつづけることになる。私は何年も薬を飲みつづけ、薬をやめたとたんに、症状が戻った人々をたくさん目にしてきた。根本的な原因がまだ病気を生じさせているからだ。根本的な原因を完全になくさなければ問題は消えず、痛みを抱えたままか、永遠に薬を飲みつづけるかだ。

囚われた感情を解放することが非常に効果的であることや、囚われた感情が身体を衰弱させる根本的な原因になり得ることを示す、素晴らしいふたつの例を紹介しよう。

深刻なパラノイア

私には最近になってパラノイアを経験した若い友人がいます。彼女には精神病歴はなく、医学的な問題もありませんでした。けれども仕事ですっかり参ってしまい、あまり眠れませんでした。ある日などは、みんなが自分を捕まえにくると思いこんで、家へ帰ってしまいました。レストランにいたときには、そばを通りすぎた男は自分を傷つけるつもりだったに違いないと信じていました。また公衆トイレでは、隣の女性が自分に悪意を持っていると思いこみ、不安のあまり泣きながらトイレから飛びだしたのです。彼女はすっかり怯えて弱々しくなり、病院へ行きたいと望むほどでした。私は他の方法を探そうと伝えました。そしてエモーションコードを使い、パラノイアを引き起こしていた17の囚われた感情を解放したのです。翌日、彼女の気分はよくなっていました。パラノイアは10段階の第1段階まで治まりました。まだ周囲を警戒するものの、現実をきちんと踏まえ、外出して用事を済ませることができるようになったのです。2日後、彼女は偏執的な気持ちを抱かずに出勤できました。今彼女は以前より自分を大切にして、仕事での限界を定め、自分の時間を取って、睡眠をしっかり取っています。私は彼女を病院送りにせず、エモーションコードを使って助けられたことを感謝しています。病院では不安を抑える薬を処方するだけで、パラノイアの原因には対処しないでしょうから。私が口を出さなかったら、彼女は抗不安剤を与えられたでしょうし、もしかしたら何年も抗精神病薬を飲むことになったかもしれません。ネルソン先生、この素晴らしい贈り物を分けてくださって、本当にありがとうございます。――ルーシ・K

人生がふたたび生きる価値のあるものに

急な転職と、パートナーとの別れと、積もりに積もった不満で、2018年は毎月雪だるま式にひどくなっていく悪夢のような年で、8月にはついに爆発してしまいました。

私は「物事は必ずうまく収まる」という信念を持っていたので、かつては強く信じていたその考えの正しさを必死に守ろうとしました。けれども、長年大きな効果をあげてきたエネルギーヒーリングは、当時の私の精神状態にはまったく効きめがありませんでした。このとき、私は何度か自殺願望を抱くほどのうつ状態に陥り、そこからただちに抜けだす方法が見つからなかったのです。

最低の状態になって1週間ほどたったとき、私は偶然エモーションコードと出合いました（あるいは導かれたのかもしれません）。エモーションコードの本を買って試してみたのです。エモーションコードを使ってみると、とりわけそれまで使っていた経絡を基本としたセラピーに比べ、その深みと即効性と使いやすさに驚きました。

エモーションコードを利用して1カ月後、私は思ってもみなかった目覚ましい回復をしていました。毎日数分エモーションコードを使うだけで、長年にわたって溜めこんでいた淀んだエネルギーが解き放たれ、二度と戻ってこなかったのです。心が揺れることがあっても落ちこみが長引くことはなく、気持ちを切りかえるのがうまくなりました。すべて、ごく簡単なエモーションコードの技術を使ったことで起きたのだと強く言いたいです。自分を癒やすには、複雑に入り組んだ過去までさかのぼり、その正体を詳しく解明しなければならないなんて思いもしませんでした――でも、実際にそうしたのです。

私が手に入れられた高い集中力、澄みきった心、直感力は驚くべきものです。でも、それ以上に、もう憂うつになることがなくなり、過去にも縛られなくなりました。やっと本当の自分に戻れたのです！子どもの頃のように、人生がとても美しく感じます。私はエモーションコードを家族や友人にも使い（効果を疑っている人もいましたが）、素晴らしい成果をあげました。今ふりかえっても、その成果に驚くばかりです。

今年エモーションコードと出合ったことは、私の人生の転換点となりました。この方法は、感情的あるいは精神的な理想を理論づけることと、実際にそのとおりに生きることの溝を埋めるのに役立つという点で、とても貴重だと思います。

こんなにも即効性がありながら穏やかなヒーリング方法を開発してくださり、ブラッドリー・ネルソン先生には感謝してもしきれません。私はエモーションコードとボディーコードの認定プラクティショナーになり、他の方々を癒し、人生の美しさを再発見する手助けをしたいと思っています。心から感謝

いたします！――アーワ・R

私たちの多くは身体のエネルギーを変えることができて、何が悪くて、どうすれば直せるのかがわかることを知らずにきた。だが、今や素晴らしい時代に生きており、ついに他の時代の情報が手に入るようになったのだ！

昔の治療原理は真理とエネルギーの本質に対する深い洞察に富んでおり、その方法の妥当性はふたたび認められつつある。

磁石は史上最古の治療道具であり、エモーションコードには欠かせない。その理由は次章で探ろう。

第4章　磁石を使うヒーリング

Healing with Magnets

否定的な感情に揺れる人はよい目的を持ち、言葉にも嘘がないのかもしれないが、けっして真実にはたどりつかない。——ガンジー

あなたの家にある最強のヒーリングツールは何だろうか？　ビタミン剤？　処方薬？　気持ちを落ち着かせるハーブティー？　冷蔵庫のなかのものだろうか？　冷蔵庫にくっついているものはどうだろう？　いや、買い物のメモではない。私が言っているのは、買い物のメモを冷蔵庫にくっつけている磁石のことだ。信じられないかもしれないが、方法を覚えて囚われた感情を解放するのに使えば、普通の磁石は最強のヒーリングツールになり得る。本章では、その理由について説明しよう。

健康の状態はエネルギーフィールドのバランスとじかに関係している。エネルギーヒーリングでエネルギーフィールドの調和を回復して維持できれば、身体を非常に健康な状態に保てる。だが、目で見ることができない身体のエネルギーフィールドはどうやって癒やせばいいのだろうか？　スウェイテストでどこが悪いのか潜在意識に尋ねれば、囚われた感情などの不調を見つけることができるのはすでにわかっただろう。だが、見つけた囚われた感情はどうやって解放すればいいのだろうか？　どんな道具がいるのだろうか？

答えは、他の形のエネルギーだ！　最も使いやすく、安価で、誰にでも手に入るエネルギーの道具は磁石である。磁石は純粋なエネルギーを放出し、目に見えないエネルギーの不調を直せる強力な道具なのだ。

これまで、とても高価で強力なものから、とても安価で力が弱いものまで、あらゆる磁石を使ってきた。身体の治療専用としてつくられたものもあれば、違うものもある。だが、どうやらエモーションコードを使えば、どんな磁石でも囚われた感情を解放できるようだ。

磁気としてのあなたの実体

あなたという存在は、じつは目に見えたり触れたりできるものより先まで広がっている。それは、あなたが純然たるエネルギーでできているからだ。たいていの人は、自分は皮膚の内側にだけ存在すると思っている。皮膚は目に見えるいちばん外側の層であり、目に見えるものが現実だと教わってきたからだ。だが、あなたには目に見えない部分もあることが科学で証明されているのだ。

たとえば、今は体内の電気活動で電磁場が生じることがわかっている。神経系の電気の流れによっても、すべての細胞で絶えず起こっている電気の変化によっても生じるのだ。

また、心臓の電磁場が身体の後ろにも、上にも、下にも、前にも、横にも、2メートル50センチから3メートル50センチほどの範囲まで及んでいることも、科学者にはわかっている【1】。

1956年、日本の科学者たちは革命的な研究で、人間の身体には電気と磁気が存在することをまちがいなく証明した。身体をパルス状の電磁場にあてると、細胞レベルで電気に変化が起こり、細胞代謝が変わる。

この現象は〝圧電効果〟と呼ばれている。

西洋医学はこの電磁場の存在を無条件で認識して受け入れているが、長年にわたって電気だけを測定し、磁気はほとんど調べていなかった。ずっと科学者と医師が臨床で体内の電気活動を計測してきたのだ。心臓の電気の衝撃を計測する心電図は１８９５年に実用化され、脳の電気活動を計測する脳波計は１９１３年から使用されている。

物理学の原理では、電気活動が起こると必ず対応する磁場が発生するとされている。脳磁図と心磁図を使えば、科学者はこの磁場を計測できる。心臓と脳の電界の計測に限られ、素晴らしく重要な磁場を測れなかった旧来の技術より、こうした技術ははるかに進歩している。そのおかげで科学者は磁場がいかに強力で重要なものかを理解できるようになったのだ。

全身に影響を及ぼすホルモンを分泌する脳の松果体は、磁場を敏感に感知して相互に影響しあう磁鉄鉱の塊に囲まれている。これは伝書鳩や蝶やミツバチが磁場を利用して方角を察知できるのと同様の磁鉄鉱である。人間の松果体にある磁鉄鉱の構造は、方向感覚に大いに関係しているようだ。権威ある医学誌ブリティッシュ・メディカル・ジャーナルに掲載された研究では、松果体が石灰化（硬化）した人々はそうとう迷子になりやすいらしい！【２】

磁力で浮くカエル

磁力がなぜ生理機能に大きな影響を与えるのかを理解しようとした科学者たちが、非常に強力な磁石とカエルを使っておもしろい実験をした。少しばかり奇抜な実験だが、磁石が肉体に影響を与えるという事実がよくわかるので紹介しよう。

科学者ら、カエルを空中浮遊

ロンドン（ＡＰ）――イギリスとオランダの科学者が地球の１００万倍強い磁場を使ってカエルを浮きあがらせることに成功したと発表。

カエルより大きな生物、人間でさえ、重力を無視した同様の離れ業ができない理由はないと述べている。「充分な大きさの磁場があれば、ぜったいに可能です」。ナイミーヘン大学の科学者たちと協力して両生類を初めて空中浮遊させたイギリス人科学者のひとり、ノッティンガム大学物理学教授ピーター・メイン氏はそう語る。

この実験はイギリスの科学誌ニュー・サイエンティストの最新号で簡単に紹介されている。カエルを空中に浮かせるためには地球の１００万倍の磁場が必要で、それだけ強力な場合にかぎり、カエルの原子内の電子軌道を歪められると科学者たちは語っている。

「磁場が充分な力で押しあげると、重力に勝ってカエルは浮くのだ」とメインは語っている。この方法はカエルにだけ有効なわけではない。科学者たちによれば、同じ方法で植物やバッタや魚を浮きあがらせたという。「カエルであれ、バッタであれ、サンドイッチであれ、通常の物質はすべて磁気を帯びているが、このような驚くべき実験はとても珍しい」とメインは述べる。

科学者たちによれば、磁気を帯びた筒のなかで空中に浮きあがったあとも、カエルは苦しそうな様子を見せなかったらしい【３】。

磁石とヒーリング

身体を磁場にさらすと、とても素晴らしく、ときに驚くべきことが起こる。病気や不調が完全に消えるのだ。痛みが消え、めまいが起こらなくなり、疲れが回復するのである。数千人が磁石のヒーリング力で健康を回復している。その証拠があるのに、現代の西洋医学はいまだに実験段階でしか磁石を治療道具として使っていない。代替医療のヒーラーたちはすでに磁石の威力を知っているのに、医学は実験や実体験で発見したことを科学的に説明できていないのだ。

２００５年3月、タイム誌はコロンビア大学の医師たちがうつ病を治す意外な方法を偶然発見した話を掲載した――磁力を利用する方法だ。

コネティカット州のマーサという女性は20年近くうつ病で苦しんでいた。一般的な従来の治療法はすべて試していた。心理学者や精神科医の診察を受け、処方された薬はすべて飲んだ。だが、どんな方法も効果はなかった。そこで、マーサはコロンビア大学の実験的治療に参加した。頭のてっぺんに磁気パルスをあてるのだ。ｒＴＭＳ（経頭蓋磁気刺激法）と呼ばれる方法である。

1時間ずつ週5回の治療を6週間続けたあと、マーサはこう言った。「3週目くらいには変化が見えはじめました。そして9月には健康を取り戻しました。食べ物や太陽の光を喜べるようになったのです」。タイムに記事が出たとき、マーサは定期的に治療を受け、半年間抑うつ状態に陥っていなかった。磁気の刺激がどうしてうつ病やその他の不調を治すのか、医師たちは正確には説明できていない。ウェイクフォレスト大学の神経科医ジョージ・ウィッテンバーグは「磁気の刺激は、実際に電気と接触せずに電流を引き起こすのに便利な方法である」と述べている。

2002年にジャーナル・オブ・ニューロサイキアトリー・アンド・クリニカル・ニューロサイエンス誌に掲載された研究では、うつ病患者の75％が同種の磁気治療で症状が大きく改善したと報告されている【4】。

磁石の導入

私が磁気セラピーの威力を初めて知ったのは何年も前で、カイロプラクティックのクリニックで磁石を使っていたグレッグを介してのことだった。グレッグは日本の健康用品会社がつくった治療用磁石の効果に夢中で、とうとう私のクリニックでも試してみるべきだと勧めてきたのだ。私は懐疑的だったが、彼がうるさく勧めるのをやめさせるために磁石を買うことにした。彼は何カ月も毎日電話してきては、とても信じられないようなヒーリングの話をしていたのだ。そのうえ、磁石が効いた話を毎日ファクスでも送ってきていた。しばらくすると、私はグレッグからの電話に出るのをやめざるを得なくなった。当時は着信番号が表示されなかったが、どういうわけか彼からの電話はわかり、施術していないときには、スタッフが嘘をつかずに「あいにく、先生は席をはずしています」と言えるように、廊下に出なければならなかった。また、どういうわけか毎日送られてきたファクスを残らず取っておいたので――一枚も読んでいなかったが――とうとう根負けして彼から磁石を買ったときには、ファクス用紙が小さな電話帳ほどの厚さになっていた。

私は真新しい磁石が入っている包みを開け、次の患者であるローラに使ってみることにした。彼女ならきっと疑問を口にしてくれるだろうからだ。磁石は効果がなかったから、もううるさく勧めないでくれとグレッグに言いたかったのだ。ローラは原因不明で全身の筋肉が痛む消耗性疾患である線維筋痛症の治療で通院していた。ローラの痛みの多くは上半身で起こっていた。両腕を使った動きが制限され、痛みのせいで、横にまっすぐ伸ばすのがやっとだった。

私は新しい治療法を使って、もし効果があるとすれば、どんなふうに症状に効くのか試してみたいとローラに説明した。そして承諾を得るとローラと話しながら、左腕に磁石をあてて、肩からひじまでの間で上下に動かした。

数分後、両腕が動く範囲をもう一度確かめた。最初に磁石をあてなかった右腕をあげさせた。右腕は床と水平になるところまでしかあがらなかった。そしてローラが痛そうな顔をしたのでやめさせた。予想どおりだ。そのあと、磁石をあてた左腕をあげさせた。左腕は何の痛みもなく楽々と頭の横まであがり、ローラは目を丸くして叫んだ。「さっきまで痛かった場所が何ともないわ！　あれは何なんですか？　売ってもらえるんですか？」

さらに腕を動かすテストを行うと、驚いたことに、左腕は何の痛みもなく完全に動かすことができた。私はローラと同じくらい目を丸くして、手にしていた銀色と青の磁石を見おろした。いきなり起こった劇的な変化はまったく予想していない結果だった。私は知っていることを残らず、つまりそれは身体の不調を和らげるためにつくられた磁石だと説明した。

ローラの症状の原因はほとんど苦労することなく取り除くことができた。おそらくローラの場合、線維筋痛症の最大の原因は日本の科学者たちがＭＦＤＳ、すなわち磁気欠乏症候群と呼ぶものだったのだろう。ＭＦＤＳの提唱者は、患者がビタミン不足やミネラル不足に陥るのと同様に磁気不足にもなると考えているのだ。ローラの痛みを取り除くためには、身体にほんの少し磁気を与えるだけでよかった。だが、ローラの線維筋痛症の緩和は、磁石が起こした奇跡のほんの手始めにすぎなかった。

私はMFDSは多くの病気を起こす要素のひとつだと考えている。たいていの病気と同じく、線維筋痛症の原因は患者によってさまざまで、MFDSがそのうちのひとつであることも多い。MFDSが病気の主要あるいは唯一の原因である場合は、ローラと同様に磁気をあてることで劇的な回復が見込めるかもしれない。

新しいヒーリングツール

私のクリニックには苦しんでいる患者が途切れずやってきており、この磁石を試してみるのは簡単だった。結果はときとして不可解で、神秘的でさえあった。たとえば、ある患者は長い間肩の不調があったのに、靴に磁気を帯びた中敷きを入れると、またたくまに治った。また、磁気を帯びたパッドを胸にあてただけで、ぜんそくの激しい発作が治まったことが4度もあった。磁石を身体に置いただけで、アレルギーがたちまち目覚ましい改善を見せたケースもあった。文字どおり、ひと晩で痣が消えた事例も目にしている。そして骨折は通常の半分の時間で治ったのだ。

私は多くの患者に治療計画の一部として、磁石を身に着けるようにと言うようになった。磁石を着けると、回復するまでの時間が劇的に短縮されるようだったからだ。

背骨の下のほうにとても大きな椎間板膨隆（膨隆型椎間板ヘルニア）がある患者がいた。彼女は手術を勧められたが断っていた。私が会ったときには、神経が圧迫されて右脚の感覚がまったくない状態だった。椎間板膨隆があるあたりに磁石を着けてから24時間後、回復プロセスが始まり、感覚が失われていた右脚にずきずきと鋭い痛みが現れはじめた。それから1週間もすると、彼女は鎮痛剤をまったく飲まなくなった。そして、そのまま磁石を着けつづけると、痛みはどんどん和らぎ、完全に消えた。1年後、経過観察のために病院へ行くと、放射線科医はCTの再検査で椎間板膨隆が見つからず当惑していた。

重要なことを付け加えると、以上のような例は身体の不調を取り除いて回復を促すために特別につくられた磁石を使用している。

再生した軟骨

私が目撃して非常に感嘆したヒーリング体験のひとつが、おじであるラブルの事例だった。1937年、まだ若かったラブルは右膝をけがした。医師たちは手術を勧めたが、必ず治るという保証はなかった。成功と失敗の確率が五分五分だったので、ラブルは手術を受けなかった。私の知っているかぎり、ラブルはいつも右膝に包帯を巻いていた。あとになって、膝はたびたび具合が悪くなり、古傷が痛んでいたらしいと知った。1995年、ラブルは友人に磁気治療を勧められた。その友人は最低でも10日間は膝に磁石2個を着けるようにと言ったらしい。1ドル銀貨ほどの小さな磁石だ。ラブルは友人の言葉を信じなかったが、試しても損はないだろうと考えた。

5日たっても、膝に違いは感じられなかった。7日たっても、変化はない。10日目、ついに劇的なことが起きた。驚いたことに、60年ぶりに右膝の痛みを感じなかったのだ。ラブルはとても信じられない気持ちで有頂天になった。そして、昼も夜も2カ月間磁石を着けつづけた。痛みはぶりかえさなかった。ラブルはその時点で膝のレントゲンを撮って、3年前に撮ったレントゲンと比べることにした。古いレントゲンでは、膝の関節の軟骨がほとんどなくなっていて、骨のはしが接触していた。

だが、医師が驚いたことに、新しく撮ったレントゲンでは、膝の軟骨がどういうわけか再生していたのだ。こうした軟骨の自然な再生はあり得ないのだ。この目で見なければ、私も信じなかったかもしれない。

もっとよく知れば……

こうした磁石を利用した見事な成功例を見て、私は新しい考え方に対して――これまで教えられなかったことに対して――目を開かざるを得なくなった。だが、そんなものだろう。ヒーリングの歴史では、たいていの進歩は想像力の飛躍に基づいている。新しい治療法や理論が発明されると、古い方法はより効果があるヒーリング方法に道を譲るために廃れる。たいていは何の案内もなく、試行錯誤するしかない長く困難な道のりなのだ。

人間は何千年もこの身体と付きあってきたが、説明書はなく、身体がどんな仕組みで働くのか、どんなふうにすればもっとうまく働くのかを知るために多大な時間を割いてきた。

病気にはさまざまな原因があるが、昔はとりわけ血が〝悪くなる〟ことで起こると考えられていた。結果として、1800年代後半により進んだ治療法が好まれて廃れるまで、大昔から瀉血は一般的な治療法だったのだ。最善の意図をもって評価されていた医療も、身体に対する新しい見方が発見されると、必ず廃れるのだ。

たとえば、私が子どもの頃、扁桃摘出術、つまり扁桃腺を取ることは無害な手術だと考えられていた。ある調査によれば、1960年に兵役に就いた若い男性は40%も扁桃を切除していたようだ【5】。

当時、扁桃は無用の長物だと考えられていた。何のためにあるのか、誰も知らなかったからだ。やがて、扁桃が免疫システムで重要な役割を担っていることが医学界で認識された。それで今日の医師は扁桃を切除することにかなり慎重になったのだ。これも医学の進歩のしるしである。

人間の身体の本質についてよく知れば、健康に関してもっと適切な判断が下せるようになる。過去の治療法のなかで効果がないことが立証されて廃れたものがある一方で、昔の治療法と考えでずっと効果をあげつづけ、現在また活用されているものも多い。エモーションコードは昔の治療法と強力な磁力を組み合わせた簡単な方法であり、あなたの生活と健康を大きく改善できるものなのだ。

意思の強化

あなたはエネルギーでできているのであり、真のヒーリングはその側面に注目すべきである。

第一の要素は意思――思考エネルギーの強い形である。囚われた感情は意思の力だけで解放することも可能なのだ。囚われた感情を解放するのだという意思こそが最も重要な要素だと、私は考えている。

磁石を使うのは意思の力を強くするからなのだ。

拡大鏡がもとの大きさを拡大するように、磁石も思考エネルギーと意思をもとの力以上に強くできると、私は考えている。それで、誰でも囚われた感情を解放することができるのだ。才能があったり、経験が豊富だったりするヒーラーである必要はない。意図さえ明確であれば、以前は経験豊富な人々にしかできなかったことが、簡単な磁石を使って意思を強化するだけでできるのだ。

ちゃちで弱々しい磁石でも意思の力を増幅して、身体のエネルギーフィールドまで運ぶことができる。鍼療法は意思の力を身体に伝えて、囚われた感情を放つのに完璧な最適な道筋をつくれるのだ。

痛みが急に消えた

土踏まずに刺されるような痛みがあったので、エモーションコードのセラピーを受けることにしました。セラピーでは、足に影響を及ぼしていた囚われた感情を解放しました。すると痛みがあっという間に消え、二度と戻ってきませんでした！――ダン・R

鍼治療

鍼治療は人間にエネルギーフィールドが存在することに基づき、数千年行われつづけている。実際、紀元前2500年に中国で書かれ、世界最古の医学書として知られる『黄帝内経』には経穴《けいけつ》（ツボ）や経絡《けいらく》が記されている。

ツボは経絡と呼ばれるエネルギーの通り道にある特定の場所である。経絡は皮膚のすぐ下を流れるエネルギーの小川と考えればいいだろう。身体の表面の下を正確に通っており、人によって変わることはない。この経絡の存在は、長年論争の的となってきた。だが、ここ30年で複数の研究により、経絡の存在が証明されている。ある実験で、研究者ジャン＝クロード・ダリはテクネチウム99mというラジオアイソトープをツボとそれ以外の部分に同じように注入した。ラジオアイソトープは正確な位置どりと計測ができる低レベルの放射線を放出する。ツボに注入されたラジオアイソトープはツボから拡散され、正確な模様を描いた。その模様は大昔の中国の医師たちが描いた鍼治療の経絡と一致した。一方、ツボ以外の部分に注入されたラジオアイソトープは特定の模様を描かずに拡散された【6】。

督脈

督脈《とくみゃく》

経絡にはエネルギーの貯蔵所としての役割を果たし、全身の経絡と繋がってエネルギーを供給していると考えられているものがある。おそらく、この貯蔵所の役割を果たす経絡で最も重要なのが督脈で、尾骨から始まって背骨のなかを通り、頭のてっぺんを通りすぎて上唇の内側に達する。

督脈と残りの経絡は互いに繋がっているので、感情を解放する際に、私たちの意思にとって、督脈は理想的な通り道となる。囚われた感情はエネルギーであり、囚われた感情を解放するには、そのエネルギーを別の形のエネルギーで圧倒する必要があるからだ。その目的のために身体の理想的な窓口となってくれるのが督脈なのだ。

囚われた感情はその正体が何なのか明らかになれば、すぐに解放できる。磁石がエネルギーである思考を増幅することを思いだしてほしい。囚われた感情を解放するのだという意思を頭に置き、督脈に磁石を滑らせるだけでいいのだ。囚われた感情を解放するという増幅された意思は督脈に入っていくと、そこから残りの経絡や全身の部位にすばやく流れていく。

この意思エネルギーのとつぜんの流入が、囚われた感情を即刻かつ永遠に解放する作用を引き起こすのだ。私は長年エモーションコードでセッションを行い、セミナーで生徒たちに指導もしてきたが、囚われた感情が戻ってきたことは一度もない。囚われた感情はいったん解放してしまえば、二度と戻ってこないのだ。

経穴についいては知る必要はない。どんな働きをするのかも理解しなくていい。ほんの少しの信念と意思さえあれば、効果はある。その一方で、鍼治療の仕組みを理解すれば、方法に対する信頼感が増し、能力も向上するだろう。

放たれたエネルギー

ジェインは父親を亡くし、辛い離婚をしたことで、悲しみを忘れられずにいました。私は私の腕に溶けそうなほどくっついている、ジェインの頭から背中にかけて磁石を滑らせ、数十年も抱きつづけてきた悲しみを解放しました。感情を解放したときには、まるでジェインの身体からエネルギーが飛びだしていったかのような強烈な力を感じました。あんなに驚いたのは初めてです。あまりにも激しく感情を解放したせいで、ジェインはまっすぐ歩けず、手と足が燃えているようにヒリヒリしたようです。頭から白い光が放たれたように感じ、生きる意欲がみなぎり、その様子に友人も愛する人々も驚いたほどでした。——バローナ・L・W

囚われた感情はどこへ行くのか?

どうやって囚われた感情を解放するのかを理解してもらえるように、似た例をあげたい。ノイズキャンセリング・ヘッドフォンは外から入ってくる音波の周波数を感知すると、すぐに逆位相の音波を発生させる。すると、一致しないふたつの音波は互いを消しあう。その結果、雑音がとても小さくなるのだ。

囚われた感情も似たような現象を利用しているのではないだろうか。囚われた感情にはそれぞれ決まった振動数、すなわち独自の周波数がある。外から入ってきた音を正反対の音が消せたように、増幅された意思のエネルギーも囚われた感情の〝雑音〟を消せるのだ。督脈の上に磁石を滑らせると、増幅した意思で正反対のエネルギーの流れをつくることができる。囚われたのがどんな感情だろうと、あなたは〝正反対〟のエネルギーについて気にする必要はない。説明どおりの手順を守るだけでいい。そうすれば、囚われた感情は消える。追い散らされて消えるのだ。ジェット機のエンジン音のように。

もうひとつ親しみのある例をあげるとすれば、クレジットカードだろう。クレジットカードの裏にある細長い磁石の部分にはコード化された特定の情報が入っている。磁石をのせると、コード化された情報が消えて、クレジットカードは使えなくなる。囚われた感情の解放は、督脈に磁石を滑らせると、コード化された感情の振動がすばやく簡単に永遠に消えるという点がよく似ている。

脈拍が正常に

私はＰＯＴＳ（体位性起立性頻脈症候群）の23歳の女性にセッションを行いました。運動やその他の日常的な活動に参加できないほど脈拍があがってしまう病気です。エモーションコードを行っているときは、その問題に照準を定めました。囚われた感情をいくつか解放すると、女性は脈拍が下がったように感じ、とても驚いて自分で測りました。すると、実際に脈拍は下がっており、１分間当たりいつもより30回も少なかったのです！　こんなにもすばやい劇的な変化を目にするなんて、とても信じられませんでした。数カ月たちましたが、彼女の脈拍はまだ下がりつづけています！――ジュリッサ・R

ヒーラーになりました

私は自分の体験をお話しできてうれしいですし、エモーションコードを学んで活用することができて、とても感謝しています。初めて認定プラクティショナーのもとを訪れたのは、左胸に大きなしこりがあったからです。囚われた感情はひとつで、前夫に関するものでした。囚われた感情を解放した翌日、しこりはなくなりました。その後数週間検査を続けましたが、しこりは本当に消えていました。

私は他の問題に対処してもらうために、プラクティショナーのもとへ通いつづけました。すると、しばらくしてプラクティショナーからエモーションコードを仕事にできるのではないかと勧められ、私も認定プラクティショナーになりました。ただし、認定はされたものの、セラピーを行う相手はほとんどが家族や友人でした。

友人のS・Cは「ハートウォール（Heart Wall：心の壁）を解放してから、とても気分がいい」と報告してくれました。彼は子どもの頃に性的虐待を受け、薬物依存を乗り越えるのに苦労していたのです。彼はエモーションコードの技術を学ぶために本を買ったそうです。

母は2週間もお腹が膨らんでいました。囚われた感情はひとつだけで、口汚い同僚たちに関することでした。その感情を取り除いた翌日、母のお腹はぺったんこになっていました。

もうひとりの友人は10年間肩の痛みに悩まされていました。囚われた感情を解放して痛みが和らぐと、友人はとても感謝してくれました。また、自閉症である息子についてもお礼を言ってくれました。彼女との関係で〝奇跡〟が起きたということでした。セッション後、息子さんが彼女によく話をするようになったのです。

また、学校で問題を抱えていた少年は囚われた感情を解放すると、着実に成績があがっていきました。授業に集中できるようになったのです。

動物にも効果がありました。目の下に腫瘍ができていたウサギを救えたのです。こうした例はエモーションコードを使った成功例のほんの手始めです。私はこの仕事が大好きです！――アデライン・C

磁石に関する注意

磁石は一般的に安全だと考えられるが、使用すべきでない場合や、医師の許可を得たうえで使用すべき場合もわずかにある。妊娠中、インスリンや鎮痛剤の埋め込み型ポンプ、人工内耳、ペースメーカー、水頭症治療用シャント（磁石で調整する器具があるため）、やはり磁石で調整する脊柱側彎症を矯正するための小児用ロッドを使用している場合などである。

内気から社交的な性格に

エモーションコードを見つけ、最初は自分自身に、そのあとは家族に試しはじめてからというもの、この4カ月で私の人生、個人的な人間関係、全体的な幸せ、身体の健康が大きく豊かに改善しました。長い間ずっとよそ者で受け入れられていない気がしていて、たいていはそのほうが心地いいと思っていいました。けれども、囚われた感情を解放して以来、もうそんなふうに感じていません。以前は仲間内以外では内気で打ち解けないタイプでしたが、今は開放的で親しみやすくなったと思います。それどころか、社交的だと！――匿名希望

結論

まず、あなたは純粋なエネルギーでできていることを意識してほしい。囚われた感情がどれほど大きな害を与えるか、どんなに強調してもたりないのだ。囚われた感情は肉体にも、感情にも、精神にも影響を与えることを覚えておくこと。囚われた感情も純粋なエネルギーでできているが、ネガティブなエネルギーであり、取り除くのが早いほど、あなたによい影響を与える。

すでに所有している冷蔵庫の磁石でも、囚われた感情は解放できる。

あなたの意思や明瞭さや自分の能力に対する信頼が増せば、磁石を利用するという選択もあるとわかるだろう。それどころか、磁石がなければ、あなたの手の磁場にも囚われた感情を解放する力があるのだ！　今、あなたはエモーションコードで囚われた感情を解放することでヒーリングを行えることを理解し、その力を手に入れつつある。まもなく、信じられないほどの効果を発揮して人生さえ変えられる、この簡単な方法を身に着けられるだろう。次に学ぶのは潜在意識を利用して、具体的な答えを得る方法である。

第3部

エモーションコードを使う

第5章　潜在意識から答えを得る

Getting Answers from the Subconscious Mind

人間の脳は根本的なレベルにおいて、宇宙のエネルギーフィールドと繋がっている有能なコンピュータであり、自覚している以上に物事を知っているのではないだろうか？――E・ホエーレン

第2章ではスウェイテストを使って潜在意識と繋がる方法を学んだ。スウェイテストはとても優れており覚えるのも簡単なので、こればかり使う人もいるし、それもけっして悪くはない。しかしながら本章では選択肢を増やせるように、他のテストも学んでみよう。

筋肉テスト

私の考えでは、潜在意識から情報を得る最良の方法は筋肉テストである。運動感覚テスト、またはキネシオロジーとも呼ばれている。ハイテク機器が必要ないバイオフィードバックの一種だが、潜在意識と繋がって重要な情報を得るのにとても有効で強力な方法である。

初めて耳にした人もいるかもしれないが、筋肉テストはけっして新しいものではない。医師は１９４０年代から、筋力を評価したり、けがの範囲を調べたりするなど、さまざまな目的で使用してきた。昨今の医師や身体の機能の専門家は、筋肉テストには当初理解していたより多くの用途があることを知っている。本当に役に立つのか懐疑的な人もいるが、自らの目でテスト結果を見てみれば、驚かずにはいられないだろう。

筋肉テストでは全身の健康状態とバランスがわかる。病気や不調が起こる前に弱い部分を見つけられるのだ。また、さまざまな感情や精神の問題の根本的な原因を発見することもできる。いったい何が悪いのか身体に直接訊けるし、問題に対処したあと、きちんと修正できたのかどうか確認することもできる。体内に感情が囚われているかどうかわかるし、解放されたら瞬間に教えてくれるのだ。

溺死しかけたホリー

筋肉テストの実力を説明するために、数年前にホリーという若い女性からもらった手紙を紹介しよう。ホリーのおばであるグウェンは長年の生徒であり友人で、とても効果的に筋肉テストを使ってヒーリングを行っている。エモーションコードを覚えはじめたときにセッションを行った相手がホリーだった。

１９９９年夏、おばのグウェンがユタにやってきて、新しく覚えた技術を称賛しました。筋肉テストを使って〝囚われた〟感情について身体に質問できるし、身体は〝イエス・ノー〟で質問にきちんと答えるのだと。グウェンはこの新しい方法でできるかぎり多くの人々を救いたいし、この技術を巧みに使えるようになりたいのだと言いました。私は仕方なく、おばの〝生贄〟になることを承知しました。

私は「めちゃくちゃ、いんちきくさい！」と思いながら、部屋で腕を広げて立ったのを覚えています。

おばはひとつ目の囚われた感情を見つけました。〝恐怖〟です。

私は肩をすくめました。「怖いものなんか何もないわ……」

「何歳のときに囚われたのか訊いてみましょう」。グウェンは言いました。

私はまた肩をすくめました。「ええ、いいわ」

グウェンは私の身体に質問を続け、質問の内容によって、腕が強くなったり弱くなったりしました。

4歳の頃に何かなかったかとグウェンが私の身体に尋ねると、腕に力がこもりました。

「4歳の頃で、何か思いあたることはない？」。おばが訊きました。

その瞬間に、小さく無力だった指が金属の手すりから滑り、水のなかに落ちて、頭まで潜ったことを思いだしました。助けにきてくれた姉にしがみついて「ありがとう！　ありがとう！」と何度もくりかえしたことを。

「そうね……」。私はしぶしぶ答えました。「4歳のときに溺れそうになったわ」

グウェンはそれが恐怖の原因かどうかを確認しました。当たっていました。グウェンは私の背中に磁石を滑らせ、囚われた感情を解放しました。それだけです。本当に簡単でした。

私はその場を離れながら思いました。「たしかに悪くなかったけど、だから何？　何か私のためになるわけ？」

私のためになったことをお伝えします……。

私はうえの3人の子どもたちと冴えない水泳シーズンを終えようとしているところでした。子どもたちはいつもいやがって文句ばかり言っていたので、お金の無駄でしかなかったと思っていました。

あの夏、私は水泳のレッスンが嫌いでした。レッスンが始まると決まって不安になり、レッスンをさぼるのにもっともな言い訳があれば、休んでいました。

そんなとき、グウェンのヒーリングを受けたのです。水泳シーズンは終わり、もうレッスンのことはあまり考えませんでした。でも、説明しづらい不思議で微妙な変化が自分のなかで起こりはじめたのを感じたのです。

翌年、私たちはまた水泳のレッスンを受けました。去年とまったく違うことに、ふいに気づきました。あの子ども時代の恐ろしさを思いだすことなく、水の近くにいても不安になりませんでした。それどころかプールに行くのが楽しくなりました。子どもたちがレッスンを受けている時間を使って、なかなか読めない本を読みました。

それ以上に驚いたのが、子どもたちの変化でした。

去年よりひとつ年を取ったから水泳が怖くなくなったのだと言うひともいるかもしれません。でも、それは違います。私の身体に囚われていた本当の感情を取り除いたことで、私だけでなく、子どもたちも自由になったのです。　　――ホリー・B

筋肉テストはいま身体と心で何が起こっているのかを見せてくれる窓である。筋肉テストを行うことで、まさに内なるコンピュータシステムにアクセスして、不具合がある場所を知ることができるのだ。

私が筋肉テストを使い、エモーションコードとボディーコードで指導しているのは、問題の根源に直接すばやくたどり着けるからだ。

7歳児の夜驚症

ブロンソンは7歳で夜驚症でした。母親はベッドで添い寝し、息子が寝入ってから自分の部屋へ行きました。ブロンソンの両親は息子が怯えて夜中に起きると、朝まで自分たちの寝室で寝るとわかっているので、いつもベッドの横の床に小さなマットレスを敷いていました。ブロンソンが自分は愛されていて安全なのだと感じられるように手を尽くしていましたが、まったく効果がありませんでした。

私はブロンソンにセッションを行い、2歳頃に囚われた感情をいくつか――〝ショック（衝撃）〟〝激しい恐怖〟〝恐怖を伴う嫌悪感〟〝怯え〟を――見つけました。すると母親は、ブロンソンが2歳の誕生日の直前に私道からハイウェイに飛びだすという、ぞっとするような出来事があったことを思いだしました。暗くなりはじめた時間で、車が走ってきました。運転手は子どもを避け、排水溝に落ちました。母親の記憶によれば、とても恐ろしい事故だったようです。

囚われた感情を解放すると、ブロンソンは毎晩ぐっすり眠れるようになりました。まさに奇跡だと両親は感じたようです！――ロレイン・L

何度やってみせても、筋肉テストがとても速く正確に答えを出すことに決まって驚かれる。潜在意識が多くのことを知り、求める情報を提供してくれることにびっくりするのだ。

成長痛からの解放

私の下の娘はときおり成長痛を感じていました。いつも夜中に急に激しく痛むのです……その痛みには波と周期がありました。夫はマッサージ師でエネルギーが滞っている場所がわかるので、最初はいつものように娘の脚をマッサージしていました。そんなわけで（ある夜）夫が娘の脚をマッサージすると、痛みが落ち着いたようだったので、娘も私たちも眠りに就きました。ところが1時間もしないうちに、私たちは娘の泣き声で起こされました。今度はもっと激しく、痛みのあまり脚を揺さぶっていました。

もうこの時点で、娘は耐えられないほど大きな声で泣いていました（子どもがいる人なら、昼間より夜のほうが泣き声が激しく思えるのを知っているでしょう）。夫はもう一度娘の脚をもみはじめると、鎮痛薬に手を伸ばしました。いつもは使わないのですが、眠くて仕方なかったのです。

そのとき、ふいに娘の痛みに使える手段があり、効果があったことを思いだしました。エモーションコードです！　娘が最初に痛みで目を覚ましたときに、どうして使うことを思いださなかったのでしょう。エモーションコードを使ってほしいかと尋ねると、娘はうなずきました。これまでも何度もエモーションコードを使ったことがあり、効果があることを知っていたのです。

私は階段を駆けおりてクリニックに入り、ヒーリング用具（ノート、ペン、磁石、エモーションコード・チャート）を取ってきました。そして、すぐに筋肉テストを行って、脚の痛みを引き起こしている囚われた感情を特定しました。2つ目の感情を解放し終えたときには（約3分後）もう娘は泣きやみ、4つ目の感情を取り除いたときには、痛みによる身体の震えはすでに治まっていました。娘は落ち着きを取り戻して緊張が解けたようでした——全身のエネルギーがパニックから平穏へと完全に変化したのです。

全部で7つの感情を解放し終えると、痛みはほとんどなくなったようでした。夫も私も娘も問題が解決し、また楽しい夢を見られるとわかっていたので、安らかな気持ちで眠ることができました（実際には、安らかに眠れたのは娘だけでしたが。娘が朝まで一緒に寝ていたので、私たちはベッドを独占する娘を何とかしなければなりませんでした。それでも、娘が痛みで泣き叫ばないだけでうれしかったのです）。

エモーションコードを使えば、こんなにも早く激痛が治まります。また、エモーションコードはそのときに感じている痛みにすぐ効くだけでなく、その部位をふさいでいるエネルギーを取り除き、かなりの間その状態を保つことができるはずです。もしもこのエネルギーを取り除けなかったら、このエネルギーが娘の足首や向こうずねや膝に滞ったままだったら、どうなっていただろうとよく思います。将来、娘の身体にどんな症状が表れただろうかと。

エモーションコードをヒーリング方法として使えることに心から感謝し、幸せに思っています。成長期の子どもに使っているので、エネルギーをあるべき姿のとおり滞りなく全身にめぐらせることで、身体の機能が最適に動く手助けができているのがわかります。そして、エネルギーがスムーズに流れる身体は幸せな身体であることも確信しています。——アニャ・S

潜在意識は最善を知っている

健康問題については、潜在意識に教えられることのほうが顕在意識で知っていることよりはるかに重要である。私はカイロプラクティックのクリニックを経営しているが、患者の潜在的な知性を高く評価して頼っている。患者は顕在意識では痛みや不調の原因を知らないが、潜在意識は知っており、その情報によって患者を救うために必要なことがわかるのだ。

身体は複雑な器官が適切な場所にあることで機能している。心臓は鼓動し、肺は空気を吸ったり吐いたりし、小腸は栄養を吸収している――どれも、何も命じられなくても。ありがたいことに、そうした働きは無意識のうちに行われる。ごく細かいところまで、無意識に支配され、制御されているのだ。こうした内なるコンピュータが通常の代謝や免疫プロセスすべてを支配しているなら、ごく小さな不調や問題でも、体内で起こっていることはすべて完全に知っていると考えるのが理にかなっているだろう。

それだけでなく、潜在意識は何がよくて何がよくないかも正確にわかっている。〝無条件の愛〟について考えると身体が前に揺れたように、身体を癒したり活力を与えてくれたりする食べ物について考えると、筋肉が強く反応する。そして害や毒がある食べ物について考えると、身体が後ろへ揺れたり、弱さが見えたりするのだ。また、真実か嘘かでも同じ身体的反応がある。真実を口にすれば筋肉は強くなるし、嘘を言えば、すぐに筋肉は弱くなる。

潜在意識はだませないのだ。本当のことを言っているのか嘘をついているのか――健康的で賢明でポジティブや選択をしているのか否か――瞬時にまちがいなく判別するのだ。

身体は自らを健康にして生き生きとさせるために、私たちが意識しているよりはるかに優れた技能を使っている。精神科学者デビッド・R・ホーキンズはこれまで講義に参加した3000人以上の人々の前で、そのことをじつに鮮やかに証明してみせている。

まずスタッフが聴講生全員に封がされた印のない封筒を配る。封筒には粉末が入っている。配った封筒の半分には人工甘味料、残りの半分にはオーガニックのビタミンCが入っている。

ホーキンズ博士は聴講生全員を2人一組にして、筋肉テストを行わせる。ひとりが何も書いていない封筒を胸にあて、もうひとりが筋肉の強さを測る。そして筋肉が強かったか弱かったかを記録して、役割を交代して比較する。筋肉が強いときもあれば、弱いときもあるだろう。

全員がこの簡単なテストを終えたら封筒を開けて、中身が人工甘味料かビタミンCかを確認する。筋肉が弱かった人が持っているのは、決まって人工甘味料だった。そして筋肉が強かった人が持っているのは例外なくビタミンCだった。この結果はつねに同じで、私が講演を行ったときも再現されたのだ【1】。ビタミンCが人工甘味料より身体にいいのは誰もが知っているが、封をした封筒のなかに何が入っているのか、深層の潜在意識がわかることには非常に驚いた。

ホーキンズ博士はこんなふうに説明している。

個々の人間の心は巨大なデータベースに接続しているコンピュータの端末装置のようなものだ。データベースは人間の意識そのもので、私たちの意識は個々の表れでしかないが、その根本は人類共通の意識に基づいている。

データベースは天才の王国である。というのも人間であるということは、このデータベースに参加するということであり、誕生した者すべてがこの天才にアクセスできる。データベースにある無限の知識はいつでもどこでも数秒で、誰もが手に入れられるのだ。これはじつに驚くべき発見であり、個人にとっても人間全体にとっても、想像もできないほど人生を変える力を有している【2】。

歌いだしたいくらいの気持ちです

私の友人には４歳の息子がいます。かつて友人は、息子は「生まれつき不機嫌」なのだと話していました。笑わないし、いつもしかめ面をしていて機嫌が悪く、めったに話さず、生まれてからずっと２週間ごとに鼻血を出していると。確かに、男の子は人生が重荷であるかのような顔をしていました。両親はずっと専門医に診せていましたが、身体的には何も問題がないという診断でした。

そこで筋肉テストを行うと、男の子にはエモーションコードが必要だとわかりました。私はエモーションコードの本を読んだこと、エモーションコードがどれだけヒーリングに役立つかを友人に説明しました。男の子が抱えているのは感情と精神の問題であり、エモーションコードを試していいかと尋ねると、友人は承諾しました。

エモーションコードを行って１週間もしないうちに、男の子は笑うようになり、他の子どもたちと遊び、楽しそうで、おしゃべりになりました。それから３週間以上たちましたが、一度も鼻血を出していません。男の子は人生を楽しんでいるようで……私は歌いだしたいほどの気持ちです。奇跡が起きたのでしょうか？　私は奇跡を信じていますし、エモーションコードはそのひとつです！――マーケタ・Ｒ

答えを感じる

感覚器はどれも情報を与えられすぎないほうが最大の力を発揮できる。たとえば、セーターの柔らかさをいちばん感じられるのは、繊維を指でそっとなでたときだ。手ですばやく雑にセーターをなでても、柔らかさは充分にわからない。

同様に、筋肉テストも軽く繊細に行うのがいちばんである。身体の力を使うテストではないのだ。これから学ぶのは、筋力のかすかな変化や、筋肉が〝固まっている〟か〝和らか〟かの違いに気づくことである。この手の変化の感じ取り方を学ぶことは、筋肉テストで伸ばすべき技術のひとつであり、自分へのテストでも他者へのテストでも活用できる。

抵抗vs圧力

電灯の調光スイッチを使ったことがあるだろうか？ つまみをまわすことで電灯にどのくらいの電気が流れ、その結果どのくらいの明るさになるかを選べるものだ。

同様に、エモーションコードの使用者は筋肉テストでどのくらいの強さで圧力をかけ、どのくらいの力で抵抗するかを選ぶことができる。設定を変えられるのだ。もし相手の腕を全力で押したら、圧力の設定は100％となる。相手も100％の力を出し、あなたとまったく同じ強さで抵抗しないかぎり、腕は毎回負けてしまうだろう。テストする相手もあなたもすぐに疲れてしまうし、答えもはっきりわからないので、こんなに強い圧力はかけたくないはずだ。

相手を押す力も抵抗する力も、持っている力の5％未満を目安にするといいだろう（他の人にテストをしている場合は、持っている力の5％で抵抗するよう伝えること）。最初は押すときも抵抗するときも力が強くなってしまうかもしれないが、次第に小さな力で答えを得ることに慣れていくだろう。

基準を定める

エモーションコードのためであれ何であれ、筋肉テストを使う場合はそのたびに基準を定めることが肝心である。自分自身に筋肉テストを行うなら自分がテストで診断可能かどうか、誰かにじかに筋肉テストを行うのであれば、その相手がテストで診断可能かどうかを確認する必要がある。そうすれば押す力と抵抗する力の設定を適切に決められるし、何がイエスで何がノーかも知ることができる。

本章で説明するさまざまな筋肉テストを試し、自分にテストする場合と他者にテストする場合の両方に適した基準を設定するために、次の方法と一緒に使用するといいだろう。

自己テストを使って自分でテストを行う場合

最も使用しやすい筋肉テストを選ぶ。

空欄に自分の名前を入れ、「私の名前は～です」と声に出して読み、筋肉テストを行う。

事実と一致すること、すなわち本当のことを口にした場合、反応は強く、事実と一致しているという反応があるはずである。

次に自分以外の名前を空欄に入れ、「私の名前は～です」という誤った言葉を口にして、筋肉テストを行う。

筋肉の反応は弱く、事実とは一致しないという結果が出るはずである。

また「イエス」と「ノー」、「愛」と「憎しみ」という言葉も、基準を定めるのに役立つだろう。

診断不能という結果が出たら、本章の〝トラブルシューティング〟を参照すること。

他の人の身体で、他の人のテストを行う場合

人間はひとりひとり違い、筋肉テストも対象となる相手によって少しずつ感覚が異なる。テストの対象者から強弱がはっきりした反応があれば、反応が強くても弱くても、答えはすぐにわかるだろう。

相手の反応が強すぎたり弱すぎたりする場合は、ためらうことなく〝調整スイッチ〟を使って抵抗する力の度合いをあげたり下げたりしてくれるよう頼むこと。対象者が筋力を使いすぎていると感じたときは、「やさしく押しかえして」とか「赤ちゃんのような強さで」などと言うといいだろう。

テスト対象者に「私の名前は〜です」と自分の名前を口に出して言ってもらってから、筋肉テストを行う。事実と一致すること、すなわち本当のことを言っている場合、反応は強く、すなわち事実と一致しているという反応があるはずである。

次に「私の名前は〜です」の空欄に対象者以外の名前を入れて、まちがっている言葉を口に出して言ってもらう。筋肉テストの結果は反応が弱いか、ネガティブな反応があるはずである（反応の仕方は使用する筋肉テストによって異なる）。

もちろん「イエス」と「ノー」、「愛」と「憎しみ」という言葉を使っても、指標は設定できる。

対象者がテストで診断不能な場合は、本章の〝トラブルシューティング〟を参照のこと。

他の人への筋肉テスト

自分以外の人々でも、じかに筋肉テストを行えば、その人の身体で何が起きているのかがわかる。本章ではそのテストについて説明するが、サロゲートテストやプロキシテストと呼ばれる方法もある。そのテスト

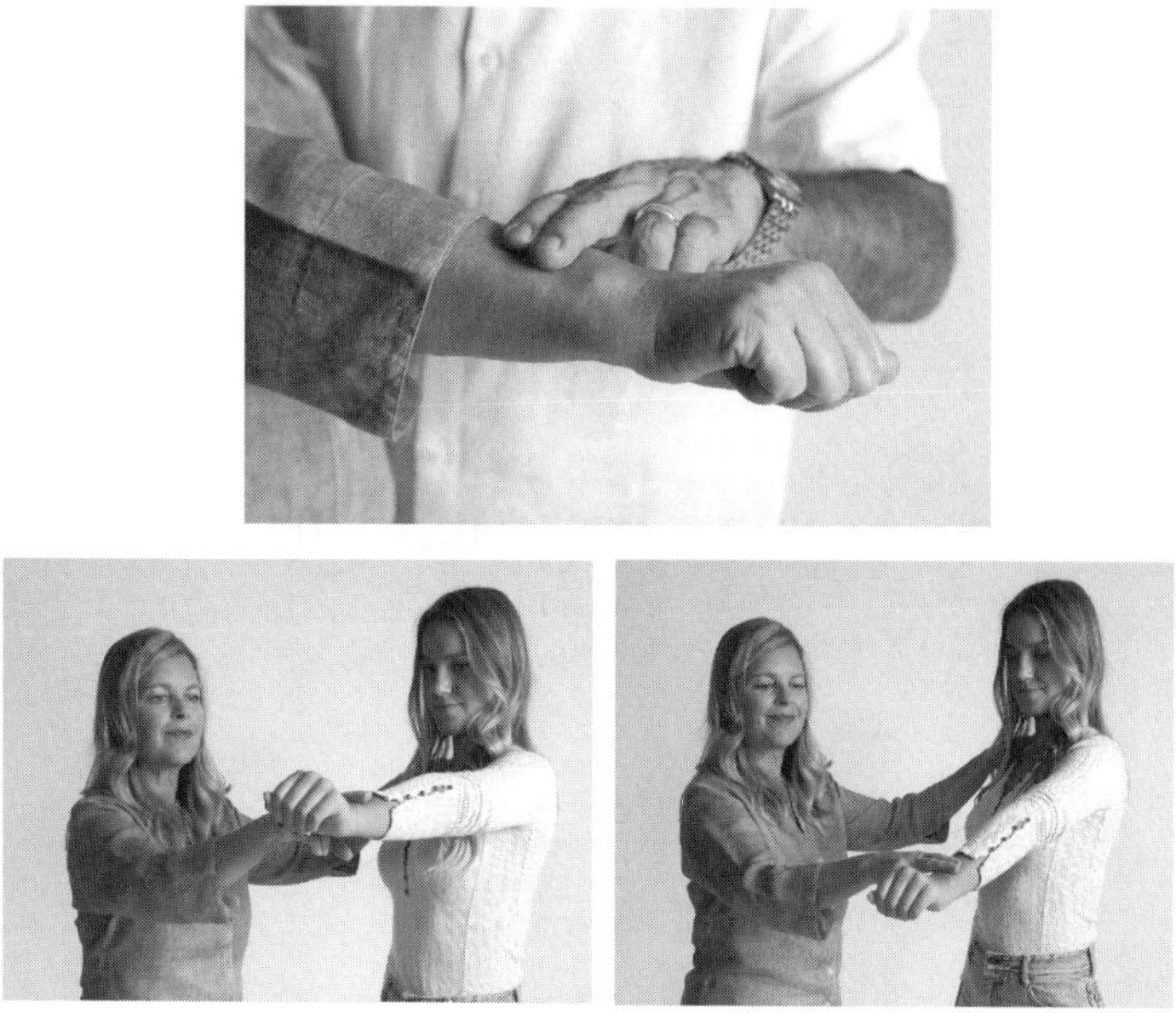

基本的な腕のテスト

については第9章で取りあげる。

代替医療では数千人の医師やプラクティショナーが日々の施術で患者や顧客に筋肉テストを使っている。

自分以外の人に筋肉テストを行う方法のうち、非常に簡単で一般的なものをいくつか紹介しよう。

基本的な腕のテスト

1．テストの対象者を立たせて、片腕を床と平行になるようにまっすぐ前に伸ばさせる。

2．伸ばした腕の手首の上あたりに、あなたの人差し指と中指を軽くのせる（写真上）。指は小指側の手首の骨のすぐ後ろに置くこと。

3．空いているほうの手は対象者の反対側の肩に置いてもかまわない。

4．対象者にこう説明する。「これからある言葉を言ってもらいます。そのあと、私が腕を軽く押します。腕を今の状態のまま動かさずに、私の力にそっと逆らってください。腕を下げられないように」

5．対象者に自分の名前を言わせる。たとえば、キムという人であれば、「私の名前はキムです」というように。

6．円滑かつ着実に腕を押す力を強くして筋肉テストを行う。3秒で押す力をゼロからかなり強い段階まであげていくこと。あなたが強く押しても、肩の関節は〝固めた〟まま動かさず、腕は力に負けないこと。

7．次に対象者以外の名前を使って、明らかな嘘を言わせる。対象者の名前がキムなら、「私の名前はボブです」というように。そのあと、もう一度筋肉テストを行うと、腕の力が弱いことに気づくだろう。対象者が口にしたことが事実と異なっていることを潜在意識が知っているからだ。

あまり力を入れすぎると、対象者の腕はあっという間に疲れてしまう。筋肉テストに怪力は必要ないことを忘れないように。むしろ〝赤ちゃんのような力〟で行うべきなのだ。

対象者が口にした言葉が本当であれば、あなたが下のほうへ押した腕は〝鍵がかかっている〟ように感じるはずだ。逆に、口にした言葉が誤りなら、あなたが少しずつ力を強くしていくにつれて、腕が負けていくように感じるはずである。

腕に〝鍵がかかっている〟状態かどうかを探るときには、必ず最小限の力を使うこと。その最小限の力こそ、探しているものなのだ。

もう一度テストを行うが、今度は対象者のものではない名前を使って、明らかに偽りであることを言わせる。そしてすぐに筋肉テストを行うと、腕の力が弱くなっていることに気づくだろう。対象者が口にしたことが事実と異なっていることを、潜在意識が知っているからだ。

成功するコツ

筋肉テストが上達するコツを紹介しよう。

1. 答えが得られる最小限の力を使う。力ではなく、技術で。
2. 必要に応じて、押す力と抵抗する力の設定を上下させる。
3. 3秒以内に、押す力を全力の0％から5％もしくは10％にスムーズにあげる。
4. あなたの腕と手と指を適切な場所に置き、正しい格好で保つ。
5. 自ら進んでテストを受ける人だけを対象とすること。テストに対して皮肉っぽい態度を示したり疑問を抱いていたりする場合は、テストを実行するのが難しい。手助けを得たくない人や、助けられることを受け入れられない人に無駄な時間をかけることはない。
6. 腕の位置を変えて、あなたと対象者にとって、どこがいちばんテストしやすいか、実験するのもいいだろう。腕を前に伸ばすのではなく、横に伸ばしてもかまわない。
7. discoverhealing.com/muscle-testingで動画や例を見る！

レッグレングス・テスト

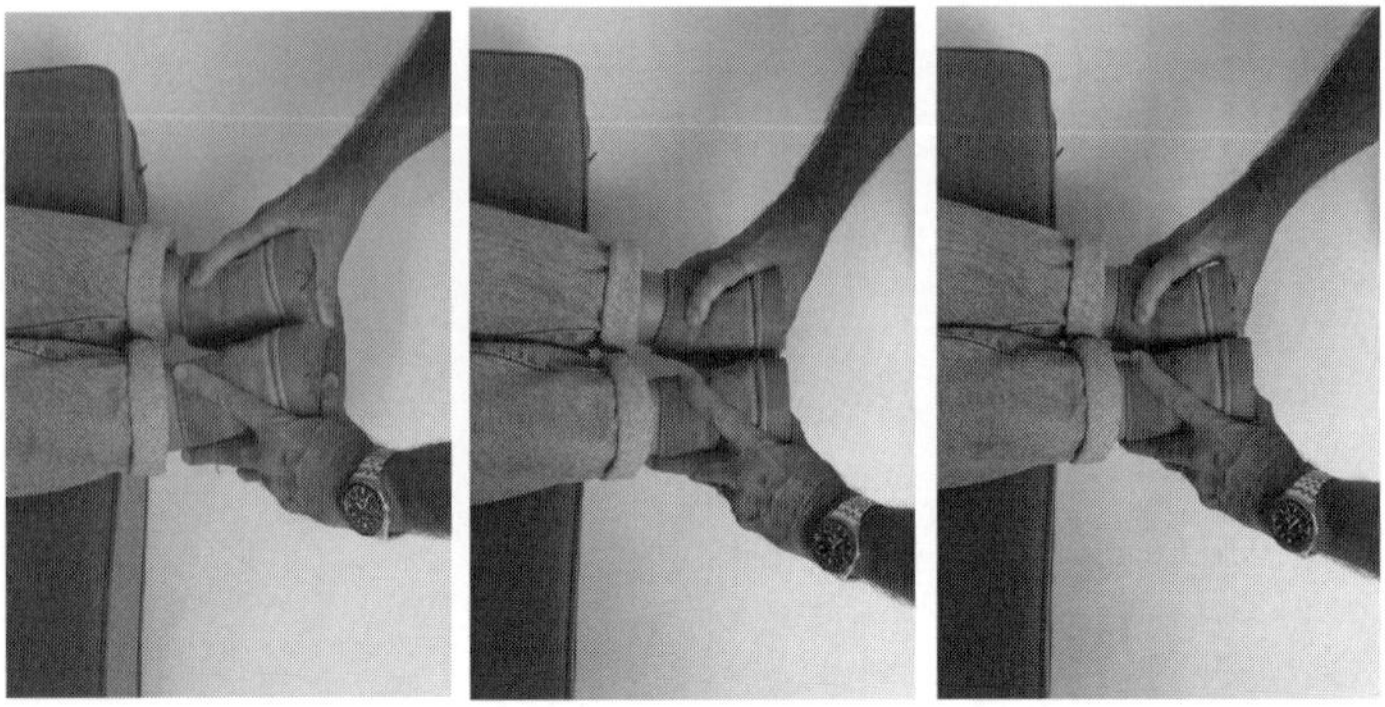

レッグレングス・テスト

カイロプラクティックのクリニックを経営していたころ、私には定着したルーティーンがあった。患者を施術室に迎え、うつ伏せでベッドに寝かせる。脚の長さを測りやすいように、靴ははいたままだ。患者がうつ伏せに寝てリラックスしたら、脚の長さを主な筋肉テストとして使って、潜在意識から答えを得る。

この方法を使う場合、手順は次のとおり。

1. テスト対象者への愛を感じ、手助けできることに感謝し、神の力添えに静かに祈りを捧げる。
2. 靴をはかせたまま、テストの対象者をマッサージ台かベッドに寝かせる。脚の長さを測ることを対象者に伝え、できるだけ背筋を伸ばして寝てもらう。
3. あなたの親指を対象者の両足の土踏まずに水平にあて、人差し指と中指を足首の骨の前後に置いて、V字をつくるようにしてはさむ。
4. 靴の底にあてた親指を膝のほうに押す。こうすると、対象者が床に立っているのと同じように、両方の靴が基準となる同じ位置にくる。靴の底は床と垂直になっていること。

5．片方の靴のかかとで目印になるものを見つけ、もう片方の靴の目印と比べられるようにする。靴底とかかとを結んだ線を目印にすることが多い。手首の力を抜いて、もう一度靴底を押す。押している間、目印は並んだままだろうか？　潜在意識に何も質問せず、リラックスした状態を保っているとき、両脚の長さはまったく同じだろうか？　それとも、少し違うだろうか？　結果はどちらでもかまわないので覚えておくこと。

6．この目印は比較のために使う。「イエス」と言ってから、もう一度靴底を押す。目印はどうなっただろうか？　そのまま並んでいるだろうか？

7．次に「ノー」と言ってから靴底を押す。テストを正しく行えていれば、「ノー」と言ったときの違いに驚くだろう。身体が「ノー」の答えを出すとき、脚の長さが１・５センチも違うことは珍しくない。

ひじのテスト

肩に問題があって腕を伸ばせない人が対象のときには、ひじのテストがとても役に立つ。手順は次のとおり。

1．テスト対象者への愛を感じ、手助けできることに感謝して、神の力添えに静かに祈りを捧げる。

2．ひじを身体のわきに持ってきて、腕を90度にまげる。上腕は身体にぴったりつけるか、椅子の背で支える。あるいは、空いているほうの手でひじをつかんで、腕が動かないようにしてもいいだろう。前腕は床と平行にすること。てのひらは上を向いても下を向いてもかまわない。

3．写真のように、あなたの指２本を前腕に置く。

ひじのテスト

4．対象者に「私の名前は～です」と自分の名前を言わせてから、前腕のはしをそっと押して筋肉テストを行う。筋肉テストは「イエス」という答えを出すはずである。

5．次に、対象者に自分以外の名前を空欄に入れ「私の名前は～です」と言わせる。結果は筋肉の反応が弱くなっているか、ネガティブな反応を示すかのどちらかになる。もちろん「イエス」と「ノー」もしくは「愛」と「憎しみ」という言葉を言わせてもいい。

自己テスト

自分の筋肉に答えを聞く方法をいくつか見てみよう。すでに本当か嘘かわかっている言葉からはじめるのが最も簡単だろう。筋肉テストがあなたの役に立つかどうかがはっきりわかる。

第2章では「無条件の愛」や「戦争」といった言葉を口にするスウェイテストの手順を学んだ。こうした言葉はとても強烈で、身体から明白な反応を引きだす。

「無条件の愛」は身体を前方に揺らし、どんな筋肉テストでも強い結果が出る。その反対に「戦争」という言葉は身体を後方に揺らし、筋肉テストの結果は弱くなるだろう。

「イエス」と「ノー」も同様の結果が出る。イエスという言葉はポジティブである。もし本当の言葉かポジティブな言葉を口にしたら、あなたは強くなり、身体が前方へ揺れる。ノーはネガティブな言葉である。偽りの言葉またはネガティブな言葉を口にしたら、力は弱くなり、身体は後ろへ揺れる。

自己テストはこれまで説明してきた方法より主観的になるため、少し覚えるのが難しいかもしれない。子どもはたいてい難なく身に着けられるが、大人は少し時間がかかる場合もある。自己テストは人によって自然に扱える方法に違いがある。すべての方法を試して、自分に最も合う方法を見つけるといいだろう。自己テストをうまく扱えるようになるには時間と練習が必要である。最も難しいのは、身体を自由に反応させるために、顕在意識を裏側に少し追いやることだろう。

自己テストにおいて重要なのは、自分の〝調光スイッチ〟を見つけること。すなわち、自分の身体の筋肉を使う場合、どのくらいの抵抗があり、どのくらいの力が必要なのか、知っておくべきだということである。

ハンドソロ・メソッド

片手だけで行える便利な方法で、私は個人的に気に入っている。

片手の隣りあった２本の指を使う。ひとさし指と中指を使う人が大半だが、中指と薬指でもかまわない。片方の指（プレッシャー・フィンガー）で、もう一方の指（レジスタンス・フィンガー）を軽く下のほうへ押してテストを行う。

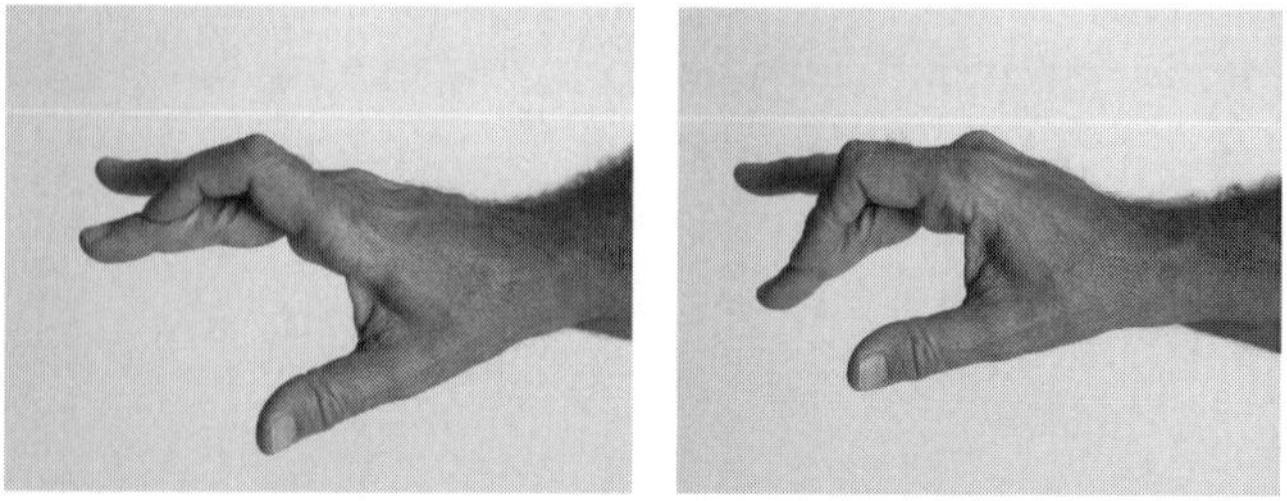

ハンドソロ・メソッド

実際に試し、片方の指をもう一方の指にのせてみて、楽な指を見つけるといいだろう。プレッシャー・フィンガーはレジスタンス・フィンガーに完全にのせてもいいし、軽くまげて指先だけをレジスタンス・フィンガーの第一関節にのせてもかまわない。最もやりやすい方法がテストに最善である。

1．テスト対象者への愛を感じ、手助けできることに感謝して、神の力添えに静かに祈りを捧げる。

2．調光スイッチを最低限に下げるようにして、レジスタンス・フィンガーの力を抜いて緊張をほぐす。指を伸ばしておける程度の通常の5％ほどの力だけを残す。

3．このレジスタンス・フィンガーの低レベルの力を保ちながら、プレッシャー・フィンガーで軽く押す。どのくらいの力で押しているか、意識すること。おそらくレジスタンス・フィンガーは簡単に下がってしまうだろう。

4．次に「イエス」という言葉を言ってから、レジスタンス・フィンガーを下にそっと押す。下向きの力に対して、鍵がかかっているように感じるはずだ。次に「ノー」と言ってから、もう一度テストする。今度はレジスタンス・フィンガーが難なく下がるはずだ。身体で起こっている微妙な変化を感じ取ろうとしているのであり、小さな力で押すのが最善であるのを忘れないこと。

５．押す力と抵抗する力の設定を微調整するために、前述した基準づくりの手順を踏む。「イエス」と「ノー」がはっきり分かれる適切な力まで、押す力と抵抗する力をあげたり下げたりすること。

あなた自身のサイレントヘルパーになる

ある日、肩の筋肉の張りと痛みがひどかったので、マッサージに行きました。マッサージ師はしばらく施術してくれましたが、いつものように筋肉がほぐれないと言い、私も同様に感じていました。身体がマッサージ師に抗っているような感じだったのです。もしかしたら囚われた感情があるのかもしれないとピンときたので、ハンドソロ・メソッドを使い、こっそり筋肉テストをしました。身体を起こせなかったし、マッサージのじゃまをしたくなかったからです（そうでなければ、ひじテストをしたでしょう）。

エモーションコード・チャートは持っていませんでしたが、何度も使っているので内容は覚えていました。テストの結果、やはり囚われた感情がありました――〝苦々しさ〟です。私は乱れた髪をなでつけるふりをして、片手で頭を数回なでて囚われた感情を解放しました。マッサージ師はまったく気づかなかったでしょう！　30秒ほどで肩の筋肉から力が抜けると、すぐにマッサージ師が言いました。「やっと張りが取れたみたい。筋肉が反応しているわ！」

結局、効果のあるマッサージとなり、とても楽になりました！　ハンドソロ・メソッドはあまり使ったことがなかったけれど、あの日はとても役に立ち、予備の方法として使えることがわかってよかったです！――ダニエル・S

自己テストはとても簡単に使える人もいる。この種のテストで最も厄介な点は、とても主観的だという性質にある。

人間は自分でテストを行ったとき、得られた答えすべてを疑う傾向にあるが、求めている答えを得るには、とにかく自分と、自分の潜在意識を信じるしかない。

自己テストはとても価値がある方法だと思っている。練習が必要であり、最初はできないと思うかもしれないが、そのまま続けていれば、あなたもその価値に気づくだろう。

丸太転がしメソッド

ハンドソロ・メソッドを片手でなく両手で行いたいなら、この方法がいいだろう。

右利きの場合は、左手を握ってひとさし指だけをまっすぐ伸ばす。これがレジスタンス・フィンガー、つまりテストをする指となる。

握った左手の上に右手を置いてしっかりつかみ、右手の小指の第1関節を左手の伸ばしたひとさし指に置く。置く場所は自分が楽なところでよい。この小指がプレッシャー・フィンガーになる。左利きの場合、もしくは左手のほうがやりやすい場合は、手を逆にして行うこと。

指を正しく置いたら、ハンドソロ・メソッドで説明した手順でテストを行う。

1．テスト対象者への愛を感じ、手助けできることに感謝して、神の力添えに静かに祈りを捧げる。

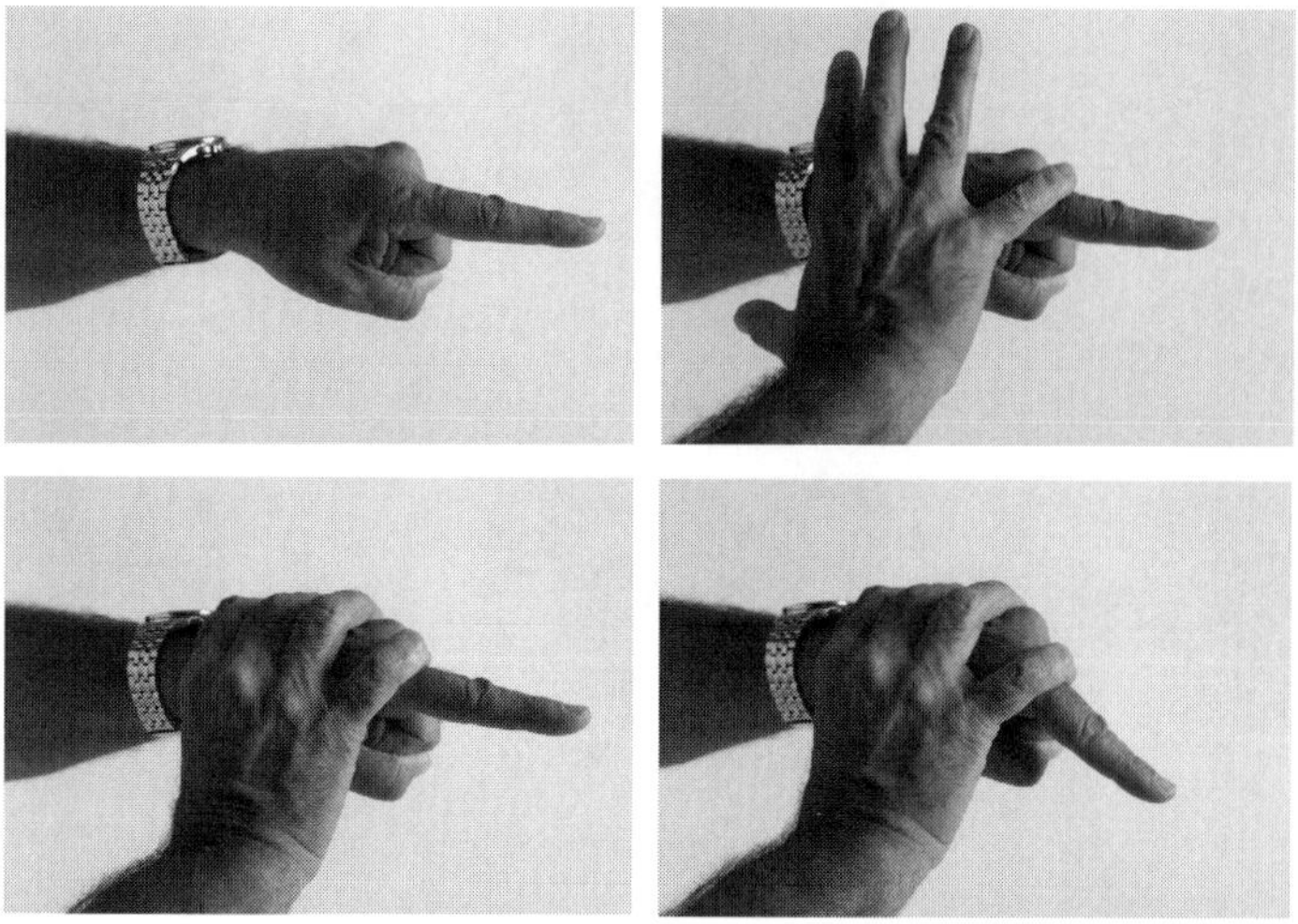

丸太転がしメソッド

2．調光スイッチを最低限に下げるようにして、レジスタンス・フィンガーの力を抜いて緊張をほぐす。指を伸ばしておける程度の通常の5％ほどの力だけを残す。

3．レジスタンス・フィンガーの低レベルの力を保ちながら、プレッシャー・フィンガーで軽く押す。どのくらいの力で押しているか、意識すること。おそらくレジスタンス・フィンガーは簡単に下がってしまうだろう。

4．次に「イエス」という言葉を言ってから、レジスタンス・フィンガーを下にそっと押す。下向きの力に対して、鍵がかかっているように感じるはずだ。次に「ノー」と言ってから、もう一度テストする。今度はレジスタンス・フィンガーが難なく下がるはずだ。身体で起こっている微妙な変化を感じ取ろうとしているのであり、小さな力で押すのが最善であるのを忘れないこと。

5．押す力と抵抗する力の設定を微調整するために、

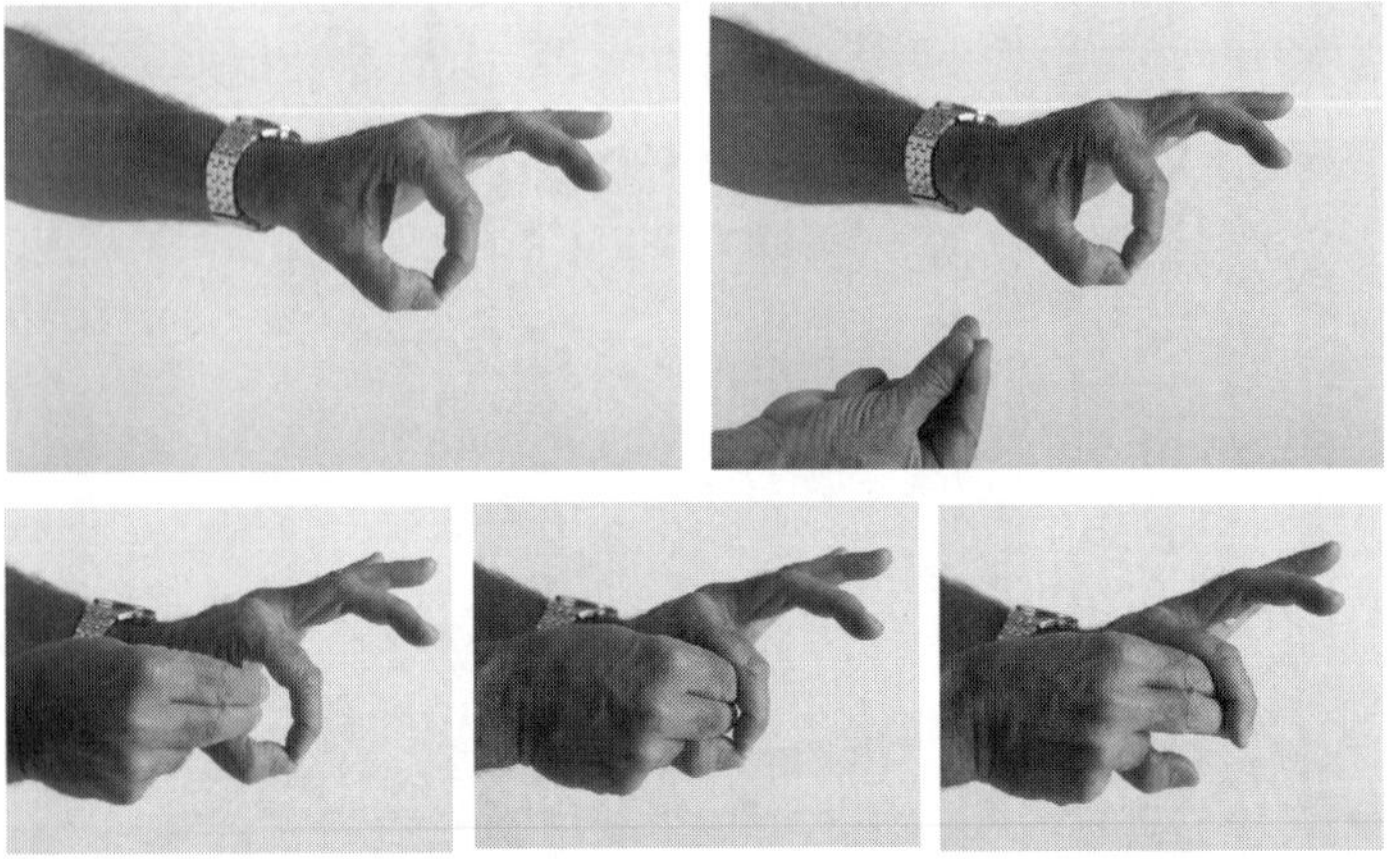

ホールインワン・メソッド

前述した基準づくりの手順を踏む。「イエス」と「ノー」がはっきり分かれる適切な力まで、押す力と抵抗する力をあげたり下げたりすること。

ホールインワン・メソッド

1．テスト対象者への愛を感じ、手助けできることに感謝して、神の力添えに静かに祈りを捧げる。

2．片手の親指とひとさし指の先をつけて〝OKサイン〟をつくる。この2本の指がレジスタンス・フィンガーとなる。

3．反対の手の親指とひとさし指と中指を〝OKサイン〟の輪にくぐらせる。テストとして、その3本の指を離して輪を壊そうとする。輪の力が強いままだったら答えは「イエス」。輪の力が弱くて壊れてしまったら、答えは「ノー」である。

4．これまでの2つのメソッドと同様に、ネガティブな言葉や事実と異なることを言いながら、輪をつくっているレジスタンス・フィンガーやプレッシャー・フィンガ

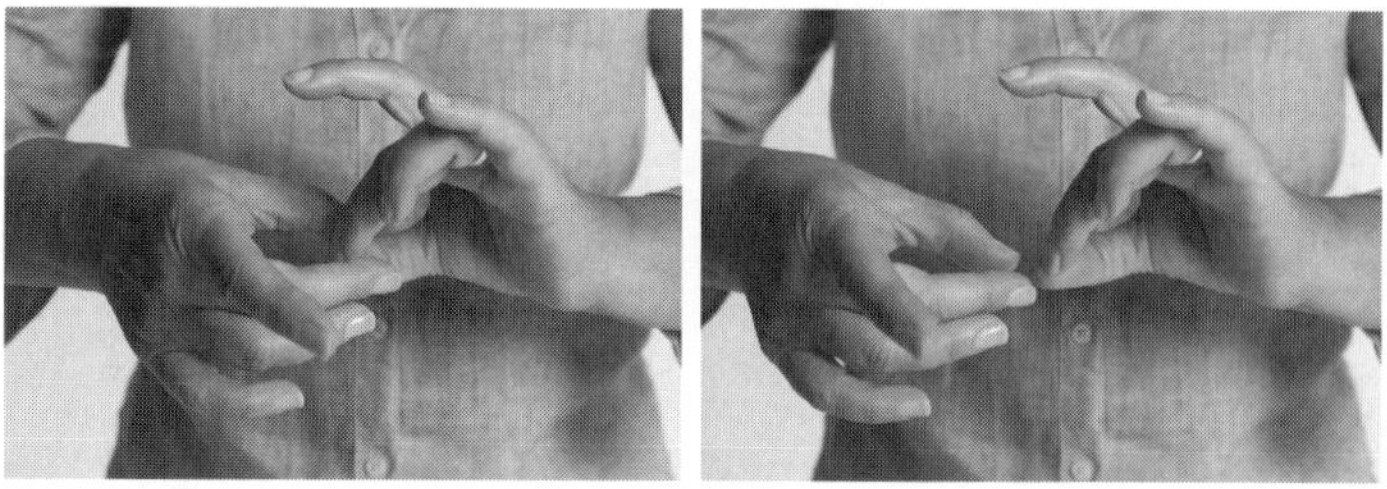

リングインリング・メソッド

ーの力を変える。言葉を口にしながら、輪に入れた指を外側に押していく。輪がはずれるほど強く押すこと。
5．輪をつくっている指は、プレッシャー・フィンガーの力に逆らう。ネガティブあるいは事実と異なる言葉を口にすると弱くなるが、ポジティブあるいは事実に即した言葉を口にすると強いままでいる強さを見つけたら完成である。

リングインリング・メソッド
1．テスト対象者への愛を感じ、手助けできることに感謝して、神の力添えに静かに祈りを捧げる。
2．片手の親指と中指で輪をつくる。
3．反対側の手の親指と中指で、同じように輪をつくる。
4．2つの輪を鎖のように繋げる。次の2つの方法がある。
　a．片方をレジスタンス・リング、もう一方をプレッシャー・リングとする。プレッシャー・リングは輪の形を保ち、レジスタンス・リングは「ノー」のときには輪が壊れ、「イエス」のときには輪のままでいるようにする。

　b．どちらのリングも「イエス」のときは輪のまま、「ノー」のときは輪が壊れるようにする（この方法は難しいので上級者に推奨する）。

5. 他のメソッドと同様に、ネガティブあるいは事実と異なる言葉を口にしながら、レジスタンス・リングの力の強さを変える。言葉を言いながら、リングを壊そうとする。ネガティブもしくは事実と異なることを口にしたときに引っぱられた力でリングが壊れ、ポジティブあるいは事実と一致することを口にしたときにはリングのまま保たれる力を見つけることだけに集中すること。

エルボーテスト

私がよく使う筋肉テストはエルボーテストと呼ばれる方法である。実際に使うのは上腕二頭筋で、とても持久力があり、力強く強靭な筋肉だ。したがって、このテストは筋肉が疲れることはなく、1日中行える。しかしながら上腕二頭筋は非常に力があるので、指が疲れないように、抵抗する力も下に向かって押す力も最小限にしなければならない。抵抗する力は上腕が下がることなく、床と平行を保つ程度に抑えるほうがいいだろう。

手順は次のとおり。

1. テスト対象者への愛を感じ、手助けできることに感謝して、神の力添えに静かに祈りを捧げる。
2. 片方のひじを脇につけ、上腕を身体にくっつけるか、椅子の背で支える。前腕が床と平行になるように、腕を90度にまげる。てのひらは上下どちらに向けてもかまわない。
3. 写真のように、反対の手の指2本を、まげている腕のほうの手首あたりに置く。
4. 「イエス」と言いながら、腕を軽く押す。前腕は力を保ったまま持ちこたえているはずである。
5. 「ノー」と言いながら、もう一度腕を軽く押す。前腕の力がわずかに抜け、押す力に負けているのが

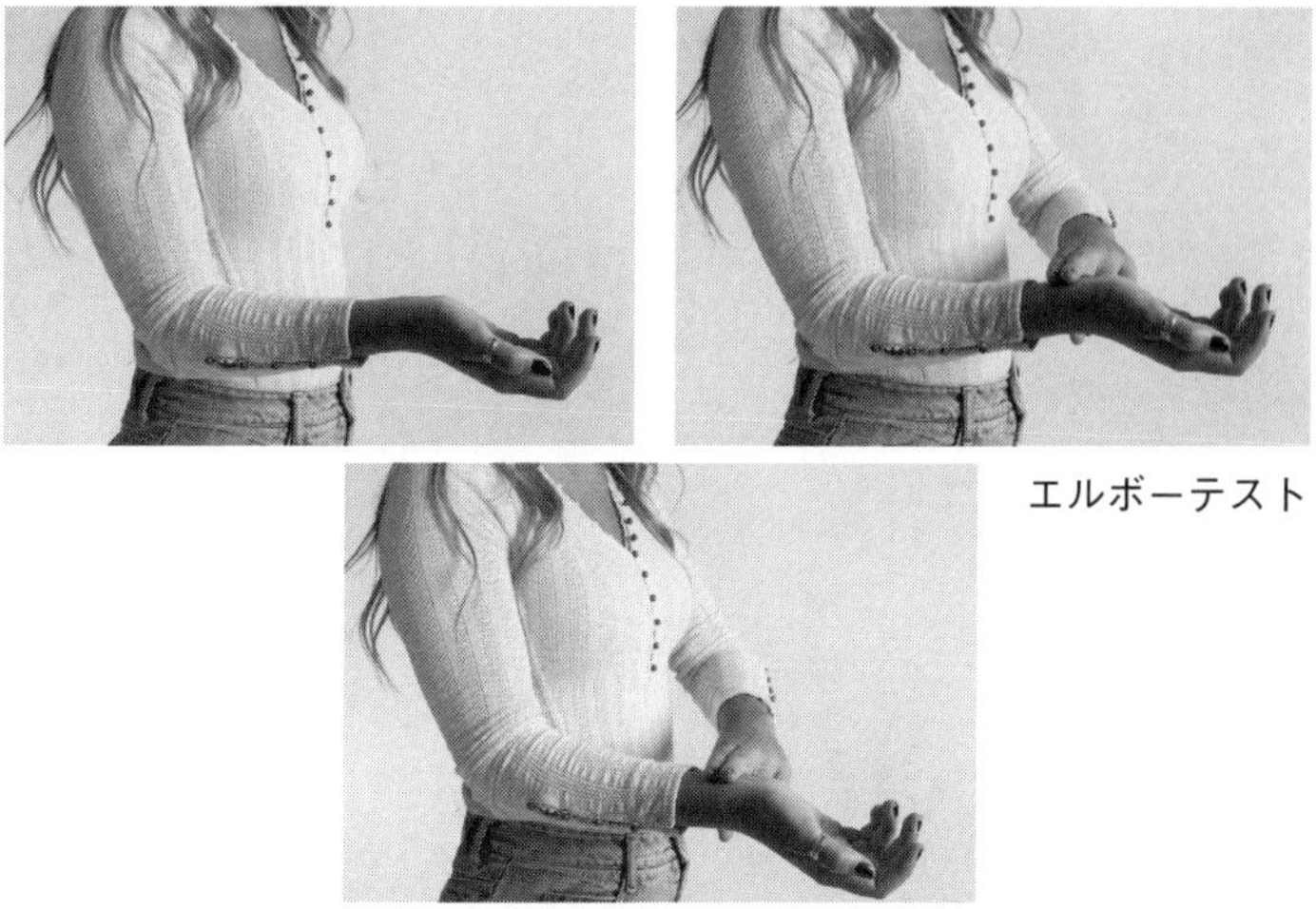

エルボーテスト

わかるだろう。テストを実施する場合は、身体で起きているわずかな変化も見逃さないこと。

習得できれば、エルボーテストは頼もしい相棒になるだろう。

フリックテスト

これも片手で簡単に行えるテストである。誰しも指にくっついたものをはじき飛ばそうとした経験があるだろう。フリックテストは親指といちばん弱い小指を使う。

1．テスト対象者への愛を感じ、手助けできることに感謝して、神の力添えに静かに祈りを捧げる。

2．小指の先を親指の腹にのせる。

3．「イエス」と言いながら、小指をはじいて親指から離そうとする。小指と親指でつくっていた輪は壊れないはずである。

4．「ノー」と言いながら、もう一度小指をはじいて親指から離そうとする。「ノー」という言葉を口にしたこ

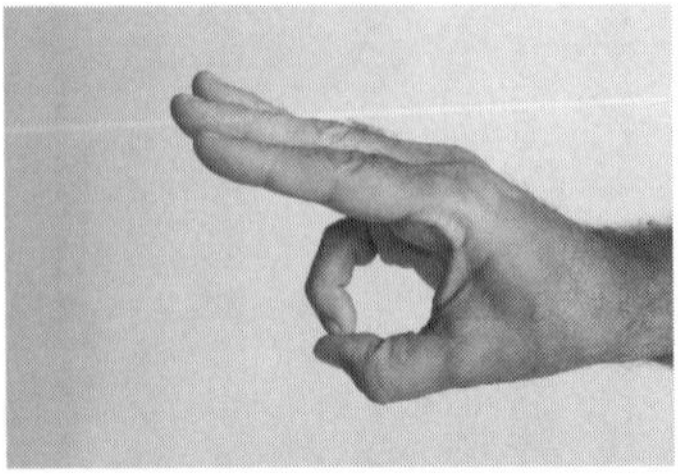

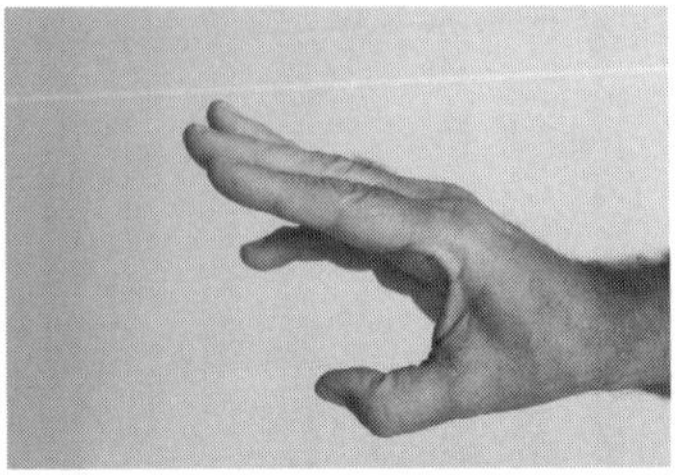

フリックテスト

とで全身の力がわずかに抜けており、はじいた小指は親指から離れる。

5．簡単な方法であり、うまくいく人が多い。人前でこの方法を使うと、小指に何がくっついているのだろうかと思われるので要注意。

フィンガーパッド・テスト

日のもとに新しいものはなしというが、この方法の起源は数千年前の古代中国のヒーラーにさかのぼると聞いている。

1．テスト対象者への愛を感じ、手助けできることに感謝して、神の力添えに静かに祈りを捧げる。

2．親指の腹で、同じ手の他の指の腹に触れる。

3．ごく軽い力を使い、指で円を描くか前後に動かし、指の腹どうしをこすりあわせる。

4．3の動きを続けながら「イエス」と言い、指の腹の摩擦が増したかどうかを確認する。

5．指で円を描きながら「ノー」と言い、指の腹の間の摩擦に変化が感じられるかどうかを確認する。

人間が調和した状態から調和していない状態へ移行するとき、全身で電気的

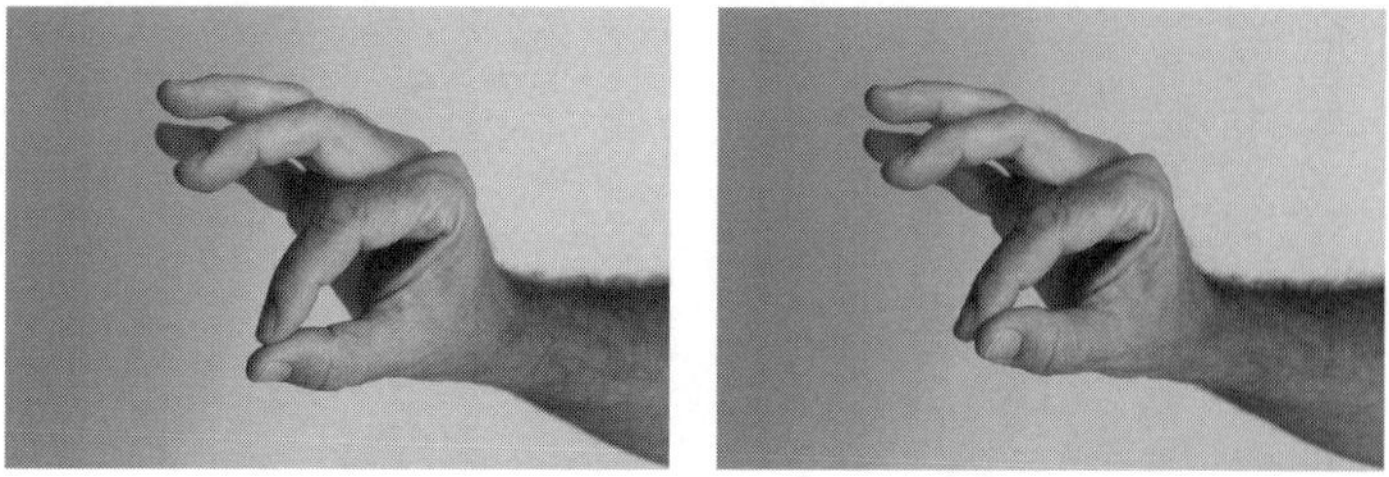

フィンガーパッド・テスト

な変化が起きている。このテストで感知しようとしているのは、そうした身体の電界の変化である。答えが「ノー」のとき、指の腹が〝べとべと〟したと言う人々もいれば、逆の人もいる。

振り子を使うテスト

振り子は筋肉テストの能力を結果論で批判する人々にとって、とりわけ役に立つ道具である。振り子などのダウジング用具は最も高感度の検知装置、すなわち人間の身体で起こっている筋肉や神経系の変化を大きく増幅する【3】。

振り子は手になじむものを選ぶよう勧めるが、所有していない場合は、ペンダントなど似たようなものを使ってもいい。技術的なことを言えば、チェーンに小さな重りがついているものであれば何でも使えるが、この方法を学びたいなら、振り子を使うほうが簡単であり、できるだけ入手するほうがいいだろう。

振り子を使う場合は、使用者の意思が鍵となる。振り子は情報の出どころではなく、答えを教えてくれるのは潜在意識だと理解することが重要である。振り子は質問したときに筋肉の反応を伝えてくれる道具にすぎない。筋肉の反応の強弱のかわりに、振り子が特定の動きでイエスとノーを教えてくれるのだ。その動きについてはこのあと説明する。

1．テスト対象者への愛を感じ、手助けできることに感謝して、神の力添えに静かに祈りを捧げる。
2．背筋を伸ばしてすわり、楽な姿勢を取って、できれば床に足をつける。
3．写真のようにして、親指とひとさし指でチェーンをつまみ、残りのチェーンをてのひらに入れる。テストを行っている途中、必要に応じてチェーンの長さを調整すること。振り子の上に3～8センチメートルくらいのチェーンを残す人が多い。
4．椅子やテーブル、自分の腿といったしっかりしたもので前腕を支えるが、手は置かない。手を動かさずにはいられないだろうが、それでもかまわない。
5．中立の状態を2つの選択肢から決める。ひとつは振り子がまったく動かない状態（わずかに動くのはかまわない）。もうひとつは身体から離れた場所で、腰の左から右へ45度の角度でゆっくり揺れる状態。揺れ幅は5センチくらいにとどめておくこと。私は2つ目を好んでいるが、それは最初から揺れているほうが1、2秒で「イエス」か「ノー」の答えが出るのに対し、ひとつ目は時間がかかるように感じるからだ。だが、自分が使いやすいほうでかまわない。
6．「イエス」と「ノー」の状態を決める。「イエス」は通常は振り子が時計まわりに回転するか、前後に動く状態（うなずくときの首の動きと同じ）であることが多い。一方「ノー」は反時計まわりに回転するか、左右に揺れる状態（首をふる動きと同じ）であることが多い。私は時計まわりと反時計まわりの回転をそれぞれ「イエス」と「ノー」にしているが、実際に試してみて好きな方法を選ぶとい

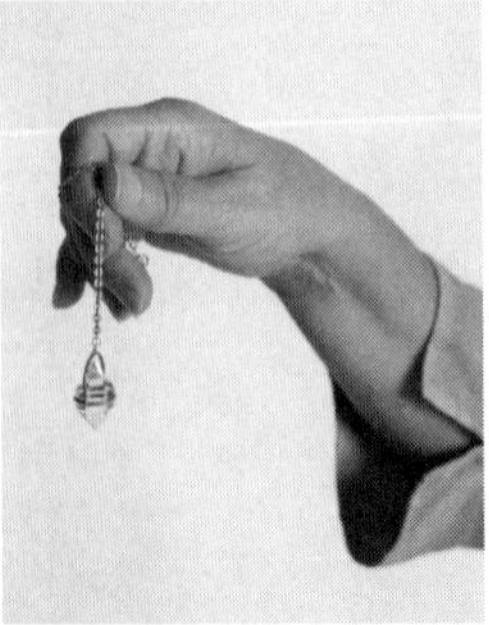

振り子を使うテスト

いだろう。

7. 振り子を持って「イエス」と言い、数秒以内に現れる振り子の動きを見る――これがあなたの「イエス」である。中立の状態に戻し、「イエス」の状態が明らかになるまで、この手順を数回くりかえす。

8. まったく動かない状態か、45度の角度でゆっくり揺れる中立の状態に戻す。

9. 「ノー」は「イエス」と反対の動きにすること。「イエス」が時計まわりの回転であれば、「ノー」は反時計まわりの回転である。「ノー」と言い、「イエス」の逆になることを期待して、動きを見守る。答えが出たら中立の状態に戻し、答えの状態が明らかになるまで、この手順をくりかえす。

10. 本当の言葉と偽りの言葉を口にして、「イエス」と「ノー」の反応を試す。明確で一貫性のある答えを得られるようになったら、エモーションコードで振り子を使える。

あなたにぴったり合う自己テストを見つける

本章で紹介した方法を使ってすぐに自己テストできるのは全体の約80％だが、筋肉テストは練習すれば誰でもできるようになる。とにかく続けること！

けっしてあきらめない！　また自分にあった自己テストをすぐに選べる人もいるが、たいていの人には訓練が必要だ。しばらく続けていれば、自転車に乗るのと同様に習い性となるだろう。

他のテスト方法よりやりやすい、またはなじんでいるように感じたものがあったら、それを実践すること。また練習している間は「イエス」「ノー」「愛」「憎しみ」など、ポジティブかネガティブかがはっきりわかる言葉だけを使えば、この方法をずっと早く磨くことができるだろう。自己テストを学ばなくてもエモーションコードは使えるが、自己テストを使えるようになれば、より簡単に効率よくエモーションコードを使いこなせる。

当然ながら、いちばん簡単な自己テストはスウェイテストであり、大半の人がほとんど練習しなくても使える。唯一の短所は立たなければいけないことと、答えを得るには身体が揺れるまで待たなければいけないので、他の方法より少し時間がかかることだ。

私は自己テストがうまくなるとすぐに、その長所がわかった。傷を負っているか、もしくは一時的に診断ができない患者をテストしたいときに、他の人の手を借りずにすむからだ。今は自分でテストを行っている。また自分の囚われた感情や不調について調べて正すこともできるようになった。自己テストは求めている答えを得るのに、すばやく効果的で簡単な方法を与えてくれたのだ。

DiscoverHealng.com/muscle-testing にはさまざまなメソッドの動画や例があるので、ぜひ訪ねてもらいたい。

痛みがあるときは、中止！

自己テストを行っているうちに少しでも不調が出てきたら、他のテストに変えること。不調や痛みは力が強すぎる証拠であり、不調があるのに続けていると、けがをしたり炎症が起きたりする恐れがある。

自分で筋肉テストを行う方法を学んでいるときに最も犯しがちなまちがいは、力を入れすぎることである。筋肉テストはどんな種類であれ、最小限の筋力を使うのが望ましい。初めてこうしたテストを行ったとき、私は力の設定を強くしすぎて指を痛めてしまった。それで結局、レジスタンス・フィンガーを持ちあげる力があればいいとわかったのだ。自己テストは抵抗する力がどのくらいでも行えるが、抵抗する力が強くなるほど疲れ、けがをしやすくなる。

長年、さまざまな筋肉テストを自分で行ってきた経験から、力を使う方法だとしても、最小限の力が最もふさわしいと言うことができる。たとえば、リングインリング・メソッドを使うときは、指先でテントウ虫を傷つけずに安全に持つ程度の力がふさわしい。テストでやろうとしているのは、身体で起こるかすかな変化を感じとることだと忘れてはならない。答えが「イエス」なら、筋肉は通常の力を保っている。答えが「ノー」だったら、筋肉は少し弱くなる。筋肉テストの対象が自分であれ他の人であれ、感じとろうとしているのは、その変化である。そうした変化を感じとるには力でねじ伏せるのではなく、注意深く巧みに行うべきなのだ。

指を意識しない

指を意識しない

筋肉テストを習得する際に犯しやすいまちがいは、指を気にしすぎることである。1分間に40語以上タイプできる人は、あまり指のことを考えすぎてはいけないと知っている。タイプするスピードが落ち、まちがいが増えるからだ。タイピングの先生はみな指先を見ずに画面を見るよう言うだろう。自分で筋肉テストを行うときも、答えを得るときには指ばかり見ないほうがうまくいく。答えを得るときには、質問やテストを行っている相手に気持ちを集中させ、筋肉テストを行っていることはあまり意識しないほうがいいだろう。タイピストが原稿だけを目で追い、タイピングに慣れている指に勝手にキーを打たせているように。

直感の補助輪

エモーションコードを使ってしばらくたつと、不思議な現象に気づくなるだろう。筋肉テストで答えを知る直前に、その答えが頭にふいに浮かぶのだ。ほんの一瞬のことなので、最初は気づかないかもしれない。そのうち「これが答えだと知っていた」と言いだすかもしれない。筋肉テストでどんな感情が囚われているのかが判明してくると、その答えを感じたり、わかったり、心の目で見たり、頭でかすかに聞こえたり、身体で感じたりするのだ。けっしておかしくなったわけではない――これが直感なのだ！　たとえ、自分は世界一直感力のない人間だと思っていようとも、人間にはみな直感が生まれつき備わっている。エモーションコードを使えば使うほど、直感が鋭くなっていくのだ。

直感の補助輪

筋肉テストは直感の補助輪のようなものである。

直感に耳を傾けることがうまくなれば、直感で答えがわかるようになるだろう。そして〝直感ダウンロード〟に注意を払えば、質問への答えを知るのがうまくなるはずである。

非言語的コミュニケーション

あなた（ヒーラー）とヒーリング対象者のコミュニケーションは必ずしも言葉でなくてもいい。私がこの事象に遭遇したのはもう何年も前のことだ。私は患者を見定める主要な手段としてレッグレングス・テストを使っており、何年もうまくいっていた。

レッグレングス・テストは筋肉テストの一種だが、答えは筋肉の強さではなく、脚の長さの変化によって伝えられる。私はすぐに、他のテストと同様に、このテストも身体から簡単に答えを得られると知った。そして患者の身体から答えを得るときの主要な手段となったのだ。実際、何年もの間、私が大半の患者に真っ先に行うのは、うつ伏せに寝てもらい、身体に「イエス」か「ノー」で答えられる質問をして、脚の長さの変化で答えを得ることだった。答えが「イエス」なら両脚の長さは同じ、「ノー」なら違うのだ。いつも何の問題もなく使えたが、ある日興味深いことが起こった。

ある男性患者に数分間テストを行い、終わりに近づいているときだった。患者は診療台でうつ伏せに寝ていた。彼の脚を見おろして確認すると、両脚はまったく同じ長さだった。初めてクリニックにやってきたとき、彼は腎臓の具合が悪く、私は施術してからの回復について考えていた。そして背中を見て、右の腎臓にぼんやりと目をやった。そして一瞬だけ右の腎臓について考えた。それから、もう一度左脚を確認した。すると、左脚に急激な変化が起きていた。私は手をゆるめ、顔をあげて、今度は左の腎臓のことを考えた。そしてもう一度左脚を確認すると、両脚の長さは同じだった。そのあとまた右の腎臓について考えてから確認すると、両脚の長さの差は歴然としていた。私は仰天した。想像がついただろうが、この患者の右の腎臓で何かが起こっていたのだ。結局、身体のそのあたりに囚われた感情があり、それが腎臓の不具合を起こしていたのだとわかった。囚われた感情を解放してすぐにテストをしたが、もう右の腎臓について考えただけで脚の長さは変わらなかった。腎臓の不調の原因が消えたからだ。

この経験は私にとってちょっとした悟りのようなもので、すぐにこの知識を活用することにした。このとき以来、無言で身体に尋ねるのが標準的な手段となったのだ。結果は同じだった。唯一の違いは、今では質問を口に出す前に、心で考えていることだ。

言葉でないコミュニケーションを活用して何年もたつが、一度も問題は起こっていない。私たち全員の間でエネルギー交換がつねに起こっているからだ。こんなふうに言葉以外のコミュニケーションを使うと、自分の考えや疑問を口にするという余計なステップを飛ばせるのである。

口に出して質問できる疑問はどれも無言のまま質問でき、結果も違わないことがわかった。

なお、言葉を使わないコミュニケーションはスウェイテストからアームテストまで、私が目にしたことのあるすべてのテスト方法で有効である。

また、テストを受ける人は言葉を思い浮かべただけで、質問への答えを口にしたときと同じ結果になる。同様にテストを行っている人もテストの対象者に尋ねたい質問を思い浮かべるだけで、口に出したときと同じ結果が出る。

こうした言葉を口にしないテスト方法で何も問題なかったが、ある患者のおかげで重要な教訓を得ることになった。

地獄のピエロ

ビルが腰痛の治療でクリニックへやってきたのは数カ月前だった。経過は良好で、ある日定期的な診断のためにやってきた。そこで調節可能なテーブルにうつ伏せで寝てもらい、レッグレングス・テストを行った。私はビルの身体に「〝イエス〟の答えを見せてほしい」という念を送った。そして脚を見ると、長さは同じだった。次にこう考えた。「〝ノー〟の答えを見せてほしい」。もう一度長さを見ると、驚いたことに、何も変わっていなかった。妙だ。10年以上このテストを行ってきたが、こんなことは初めてだった。脚の長さが変わっているはずなのに、何も変化がないのだから。どうしてテストできないのか、理由がわからなかった。

私は数回テストをくりかえしたが、結果は同じだった。とまどい、ビルの足からふと顔をあげると、背中のあるものに気がついた。ビルは白いTシャツを着ており、その背中にはひどく邪悪なピエロの顔が描いてあり、牙からは血が滴っていた。

そこでピンときて、紙をピエロの絵にのせて隠した。そしてもう一度テストをすると、急にうまくいったのだ。正直なところ、とても驚いた。次に紙をはずしてまたテストをしてみると……結果は出なかった。そこでまたピエロを隠すと、今度はテストができた。テストをはじめてからビルとはひとことも話をしていない。

さらに数回紙をのせたりはずしたりして、そのたびに結果を確認したあと、とうとうビルに何が起こっているかを話した。「Tシャツの背中に描いてあるピエロの絵は悪い影響を与えるから、潜在意識はこのTシャツを着たくないと思っているのかもしれない」

存在するものはすべて振動エネルギーを発しており、良し悪しはともかく、人間のエネルギーフィールドに大きな影響を与えている。

そしてよい影響を与えるものもあれば、悪い影響を与えるものもある。たとえば、アドルフ・ヒトラーの写真を見たら、その姿や、その姿が内包するネガティブな要素すべてから、テストの結果が弱くなったり、後方に身体が揺れたりするだろう。一方美しい田園風景の絵を見れば、絵から放たれたポジティブな振動エネルギーからポジティブな影響を受ける。逆に、堕落した邪悪な情景の絵はずっと低い周波数のエネルギーを発しており、身体は嫌悪感を抱くだろう。ポジティブであれネガティブであれ、こうした振動を発しているのは物体そのものだと、私は考えている。もちろん、そこには私たち自身の価値観や、心理的な連想や、期待も関わっているだろう。しかしながら、どんな状況であれ、私たちにはすっかり染みこんだポジティブさやネガティブさを同じように感じる生来の能力があるのだ。

トラブルシューティング

この先、囚われた感情の解放をはじめてから参考にするときのために、本章に印をつけておくといいだろう。筋肉テストはたいていうまくいくが、ときにはおかしいあるいは一貫性がない答えが出てくることがある。たいていは、あなたもしくはパートナー（他の人と一緒にテストを行っている場合）が診断できない状況に陥っているのが理由である。だが、私の経験ではどんな状況でも診断できないクライアントが50人にひとりはいる。どれほど事実に反したり、まちがっていたりすることを言っても、強い反応があるのだ。しかしながら、これは深刻な問題でも、永遠に続く問題でもない。診断できなくなる理由はさまざまあり、このあと説明しよう。

急に弱い反応しか出なくなった場合

弱い反応ばかり出るようになったときは、一時的に〝過負荷〟と呼ばれる状態に陥った場合が多い。通常は1回のセッションで4～10個の感情を取り除けて、大半の人は2、3日ごとにセッションを行える。また、たいていは休憩をはさまなくても囚われた感情を次々と解放できる。だが、ときおり囚われた感情が解放されたあとに必要な無数のデータの接続や再接続に、身体と脳が圧倒されてしまうことがある。この過負荷になると、どんなことをしてもテストの反応が弱くなるのだ。これは一時的なものであり、通常は30秒も続かない。

また、こうしたときには激しい感情に襲われたり、興奮したり、息が切れたり、疲れたりする場合もあれば、そうした状況にならない場合もある。たいていは30秒から1分の休憩で、脳も身体も通常の状態に戻り、あなた（あるいはテスト対象者）はまた診断可能になる。ただし、まれに（特に激しい感情を解放したあとが多い）過負荷が数時間から丸1日続く場合もある。

説明しよう。次のような状況を想像してほしい。真夜中、あなたはひとりで車に乗っている。ヘッドライトがついている。エンジンは切れている。車は走っていない。車を走らせようとして鍵をまわすと、エンジンがかかりはじめる。ブロロロロロ……。エンジンがかかると、ヘッドライトが少し暗くなったことに気がつく。過負荷のときに身体で起こっていることは、これに似ている。頭が猛烈に回転して、今やったばかりのことを処理しているときは、筋肉テストに使えるエネルギーが少ないのだ。

何をしても、テスト対象者の反応が強いとき

何をしても強い結果ばかり出る人がいたら、今は診断できる状態ではないかもしれないと考えること。考えられる原因は通常ふたつ。脱水状態にあるか、首の骨が1本か2本ずれているかだ。脱水状態だと、筋肉の力と電気伝導に直接影響がある。対象者に水を1杯飲ませてから、もう一度テストを行う。それだけで問題が解決することがある。また、あなたが水を飲んでもいい。あなたが脱水状態だと、テストも同様に影響を受ける。

首の骨のずれは神経系のじゃまになるため、神経が連携してメッセージを筋肉に伝えるのを阻害しているのかもしれない。その場合はカイロプラクティックで調節すれば、診断可能になるはずである。

診断できない人もサロゲートテストを使ってテストできることを忘れないでほしい。サロゲートテストの詳細は第9章で説明する。サロゲートテストとは対象者を直接テストするのではなく、あなた自身や第三者をテストし、求めている答えを得るために、対象者の潜在意識を利用する方法である。

ときおり、筋肉テストは役に立たないと決めつけている人々に出くわす。わかりきったことだ。役に立つわけがない！　そう確信しているのだ。

筋肉テストは大半の人に、たいていの場合、使うことができる。だが、他の方法が役立つ場合もある。ときには何らかの理由で、テストを受ける本人が心地よくないと思うだけで診断ができない場合もあるからだ。テストを奇妙だと思う場合もあるだろう。あるいは、テストを受ける人が身構えていたり、自分について暴かれてしまうのではないかと恐れていたりする場合もある。たとえば、他の人々の前では診断できないが、

誰も見ていなければ診断できるという人々もいるのだ。

必ず許可を得ること

筋肉テストを行うときは、必ず前もって説明すること。腕を押してテストを行うなら、あらかじめ手順を説明して許可を得る。

何も知らせずに自己テストを行って、他の人の診断をすることは技術的には可能だが、それはまちがっている。

テストをする相手に許可を得ることが重要であり、相手の意思を尊重することが重要なのだ。本人の許可なく、あるいは意思に反してテストをするのは、まさしくプライバシーの侵害であり倫理にもとる。そのうえ本人の許可がないと、潜在意識に繋がるのは難しく、誤った答えを得るかもしれない。したがって、時間を無駄にしないこと！　どんなに興味があってもしてはならないことであり、それがあなたの方針に反することであり、倫理にももとることだと、他の人々にも伝えること。

また、親や保護者の許可なく未成年者にテストや施術をしてはならない。この指針は動物にも適用される。

筋肉テストは宝くじを当てる道具ではない

筋肉テストは私たちが互いを助けるために使うことを許された神からの賜りものである。宝くじの当選番号を当てるために使うものではない。使ったにしても、私の経験では健康に関係ない質問は当たらない。現在については尋ねられるが、未来については質問しないほうがいい――筋肉テストは未来を教えるものではなく、その結果は控えめに言っても信頼できない。筋肉テストは現在を診断するものである。今健康について起こっていることを質問し、過去の囚われた感情を見極めるものである。

筋肉テストは大きな決断に使わない

筋肉テストは新しい仕事に就くかどうか、恋人と結婚すべきかどうかなど、人生にとって重要な決断を下すときには使わない。どんな決断についても筋肉テストは行えるが、私に言わせれば、ひどく不安な答えしか返ってこないはずだ。筋肉テストは囚われた感情を見つけ、あなたや他の人々の健康を保つ手助けにするくらいがいいだろう。

導かれるままに

神の助けを借りられないほど自尊心を高く持たないこと。神はあなたが求めている答えをすでに知っているし、あなたを救いたいと願っているが、そのためにはあなたが請わなければならない。テストを行うたびに声を出さずに祈り、天の力添えを願っているときは、必ず応えてくれる。ぜひ、お試しあれ！

辛抱強く

筋肉テストも自己テストも簡単に習得できる人もいれば、時間がかかる人もいる。辛抱強くがんばれば、必ずたやすくなり、ヒーリングの世界が丸ごと開けてくる。

あなたがしたことに対して、初めてじっと目を見つめられて涙ながらにお礼を言われたときに、きっと私の言葉の意味がわかるだろう。

誰かを救えたときに得られた感情ほど素晴らしいものはない。施術するたびに得られるものではないが、できるだけ多くの人を助けたいと思っていれば、必ず起こることである。

私が幸せを感じられるとき？　それは私が育てたプラクティショナーたちが成果を挙げたときである。

38歳のある女性には自殺願望があり、自傷行為をしていました。彼女は自分は〝とても暗い場所にいる〟ようだと話していました。エモーションコードを5週間行うと、彼女はとても幸せになり、またフルタイムの仕事に就くことができ、何年も治療を受け強制入院をしてもあまり効果がなかったというのに、私たちが成し遂げたことが信じられないようでした。あれから3カ月たちましたが、彼女は順調です！

29歳の女性は線維筋痛症と診断され、レベル7の痛みを感じていました。私たちは12の囚われた感情を解放しました。すると、痛みのレベルは5まで下がりました。その後2回セッションを行うと、痛みは調子が悪い日でレベル2で、大半はレベル0で過ごせるようになりました。

3人目の女性は38歳で、長年ずっと肩と膝の痛みを抱えていました。痛みのレベルはつねに4以上でした。私たちは9つの囚われた感情を解放しました。膝はまったく痛まないようです。肩の痛みは「鈍い痛みはあるけれど、それほどひどくない」程度に落ち着いたとのことです。――メレディス・B

テストの確認

テストを行っているときに強い反応あるいは弱い反応が3回以上続いた場合、私は対象者が診断可能かどうかを確かめるために、基準を設定するテストをやり直すことにしている。

通常よりテストに時間がかかるときは、順調かどうか確かめるために、何度か基準を確認するといいだろう。テストをしている最中に過負荷に陥る場合もあり、そんなときは体内での処理がすむまでは、どんなテストを行っても反応がすべて弱くなる。強い反応ばかりが続くときはネガティブな言葉を口にしてテストし、弱い反応ばかり続くときはポジティブな言葉を口にして確認する。

思考の確認

正確なテストを行うには、思考を明瞭にしておくのが重要である。思考を単純に保ち、目の前の言葉や質問に気持ちを集中させて、頭から他の考えを追いだすこと。テストをする相手にも同様に伝える。

質問をしてすぐに昼食のことを考えたら、答えは尋ねた質問に関するものではなく、昼食に関するものになってしまうかもしれない。


ネガティブさとポジティブさがエネルギーに影響することがわかるテストをやってみよう。まず、イラストを見てほしい。

一方から見ると、ポジティブな笑顔に見える。逆さまにすると、ネガティブなしかめ面に見える。

このままの向きで絵を見つめると、絵のほうに身体が揺れ、テストで強い反応が出る。絵を逆さまにすると、身体は後ろへ揺れ、テストで弱い反応が出る。私の言葉を鵜呑みにしないで、自分で試してみてほしい。

ネガティブな思考を警戒する

考えていることはテストの結果に影響する可能性があり、集中することは非常に重要である。気がそれたりネガティブなことを考えたりすると、求めている情報が消されてしまう場合がある。テストをしている相手について——たとえ、それが自分でも——頭でネガティブなことを考えていると、身体はそれに応じ、質問に対する答えが本当は「イエス」だとしても、筋肉の反応は弱くなる。

愛と感謝

頭を単純に保つ最も簡単な方法は、愛と感謝で心を満たすことである——このふたつは宇宙でいちばん強い力なのだ。これから助けようとしている相手への愛で、心をいっぱいにするのだ。相手を救いたいと真摯に願うのだ。自分にはできると信じ、今していることについて神に感謝するのだ。それだけでいい。愛と感謝をテストの準備段階として組みこめば、しつこいネガティブな考えや不安や疑いとは相いれない、強い心構えを持つことができる。ネガティブな考えに陥りそうになったら、深呼吸をして、愛と感謝で心を満たすことを意識するといいだろう。

医師でないかぎり、診断は下さない

あなたが医師なら、診断するのが仕事である。だが、医師でないなら、誰に対してもけっして診断を下さないこと。それは無免許診療にあたり、非倫理的なのはもちろん、違法である。施術する相手の話をよく聞いて、まったく耳慣れない症状に思えたら、適切な医療を受けるよう勧めるべきである。

信じない人のことは気にしない

誰もがエモーションコードのような新しいヒーリング方法を習得することを受け入れているわけではない。もしかしたら、家族はあなたのことをどうかしていると思っているかもしれない。ちょっとおかしいんじゃないかと思われても気にしないと腹をくくって続けること。過去の偉大な科学者もヒーラーもかつては笑いものにされ、信じてもらえなかった。世界では数千もの人々がエモーションコードを利用している。支持してくれる人が必要になったら、いつでもいるのだから!

私はとてもよく動くほうで、定期的にヨガをやり、よく食べ、健康に気を遣っていましたが、坐骨神経痛を患っていました。何を試してもきちんと治らず、痛みが和らいでも長く続きません。いつもしつこい痛みに悩まされていたのです。そんな折に囚われた感情について知り、筋肉テストをはじめました。数週間もかかってお尻のあたりに囚われていた感情をいくつも解放しました。私は今62歳ですが、感情が囚われたのは18歳のときでした。囚われた感情を解放すると、筋肉や組織がもとの位置に戻るため、翌日はお尻のあたりが痛くて数時間は歩けないほどでした。でも、この方法も自己テストも信じていたので、そのまま続けました。何時間もかけて数百の感情を解放すると、痛みはすっかり消えました。今は以前よりずっとこの方法を信じています(それに、今でも朝のコーヒーは大好きです!)。こうして自分で体験できたことで、痛みがすぐに消えなくても、自信を持って患者に対応できます。私自身の体験を語れますし、患者も回復途中にあることを理解してくれます。時間がかかる場合があり、潜在意識が選んだように治癒が進んでいくのを辛抱強く待たなければならないことを。私は自分でヒーリングの経過を体験できたことを感謝しています。どんなことが可能なのかを教えてくれました。このヒーリング手法がとても強力だという知識しか持っていないのと、個人的に劇的な体験をしているのとではまったく違います！　身体の器官にはすぐに回復するものもあれば、時間がかかるものもあります。この方法を信じてください。坐骨神経痛に関する教訓を与えてくれた神に感謝します。私はあなたの教えに気づきました！　きちんと学びを得ました！――テレサ・W

テストをするときは誰あるいは何に尋ねているのか？

私たちが語りかけているのは潜在意識、すなわち私たちのなかにある魂である。だが、セッションの最初に神に祈って力添えを願うときは、目に見えない天使たちが手伝いにきてくれているのだ。

天使の手助け

私がブラッドリー・ネルソン先生が書かれた『エモーションコード』を読んだのは、初めて出版されたときでした。私自身もヒーラーでしたので、ヒーリングで関わっている人々の手助けができる手段を増やしたかったのです。囚われた感情の原理が本当であることは知っていましたが、ネルソン先生認定のプラクティショナーである親友とともに、霊的な要素があることも自分自身で経験しました。ある日、私はその友人を訪ね、クライアントに施術しているところを遠くから見せてほしいと頼みました。そして友人が患者の許可を得ると、セッションをいくつか見学したのです。
私は部屋の反対側にすわり、彼女がエモーションコードを使った対話をして囚われた感情を探ってい
る様子を見ていました。そのとき、他のものも見えて仰天したのです。友人はセッションをはじめる前に、
静かに祈りを捧げました。そのときふいに、この部屋にいるのは私たちだけではない、もっと〝たくさ
んいる〟と感じたのです。いったい、これは何？　疑問が頭に浮かぶとすぐに、クライアントに質問を
している友人を囲んでいるグループが〝見え〟ました。その聖なる存在はこのセッションに非常に興味
を持ち、関わっているようでした。友人が使っていたパソコンの画面をじっと見て、質問を導いている
ように見えたのです。「この人たちは、この聖なる存在は誰？」という疑問が頭に浮かぶと同時に、答え
が頭に浮かびました。「この人たちはクライアントの家族で、囚われた感情から自由になる手助けがした
いのだ」と。このヒーリングに強く関わっている存在で、手を貸して導こうとしていたのです。
セッションが終わりに近づくと、聖なる存在は消えていきました。友人はまた次のクライアントのセ
ッションをはじめました。そしてクライアントの代わりにまた静かに祈りを捧げると、またしても別の
グループが彼女の後ろに集まりはじめたのです。あたかも祈りを捧げることで、セッションに関心のあ
る者たちを招いて道を開き、導けるようにしているかのようでした。この聖なる存在の数はセッション
によって異なり、2～3人のこともあれば、それ以上のこともありました。
ネルソン先生は祖先によるヒーリングと解放の原理について教えてくださいますが、私は自分の体験で、
それが事実であることを知りました。また自分だけでなく親しい友人たちとも、亡くなった家族がヒー
リングを行う天使として、現在生きている人々のヒーリングの過程で手助けするという体験もしました。

ネルソン先生のお仕事はじつに霊験あらたかです！　ネルソン先生は私たちが精神的に、さらには肉体的にも癒やされる手段を見つけてくださいました。私たちはまさしく心と身体と魂で成り立つ存在です。癒やされるためには、この3つすべてに目を向ける必要があるのです。このすべてを可能にしてくださったネルソン先生とご家族に感謝します。　――マーガレット・P

私は神に力添えを願えば、天使は必ず現れると信じているし、どのようにしてクライアントたちを助けるかということについて、私たちの頭に浮かぶ考えやひらめきや直感はたいていは天使から授けられたものだと信じている。私たちは祈ることで神と繋がり、神の道具として役に立つことができるのだ。それどころか、ヒーラーの最も重要な務めは、神との仲立ちをすることだと、私は思うようになった。試してみてほしい。きっと、私の言っている意味がわかるだろう。

第6章　囚われた感情の解放

Releasing Trapped Emotions

信仰とは見えないものを信じることであり、信仰の報いとは信じるものを見ることである。――聖アウグスティヌス

筋肉テストについて学び、練習も積めた。次はエモーションコードのなかでも、囚われた感情を見つけて解放する部分を学ぶ。本章では自分自身と他者の両方から囚われた感情を解放する方法について説明する。きっと、とても簡単で論理的な方法だとわかるだろう。数回実践すれば、うまく使えるようになる。練習すれば、大半の人が1分もしないで囚われた感情を見つけて解放できるようになるだろう。

何よりも速く……

私は7歳で母を亡くしました。私は4人の兄がいる、たったひとりの女の子でした。何が起きたのかわからず、あまり泣きませんでした。母が亡くなったあと、とても口汚くて意地悪な継母がやってきました。私は人生において重要な慈しまれる年月を失い、その結果として、大人になってから5回の離婚と3回の自殺未遂を経験するなど、多くの失敗を重ねました。私の人生には多くの機能不全があったのです……。

その後、私はエモーションコードを学びました。本を買って、使いはじめたのです。プラクティショナーの認定を受けるのはたいへんでしたが、その価値はありました！

私は他の人々を健康で幸せにするのが大好きです。自分が深く暗い場所にいたので、他の人々に同じ苦しみを味わわせるのがとても悲しくて。私にはハートウォールがあり、囚われた感情すべてと、それが起こった年齢を語ってくれました。私は母が亡くなってから何年もセラピーに通いました……。でも、エモーションコード以上にすばやく精神状態を癒やしてくれるものはありません。エモーションコードは神からブラッドリー先生への贈り物だと信じています。ありがとうございました！――エレン・J

感情の解放は一度にひとつずつ

囚われた感情はひとつずつ発見して解放しなければならない。あなたが多くの人々と同じなら、体内には数百個の感情が囚われているはずである。最初はとんでもない数の作業に感じるだろうが、まだエモーションコードを習得している途中であることを忘れず、最初はゆっくり進めること。

大半の人は一気に、すなわち1回のセッションで4～10個の感情を解放できる。おそらくもっと多く解放できる日もあれば、ひとつかふたつしか解放できない日もあるだろう。解放直後に驚くような違いを感じる日もあれば、それほど感じない日もある。エモーションコードを使うということは、感情的な重荷を少しずつ減らしていくことで、いつか自分の感情を引き受け、体験したい現実をつくりあげることを目的とした旅のようなものなのだ。

私たちの多くは近道をしたがる傾向にある。ときおり、エモーションコードの利用者から一度に数百個どころか１０００個の囚われた感情を解放する方法を見つけたという手紙をもらう。だが同時に、そうした人々の成功話は一度も聞いたことがない。素晴らしいヒーリング体験談は決まって、エモーションコードを正しく使い、一度にひとつずつ感情を解放した人々から伝わってくる。この件については信用してもらいたい。私自身も手っ取り早い方法を何度も試したが、私たちの身体は一度にひとつずつしか感情を解放できないようにつくられていると気がついたのだ。

もしも複数の囚われた感情を同時に解放したと思っているなら、それはきっと筋肉テストの反応を曲解しているのだろう。筋肉テストが主観的であることを忘れてはならない。けっしてひとつの答えを求めず、いつも偏見のない心で見ること。特定の答えが返ってくることを期待していると、その思いが投影されてしまう。つまり願いが現実をじゃましてしまい、身体は私たちが望んでいる答えを出してしまう。正しい答えを得るには中立で、目の前の仕事に考えを集中すべきなのだ。

なぜ、一度にひとつなのか？

読者は、なぜ一度にひとつしか感情を解放できないのだろうと不思議に思うかもしれない。肉体とは異なり、エネルギーには限界がないのだとしたらなおさらだ。これは感情エネルギーを感じて分析する方法と関係がある（詳細は本章の最後と第11章で説明する）。あまりにも激しい感情を体験してまいってしまい、感情が囚われたときは、身体も精神もまちがいなく大きなストレスを受けている。その激しい体験とストレスが100倍や1000倍に増幅されたときのことを想像してほしい。とても対処できないのではないだろうか？　これこそが一度にひとつしか感情を解放できない理由である。

感情を露わにして解放するとき、あなたはその感情を体験している真っ最中からやり直すことになる。その感情をもう一度最初から味わうわけではないが、身体と心は見えないところで感情エネルギーを処理しているのだ。

エモーションコードの手順を正しく行うときは、私たちは感情を伴うひとつひとつの体験を尊重する。囚われた感情が見つかると、感情が押し寄せてくることがある。いつのまにか泣いていたり、記憶が浮きあがってきたり、身体に感覚が甦ったり。たったひとつの囚われた感情でもひどく力が強いことを忘れずにいること。

仮に一度に多くの感情を解放できるとしたら、ひとつひとつの感情的な体験に必要なだけの敬意を払うことができなくなるだろう。また一度に多くの感情エネルギーを処理すれば、頭や心や肉体にあまりにも大きな負担がかかってしまう。一度にすべての荷物を手放すのは素晴らしく思えるかもしれないが、あまりやるべきことではない。潜在意識はそのことに気づいており、だからこそそんなことを起こさないのだ。

ヒーリングには時間をかけること。今は切羽つまった気持ちなのかもしれないし、単に囚われた感情から自由になれることに興奮しているだけかもしれない。とにかく深呼吸をして、潜在意識に語らせるように意思を固めれば、物事は思いどおりに動く。潜在意識はあなたを最高の気分にさせるには何を解放すべきなのかすでに承知している。その知恵を信頼し、手順に従って、美しいヒーリングの旅に出発しよう。

周囲の確認

セッションをはじめる前に、あなたにとって（あるいは、セッションする相手にとって）心地いい環境になっているかどうか確認する。とりわけまだエモーションコードに慣れていない場合は、気が散ったりネガティブもしくはポジティブなエネルギーの影響を受けたりしないように、音楽やテレビは消したほうがいい。筋肉テストのじゃまになるものは避けたいだろう。技術に自信がついてきたら、どんな状況でも行えるようになる。

エモーションコードの手順は次のとおり。

1. 相手の承諾を得る

⇓

2. テストの基準を定める

⇓

3. 囚われた感情が存在するかどうかを判断する

⇓

4. どんな感情が囚われているかを判断する

⇓

5. 囚われた感情を解放する

6．感情が解放されたかどうかを確認する ⇦

ステップ1　相手の承諾を得る

エモーションコードを自分に行う場合は、次のステップへ。

自分以外の人が対象の場合は、筋肉テストを行って潜在意識から情報を得る許可をもらうこと。「囚われた感情についてテストをする許可をもらえますか?」と尋ねればいいだろう。この質問については、筋肉テストで回答させない。きちんと声に出して承諾をもらうか、少なくともうなずいてもらって同意を得ること。あなたもテスト対象者も心地よくリラックスできたら、テストを開始する。

ステップ2　テストの基準を定める

囚われた感情について質問する前に、第一にやるべきことはテストの基準を定めることである。いちばん使いやすい筋肉テストのメソッドを選ぶこと。

●自己テストを使って、自分にテストをする場合

診断が可能かどうかを判断する。空欄に自分の名前を入れて「私の名前は～です」と声に出して言う。事実と一致していること、すなわち本当のことを言っているのだから、筋肉テストの反応は強くなる。すなわち、事実と一致しているという反応になるはずである。

次に空欄に自分以外の名前を入れて「私の名前は〜です」と偽りの内容を声に出して言う。筋肉テストの結果は弱く、事実と異なるときの反応になるはずである。

「イエス」「ノー」、「愛」「憎しみ」といった言葉を口にしても基準が定められる。

診断不能という結果が出た場合は、第5章のトラブルシューティングを参照のこと。

●他の人を対象として、他の人の身体を使ってテストをする場合

テスト対象者が診断可能かどうかを判断する。

人間はみな違い、筋肉テストも相手によって感覚が少しずつ異なる。強弱が明確な筋肉の反応を得られれば、反応が強い場合でも弱い場合でも、その対象者の筋肉テストの結果がどんな感覚なのかがすぐにわかる。基準を設定する最も簡単な方法は、声に出して「私の名前は〜です」と自分の名前を言ってもらうことである。

こうした事実と一致すること、すなわち本当のことを言えば、筋肉テストは強い反応、すなわち事実と一致しているときの反応を示すはずである。

次に空欄に自分ではない名前を入れて「私の名前は〜です」と、偽りの内容を声に出して言ってもらう。結果は筋肉が弱い反応を示すか、ネガティブな反応が起こるはずである（使用する筋肉テストの種類により、反応は異なる）。

もちろん、「イエス」「ノー」や「愛」「憎しみ」といった言葉を口にしてもらっても基準を設定できる。

テスト対象者が診断不能な場合、次の項目を読むこと。なお第5章のトラブルシューティングにはさらに詳しい説明がある。

テスト対象者が診断不能な場合

テストの基準を定める理由のひとつが、相手がいま診断可能かどうかを見極めるためだということを忘れないこと。どんなことを言っても腕の反応が強いまま、あるいは低いままでは診断できない。そんなときは、いくつか選択肢がある。

あなた、またはテスト対象者がいくぶん脱水状態にあるとき、筋肉テストは不可能ではないが難しい。軽度の脱水状態は珍しくなく、簡単に対処できる。相手に水を飲ませ、自分も飲んで、再度テストをする。これでもうまくいかなければ、テスト対象者の首の骨がずれているのかもしれない。カイロプラクティックで治るまで、サロゲートテストあるいは自己テストを使うこともできる。

身体的な障害や限界で診断できない人もいるが、その場合はサロゲートテストが最善の選択だろう。サロゲートテストについては第9章で詳しく説明する。

ステップ3　囚われた感情が存在するかどうかを判断する

●自己テストを使って、自分にテストをする場合

「今、私が解放できる囚われた感情はありますか？」と質問する。

選択した方法で反応をテストする。選択可能な方法と結果は次のとおり。

テストの種類	イエス	ノー
すべての筋肉テスト	強い	弱い
スウェイテスト	前に揺れる	後ろに揺れる

答えが「ノー」の場合、3つの可能性がある。

1. 第1の可能性としては、囚われた感情がまったくない。囚われた感情はたいていの人にあるものであり、とても珍しい(少なくとも最初は)。

2. 第2の可能性としては、囚われた感情はあるものの、何らかの理由により、潜在意識はいまはその感情を解放したくないと考えている。これは質問が「今、私が解放できる囚われた感情はありますか?」だったからだ。顕在意識は解放したいと思っているが、潜在意識は解放したくないのかもしれない。状況が変化する可能性があり、今後答えが変わる可能性がある。

3. 第3の可能性は、あなたがハートウォールを持っているというものだ。この場合、囚われた感情があっても、潜在意識は「ない」と答えるかもしれない。ハートウォールの詳細は第8章を参照のこと。答えが「ノー」だったとしても、本章を読むことをお勧めする。どちらにしても、エモーションコードの手順について最後まで知る必要があるからだ。答えが「イエス」なら、次のステップへ。

●他の人を、他の人の身体でテストする場合

「あなたには、今解放できる囚われた感情がありますか?」と質問する。

選択した方法で反応をテストする。選択可能な方法と結果は次のとおり。

テストの種類	イエス	ノー
すべての筋肉テスト	強い	弱い
スウェイテスト	前に揺れる	後ろに揺れる

答えが「ノー」の場合、3つの可能性がある。

1．第1の可能性としては、囚われた感情がまったくない。囚われた感情はたいていの人にあるものであり、とても珍しい。

2．第2の可能性としては、囚われた感情はあるものの、何らかの理由により、潜在意識は今はその感情を解放したくないと考えている。これは質問が「あなたには、今解放できる囚われた感情がありますか？」だったからだ。テストを受けている本人は解放したいと思っているが、潜在意識は解放したくないのかもしれない。状況が変化する可能性があり、今後答えが変わるかもしれない。

3．第3の可能性は、テストを受けた人がハートウォールを持っているというものだ。この場合、囚われた感情があっても、潜在意識は「ない」と答えるかもしれない。ハートウォールの詳細は第8章を参照のこと。答えが「ノー」だったとしても、本章を読むことをお勧めする。どちらにしても、エモーションコードの手順について最後まで知る必要があるからだ。

答えが「イエス」なら、次のステップへ。

ステップ4　どんな感情が囚われているのかを判断する

ステップ3の答えが「イエス」なら、解放すべき感情があるということだ。次のステップはその感情についてさらに知ることである。それはどんな感情なのか？　怒りなのか？　悲哀なのか？　欲求不満、憂うつ（意気消沈）、それとも他の感情だろうか？　その感情はいつ囚われたのだろうか？　その原因となった出来事は？

簡単な消去法で進めていくことで、すばやく答えを絞りこめる。

212ページのエモーションコード・チャートはその手順を容易にするために考えられた表である。次の手順を数回行えば、さらに早く簡単にできるようになるだろう。囚われた感情がとても速く見つけられることにきっと驚くに違いない。囚われているのがどんな感情なのか、潜在意識はすでに知っていることを思いだしてほしい。あなたが行おうとしているテストは、潜在意識がすでに知っていることを確定するだけなのだ。

それどころか、たとえエモーションコード・チャートを見たことがない人とテストを行ったとしても、潜在意識はエモーションコード・チャートのどこを見るべきか正確にあなたに教えてくれる。実際、テストを行っているときは、相手にエモーションコード・チャートを見せないほうがいいのだ。見せてしまうと、思考がテストのじゃまになるかもしれない。ただし、セッションの最初に見せたい場合はかまわない。

エモーションコード・チャートで正しい列を選ぶ

「その囚われた感情はA列にありますか？」という質問をしてテストを行う。答えが「イエス」なら「囚われた感情はB列にありますか?」と尋ねて「ノー」という答えが返ってくるかどうかで、正確さを確かめる。つねに一度にひとつずつ囚われた感情を探せば、必ず2列のうちどちらかにしかない。結果として、このふたつの質問のうち、ひとつだけが正しいはずなのだ。

囚われた感情がA列とB列の両方に存在するといった矛盾する結果が出ても心配はいらない。深呼吸をして、もう一度よく集中して、助けようとしている相手(と自分自身!)への愛情で心を満たし、神の導きを求めて静かに祈り、正確な答えが得られることを信じ、これから見つかる答えが存在することに感謝して、もう一度やってみる。この表にぴったりあう感情がなくても、テストを受けている人の潜在意識は囚われた感情に最も近いものを選んでくれるので、結果としてこの表しか必要ないことを忘れずに。

正しい段を見つける

囚われた感情が含まれる列がわかったところで、候補は半分に絞れた。さらに、候補を絞っていこう。単純にいちばん上の段から一度にひとつずつ候補を絞っていくこともできるが、スピードをあげるために、段に1から6まで番号をふった。これなら1段ずつ質問するのではなく、数段をすぐに候補から消せる。「囚われた感情は奇数の段にありますか?」と質問するのだ。答えが「ノー」なら、囚われた感情は2、4、6段のいずれかにある。ここでは説明のために、囚われた感情は奇数段、すなわち1、3、5段のいずれかにある。次に確定しなければならないのは、囚われた感情がどの段に含まれるかということだ。

次はこう質問する。「その囚われた感情は1段目にありますか?」。答えが「ノー」なら3段目について同じことを質問し、必要なら5段目について質問する。

エモーションコード™ チャート

	A列	B列
行1 心臓 または 小腸	放棄（自暴自棄） 裏切り 孤独感（心細さ） 当惑（途方に暮れる） 愛されない（愛が受け入れられない）	努力が報われない 心痛（悲嘆） 不安定さ 狂喜（過度の喜び） 脆弱（ひ弱さ）
行2 脾臓 または 胃	不安（心配・懸念） 絶望（諦め） 嫌悪感 緊張 心配	不出来（落伍者） 無力感 絶望感 コントロール不能 自尊心の低さ
行3 肺 または 大腸	泣く 落胆 拒絶 悲しみ（沈んだ心） 悲哀	混乱 防衛 悲痛 自虐 頑固さ（断固たる執着）
行4 肝臓 または 胆のう	怒り 苦々しさ 罪悪感 憎しみ 恨み	憂鬱（意気消沈） 欲求不満 優柔不断 パニック（うろたえる） 利用される
行5 腎臓 または 膀胱	非難 恐れ 怯え 恐怖を伴う嫌悪感 苛立ち	葛藤 創造することに対する不安感 激しい恐怖 サポート(支持)されない 臆病（優柔不断）
行6 内分泌腺 または 生殖器	屈辱 嫉妬 切望（熱望） 強い欲望（渇望） 圧倒	自尊心（プライド） 恥 ショック（衝撃） 無価値感 役立たず

　チャート日本語訳／高野ひろ子

正しい感情を見つける

正しい列と段が判明したことで、感情の候補は5つまで絞れた。
たとえば、囚われた感情がA列の5段目にあるとする。表で該当する欄を見てみよう。

5行目：腎臓または膀胱　　A列：非難　恐れ　怯え　恐怖を伴う嫌悪感　苛立ち

ここでも潜在意識はあなたが探している囚われた感情がどれなのか正確に知っている。どの感情が囚われているのか知るには、質問するだけでいい。

たとえば、この場合は「その囚われた感情は〝非難〟ですか？」と質問してから筋肉テストを行う。答えは「イエス」か「ノー」のどちらかだ。

同様にして、強い反応か「イエス」の答えが出るまで、一度にひとつの感情について尋ねていく。最初に尋ねた感情に「イエス」の答えが出た場合は、次の感情についてテストをして、答えが正確かどうか確かめよう。本来なら「ノー」の答えが出るはずである。一度にひとつの感情をテストしているのであり、それ以外の回答はあり得ず、一度のテストでポジティブな結果が出るのはひとつだけである。

質問している内容が明確であることが重要である。あなたの意思と口に出している言葉は一致していなければならない。意識して混乱しないこと。

また、この方法に関する不安は一掃すべきだ。不安（心配・懸念）は怯えの一種であり、信仰と怯えは共存しない！

断言VS疑問

物事を言葉にするときは、断言しても疑問形（これまで使っていたような）でもかまわない。大した違いがないからだが、少なくとも一度の文脈あるいはセッションのなかでは統一したほうがいい。説明のために、囚われた感情が〝恐れ〟だとしよう。この場合は「囚われた感情は恐れだ」と言える。すると「イエス」という答えが返ってくるだろう。

また、疑問形にしてこう質問してもいい。「その囚われた感情は〝恐れ〟ですか？」と。これでも「イエス」という答えが返ってくる。

どちらの言い方で質問しても同じであり、同じ身体の反応がある。

なお、リストにあがっている感情を順番にたどっていって「恐れ」という言葉を口にしたら、ネガティブな反応があるかもしれない。たとえ〝恐れ〟がまさしく囚われた感情だとしても、「恐れ」という言葉だけを口にしたら、身体が後ろに揺れるか、弱い反応が返ってくる可能性がある。単語だけを口にすると、潜在意識は単純にその単語自身のネガティブなエネルギーに反応してしまうのだ。

囚われた感情が判明したら

囚われた感情が判明した？　おめでとう！　あなたはエモーションコードの重要な部分を習得できたのだ。

今、あなたは潜在意識の情報を活用する方法を学びつつある。身に着けば、とても役に立つ能力である。

さらに深く掘りさげる

潜在意識が囚われた感情を解放する気になるには、さらに多くの情報が必要な場合がある。この時点で「その囚われた感情についてもっと知る必要がありますか？」と尋ねるのはよい考えだ。答えが「ノー」ならステップ5に進んでその感情を解放する（必ずこのページに戻ってきて残りの内容を読むこと――いずれ必要になるのだから！）。答えが「イエス」なら、もう少し掘りさげる必要があるので、このまま読みつづけること。

潜在意識は囚われた感情について――たとえばその感情が囚われた時期、関わっていた人、エネルギーがとどまっている正確な場所、心身に及ぼしている影響など――何でも知っていることを思いだしてほしい。

囚われた感情を発見したことで頭に浮かんだ過去の出来事があるなら、おそらくその出来事のせいで感情が囚われたのだろう。確認するには、あなたもしくはテスト対象者が思い浮かべている出来事が、囚われた感情を生みだした出来事と同じかどうかを尋ねるだけでいい。このとき、その感情を甦らせたり味わったりする必要はないと覚えておくことが大切だ。囚われた感情を解放するために、辛い過去の経験をほじくりだす必要はない。

それがエモーションコードの長所のひとつである。秘密を秘密のままにしておけるのだ。

孫が恐怖を乗り越えるのを手助けした祖母

私が最初にエモーションコードを使ったのは、幼い孫息子にでした。孫は両親に隠れて年上のいとこたちと怖い映画を観たのですが、黒いシャワーカーテンがかかっているバスルームで恐ろしい場面があったようでした。その映画を観て以来、孫はひとりでバスルームに入るのをいやがるようになりました。私は孫の恐怖に関連する囚われた感情を解放することができました。その後、孫はいつもの様子に戻り、ひとりでバスルームに行くのも怖がらなくなりました。――アリソン・D

囚われた感情をつくりだした事情や出来事については説明も声に出して言うことも必要もない。そうであれば話をしたり、さらにはその出来事に付随する感情を解放したりするのが、辛かったり気まずかったりする可能性があるごく私的な問題にも使える。どのくらいまで秘密を打ちあけるかを、テストを受ける本人が選べるのだ。

見つけだした囚われた感情を生みだしたのがある特定の出来事なのかどうかを確認したければ、その出来事についてしばらく考えてから（自分でテストを行っている場合。そうでない場合は、テストの対象者にそう指示する）「その囚われた感情はこの出来事に関係ありますか？」と質問する。答えが「イエス」の場合は、もう一度「その囚われた感情について、もっと知る必要がありますか？」と質問する。答えが「ノー」ならステップ5の手順で感情を解放する。答えが「イエス」なら、この先の詳しい説明を読むこと。

囚われた感情について特定の出来事が思い浮かばない場合は（あなた、もしくはテストの対象者が）囚われた感情が生じたのがいつか確定するために、絞りこみをすることもできる。

感情が囚われた時期

ある特定の感情が囚われたのはいつなのかと質問するのは、その感情について深く掘りさげていく手始めとしてとても適切である。囚われた感情についてさらに情報を得たい場合、通常であれば、この質問だけすればいい。この情報にたどりつくための絞りこみの質問は多く、ピンとくるものがあったら、そのまま続けていく。

作業を迅速化するためにエモーションコード・チャートを列と段に分けたように、囚われた感情が生じた年を簡単に探れるように、人生をいくつかの期間に分けてもいい。

感情が囚われた時期を探るのに正しい方法もまちがった方法もない。ただ質問をして、特定の年か出来事に絞りこんでいけばいい。あなた、もしくはテスト対象者の人生を前半と後半に分けて、囚われた感情が生じたかどうかを見ていくのもひとつの方法である。たとえば、40歳であれば「この感情が囚われたのは20歳になる前ですか？」と質問する。

答えが「イエス」であれば、さらに同じことをくりかえして絞りこんでいく。

「この感情が囚われたのは10歳になる前ですか？」

答えが「イエス」なら、さらに年代を細かくして質問する。

「この感情が囚われたのは5歳になる前ですか？」

答えが「イエス」なら、その感情が囚われたのは4歳だったか、3歳だったかという具合に質問を続けて、答えを正確にしていくのだ。

この方法で感情が囚われた時期を特定する場合、通常であれば答えは1年前後の誤差であたっている。つまり、ある感情が囚われたのは17歳だという答えが出たら、実際には16歳か18歳の可能性もあるが、おそらくは17歳だろうという感じである。

感情が囚われたときに何歳だったかは、どうやらあまり重要ではないらしい。潜在意識は囚われた感情を特定の出来事や事件や状況ほど、年齢とは結びつけないからだ。

たとえば、大学を卒業した1カ月後に感情を揺さぶる出来事が起きて、感情が囚われたとしよう。そのとき、あなたは23歳だった。筋肉テストで感情が囚われた時期を尋ねると、答えは22歳か23歳か24歳になり、通常の誤差1年の範囲に収まる。もし、この感情が囚われたのは大学卒業前か後かと質問すれば、より正確な答えが得られるだろう。そうすれば、さらに正確な時期にたどりつけるのだ。

ときには感情が囚われた時期を特定することによって、何があったのか、そして囚われた感情が心身にどんな影響を与えているかについて、より深く理解できることがある。次に紹介するのは、ストレスの多い時期に囚われた感情が生じた結果、あとになって片頭痛に悩むことになった女性の話である。

ナンシーの片頭痛

私はいつも頭痛と首の痛みがひどく、後頭部と首にコルチゾン注射を打ちはじめたほどでした。囚われた感情が原因かもしれないと言われたとき、いったい何のことかわかりませんでした。ブラッドリー先生が私の身体に質問をはじめると、1994年に何かがあったことがわかりました。そして絞りこんでいった結果、1994年1月に〝絶望感〟が囚われていたことが判明しました。

それから、私はこう考えはじめました。「ああ、これは妊娠33週でショーンが生まれたときだわ」。息子は気胸で3週間入院したのです。セッションのあと、私はかなり調子がよくなり、とても感謝しています。——ナンシー・P

その囚われた感情はどんなもの？

本章末の「囚われた感情フローチャート」でわかるように、囚われた感情についてもっと詳しく知りたい場合は、通常は「その感情はいつ囚われたのか？」「何についての感情なのか？」「他の人から取り込んだものなのか？」という3点のひとつを追っていく。たとえば、15歳くらいに囚われた〝苦々しさ〟についての情報を追ってみよう。その〝苦々しさ〟は他の人に対するものなのか、状況に対するものなのか、自分に直接向けたものなのかを質問する。

もし他の人に向けたものなら、それが男なのか女なのか質問する。それから家族、友人、学校の同級生、教師、同僚などではないのか質問して絞りこんでいく。もし家族なら、母なのか、姉なのか、いとこなのかなど、答えが判明するまで質問を続けていく。

感情は「人」と関わらずに生じることはほとんどないが、「状況」によって起きる場合もある。その〝苦々しさ〟が状況に関わることなら、家庭のことなのか、学校のことなのか、仕事のことなのか、あるいは経済的な問題なのか、人間関係なのか、趣味のことなのか等、質問すればいいだろう。

とにかく直感にしたがうこと！　たいていは、もっとも明白な答えが正しい。この段階で正確な答えを見つけられなければ、謎のままにしておいて先に進み、できることなら感情を解放するほうがいい。

その感情は他の人から取りこんだものだろうか？

人はみな繋がっているため、互いの感情エネルギーの影響も受けやすい。ときには他の人の感情を背負いこみ、そのエネルギーが身体に囚われて、自分が影響を受けることもある。母親が苦痛を感じ、子どもがそのエネルギーの一部を背負いこむこともあるし、友人が厄介なことを経験し、あなたがその感情エネルギーを取りこむこともある。これまでの経験では、他の人から取りこんだ感情の場合、潜在意識はその感情を解放する前に、その事実を明らかにしたがるようだ。

本章末の「囚われた感情フローチャート」を使うか、「あなたはこの感情を取りこみましたか?」という質問をすることで、他の人から感情を取りこんだケースかどうかがわかる。答えが「イエス」でも、最初にその感情をつくりだしたのが誰かを明らかにする必要がある場合もあれば、必要ない場合もある。「この囚われた感情についてもっと知る必要がありますか?」とだけ質問する。答えが「ノー」なら、先に進んで感情を解放する。答えが「イエス」なら、次の手順に進む。

ピンとくるものがあれば、その線を追うといいだろう! 直感に語らせること。他の人にテストを行っているなら、同じように相手に伝える。心を開けば、情報は自動的にダウンロードされ、時間も労力も節約できる。ただし、この時点で直感がひらめかなくても落胆しないこと——練習すれば、直感は冴えてくる。今は習得中であり、次の手順どおりにすればいい。

まず、あなたが取りこんだ感情を最初に感じたのは男か女かを質問する。わずかな情報で充分な場合も多いので、答えが出たら、その時点でもう一度こう質問する。「この囚われた感情について、もっと知る必要がありますか?」。答えが「イエス」なら、まだ続ける。「ノー」なら、感情を解放する。

その人物は家族、友人、学校の同級生、教師、仕事仲間のいずれかと尋ねて、候補を絞りこんでいく。そして、もう一度訊く。「この囚われた感情についてもっと知る必要がありますか?」。答えが「イエス」なら続ける。「ノー」なら感情を解放する。

前の項目と同じようにして、絞りこみを続けていく。その人物が男の家族であれば、父か、兄か、弟か、いとこかと質問を続けて答えを探る。特定の人物だとわかったら、もう一度「この囚われた感情についてもっと知るべきですか?」と尋ねる。答えが「ノー」なら感情を解放する。答えが「イエス」でまだ判明していない場合は、その感情はいつ囚われたのか、いったいどういう事情だったのかを突き止める。

この手順を踏んでいる間心穏やかで、そのうえ神の力添えを願ったのであれば、きっと答えに導かれるだろう。それだけはまちがいない。「求めよ、さらば与えられん。叩けよ、さらば開かれん」を忘れないこと。

エモーションコードに救われた結婚

夫と私は結婚して20年たったところだというところからお話ししたいと思います。20年間ずっとよい関係でいましたが、ここ数年は人生のあらゆる面で厳しい日々を過ごしていました。日々のストレスに疲れ、もうお互いを好きでさえいませんでした! どうしてもというわけではありませんでしたが、今にも結婚の終わりを迎えようとしていました。『エモーションコード』を買ったのは結婚生活を立て直すためではありませんでしたし、書籍で立て直せるとも思っていませんでしたが、ふたりともエモーションコードを学びました。当時、夫は仕事で町を出ていたのですが、私たちは急に互いが恋しくなり、連絡をマメに取るようになり、互いに愛情や思いやりを抱くようになりました。どうやら、以前からそうした感情はあったものの、埋もれていたようです。エモーションコードが解き放ってくれたのです。私は以前は自分がどれだけ無関心で、感受性のない人間になっていたのか、気づいていませんでした。私は以前よりよい人間に生まれ変わりました！　結婚生活はこれまでになく順調で、私は精神的に自由になりました。このプログラムのおかげで、私たち夫婦がどれほどよい方向に急展開したか、とても言い表せません。この情報を私たちの人生に与えてくださったことを心から感謝します。――サリタ・C

出生前に囚われた感情

囚われた感情は必ずしも生まれたあとに生じたものばかりではないと気づくことがあるだろう。感情は子宮のなかでも囚われるのだ。その場合は、こんなふうに質問する。

「この感情は子宮で囚われたのですか？」
「この感情は妊娠第1期に囚われたのですか？」
「この感情は妊娠第2期に囚われたのですか？」
「この感情は妊娠第3期に囚われたのですか？」

私の経験では、出生前に囚われた感情は妊娠第3期に生じたものが多く、その胎児の母親が経験した感情であるのが普通だ。

つまり、こういうことだ。妊娠第3期の女性が〝悲痛〟という感情を経験する。彼女という存在全体がこの感情エネルギーとともに振動し、その感情は胎児のなかで響きはじめる。その結果、胎児は母親の囚われた感情を取りこむのだ。

まれに胎児自身の感情が囚われた例も見ているが、その感情を抱いたのが胎児自身であっても母親であってもかまわない。どちらも前述したように磁石を督脈に3回あてれば解放できる。

感情はどこに囚われているのか

もうひとつ、たいへん面白いが、特定するかどうかほぼ自由に選択できるのが、感情が囚われている場所である。囚われた感情には必ず体内に物理的な居場所があるのを思いだしてほしい。その場所を特定するのはとてもおもしろく啓発的である。

囚われた感情は生じた器官にかかわらず、どこにでも存在できる。

囚われた感情はエネルギーのボールのようなものであり、一般的にはオレンジからマスクメロンくらいの大きさだと頭に置いておくこと。このエネルギーのボールの正確な居場所を突き止めるには、絞りこみ方法を使う。

まず「この囚われた感情は右半身にありますか?」と質問する。答えが「ノー」なら「この囚われた感情は左半身にありますか?」と尋ねる。どちらの答えも「ノー」の場合は、「この囚われた感情は身体の正中線にありますか?」と質問する。質問のたびに、あなたの選んだほうに対する筋肉テストをして、答えを確認する。

次に囚われた感情は腰から上か、下か、それともちょうど腰のあたりかを質問する。まもなく、感情エネルギーがとどまっている、おおよその場所がわかるだろう。

また、もう少し具体的な質問をすれば、さらに具体的な場所が特定できる。これは練習していくうちに上達するだろう。

感情が囚われている場所を特定する自分の能力を見くびってはならない。囚われた感情の場所について直感に耳を傾けるだけで、イメージが頭に浮かぶかもしれない。まずその場所について確認すれば、正解率が高いことに驚くだろうし、時間も手間も節約できる。

囚われた感情の場所がわかったら、身体のその部位に現れている症状がないかどうか考えてみる。囚われた感情がある場所に痛みがあれば、感情を解放したとたんに消えるか、和らぐだろう。

囚われた感情を思いだす

どんな出来事がきっかけで感情が囚われたのか、まったくわからないという場合もあるだろう。すぐに忘れてしまう状況で感情が囚われるのはけっして珍しくない。

たとえば、何もかもうまくいかないように思えた1日とか。おそらく、あなたはショーを観る前に食事をしにいったのに、サービスがひどかったのだろう。ショーに遅れるとわかっていたので、ひどくいらいらしていた。そしてやっと勘定書きがきたと思ったら、クレジットカードが使えず、ひどく怒ったか、恥をかいたか、あるいはその両方か。私たちは不都合なことが起きると、かなり怒るものだから。こんなふうに生じた激しい感情が、ひとつかふたつ囚われたのかもしれない。だが1年後、あなたはこの出来事をなかなか思いだせないかもしれない。いやな経験を引きずらないように心がけているならなおさらだ。そして何年もたつと、囚われた感情はまだ残っているものの、その出来事を意識して思いだすのは不可能ではなくとも、かなり難しい。

また、もともと移ろいやすい出来事で感情が囚われる場合もあり、その出来事は意識的な記憶では永遠に失われてしまう。

たとえ特定の囚われた感情についてすぐに思いだせなくても、その感情を解放した2日後に埋もれた記憶が甦る可能性もある。その手のことが起きるとしたら、たいていは皿洗いやシャワーや車の運転などをしていて、とりとめのない考えごとをしているときである。

実際にはどんなことがあり、どんな理由で感情が囚われたのかを思いだすことは感情エネルギーの解放には大して重要ではない。解明するのはおもしろく、自らを洞察することもできるかもしれないが、囚われた感情を解放するには、どんな感情なのかを解明し、必要な情報を明るみに出すだけでいい。次のステップは感情を解放する方法である。

ステップ5　囚われた感情を解放する

エモーションコードの原動力は意思である。あなたはステップにしたがって手順を踏み、あなた自身とあなたがセッションを行う人に、愛と感謝を注ぐだけでいい。

●あなた自身の囚われた感情を解放する場合

磁石を眉間に置く。肌に触れても触れなくてもいい。そこから額の中央、頭のてっぺん、そして首の後ろへと、手が楽に届く範囲で磁石を転がす、あるいは滑らせる。これを3回くりかえす。

発見した囚われた感情を解放するという意思をこめれば、磁石は督脈のどの部分に滑らせてもいい。髪を乱したくなければ、磁石は額に使うだけでもかまわない。腕をあげるのが難しい人は、背骨の下あたりに磁石を滑らせるといいだろう。こんなにも簡単なのだ。必ず3回くりかえし、囚われた感情を解き放つという意思をしっかり持つこと。

●他の人の囚われた感情を解放する場合

感情を解放する人のうなじの下に磁石を置く。そこから下へ向かって磁石を転がすか滑らせる。それを3回くりかえす。磁石が背中の下まで着いたら、いったん背中から離し、もう一度うなじの下に置きなおしてからはじめること。

磁石を滑らせると、そのたびに磁力が督脈に入っていく。この磁力が意思を増幅して他のすべての経絡に流しこむことで、全身が意思エネルギーで満たされる。その結果、磁石を3回滑らせれば、囚われた感情は永久に解放される。とても単純な仕組みである。

解放できたかどうかを確認する

囚われた感情が解放できたかどうかを確かめるには、「私たち（または、私）は囚われた感情を解放しましたか?」と質問するだけでいい。答えは「イエス」になるはずだ。もし「イエス」なら、その感情は片づいた。もう一度同じ手順をくりかえせば、次の囚われた感情を解放できる。

テストで囚われた感情が解放できていないとわかったら、もう一度同じように3回磁力を送りこむ。ただし今回は、感情を解放する対象が自分自身だろうと他の人だろうと、その人に対する愛情を前回よりさらに心に抱くこと。そして、その感情を解放できることを信じ、感情が解放されることについて神に感謝する。

すべては信仰と信頼によって為されることを忘れないこと。わずかな信仰があれば、素晴らしいことが起きるのだ。

解放は永遠

エモーションコードの美点のひとつは、いったん解放された感情は永遠に囚われない点である。エモーションコードを教えて数十年たつが、囚われた感情が解放されたあと戻ってきたことは一度もない。

その半面、特定の感情が体内に複数囚われることはあり得る。したがって囚われた感情である〝怒り〟をいくつも解放することもあり得るが、そのひとつひとつの〝怒り〟は過去の異なる出来事で囚われた別々の感情なのだ。また、ストレスのかかったひとつの出来事で、複数の異なる感情が囚われる場合もあることも覚えておくべきだろう。

個々の問題への対処

人生において悩んでいる問題がある場合は、囚われた感情が見えざる役割を果たしているかどうかを見極めることが大切である。

囚われた感情がある問題を引き起こしているのではないかと疑っていても、「今解放できる囚われた感情がありますか?」という一般的な質問では答えが出てこないかもしれない。これは潜在意識が問題の原因あるいは一因となっている特定の囚われた感情について質問することを求めているからだ。

一般的な問題と、その件に関する質問を紹介する。問題を挙げていくときりがないが、読んでいくうちに、自分の問題についてどう質問すればいいかがわかるだろう。

「減量を妨げている囚われた感情がありますか?」

「炎症を起こしている囚われた感情がありますか？」

「あなたにはお金を稼ぐのを妨げている囚われた感情がありますか？」

「商品やサービスがもっと売れるのを妨げている囚われた感情がありますか？」

「私の（腰、首、肩、膝等の）痛みを引き起こしている囚われた感情がありますか？」

「私の抑うつ（短気、怒り等）を引き起こしている囚われた感情がありますか？」

「私には夫（妻、息子、娘、上司等）に関係している囚われた感情がありますか？」

「目標達成をじゃましている囚われた感情がありますか？」

「飲酒（喫煙、薬物、ポルノを見ること）をやめるのを難しくしている囚われた感情はありますか？」

「（特定の出来事を挙げる）に関する囚われた感情はありますか？」


こうした直接的な質問への答えが「イエス」なら、潜在意識はすでに囚われた感情を特定しており、あとはどの感情かを探ればいい。本章末の「囚われた感情フローチャート」を参考にして、本章で説明した手順に沿って、その囚われた感情がエモーションコード・チャートのどの列に含まれるのか質問を続けていく。的確な質問をすれば、探している囚われた感情は見つかる。グーグルに言葉を入れて検索するようなものだ。どんな言葉で検索あるいは質問するかで、結果は異なる。言葉を変えるだけで、見えてくるものの基準が変わるのだ。

質問の仕方を変えたことで結果が変わり、45年前に囚われた感情で引き起こされた問題が大幅に改善された話を、あるプラクティショナーが語ってくれた。

手の震え

長年、友人は手の震えに苦しんでいました。現在57歳の女性です。震えは次第に目立つようになり、友人は人目を気にするようになりました。一度セッションをしたことがありましたが、解決できなかったのです。友人は何年も前に乱暴な男性と付きあっていたことがあり、それが原因だと考えていました。私は感情に関わる原因があるのかどうか潜在意識に訊いてみるべきだと提案しました。すると12歳のときに囚われた感情が原因だとわかりました。友人には当時重大な出来事があったという記憶はありませんでした。私はそれは友人に起きたことか、それとも友人が目にしたことかと、潜在意識に尋ねました。すると、友人が目撃したことでした。それでも、友人は思いだしません。次に、それは現実のことか、テレビで見たことか、何かで読んだことかと質問しました。答えはテレビで見たことでした。友人は子どもの頃はあまりテレビを見なかったそうですが、とつぜん映画を観たことを思いだしました。「映画が始まるとき、例のライオンが大きな声で吠えていたわ（MGMスタジオの映画だ）」。友人はそのライオンが怖くて、ある意味では今でも怯えていたのです！　私が潜在意識にそれが原因かと訊くと、あたりでした。「例のライオン」の周囲に取り除くべき囚われた感情があったのです。それ以来、友人の手の震えは目に見えて小さくなりました。自分でも手が震えていることに気づかない日があるほどです。――コリーナ・P

この例のように、問題はいつ始まったのかとか、それは現実のことなのか、あるいは想像したことなのか、夢なのか、読んだり聞いたりしたことなのかという具合に、具体的な質問をすることで異なる結果を得られることがある。そうしたこともすべてが何年もあとに大打撃を起こしかねないトラウマや囚われた感情を引き起こす可能性があるのだ。答えがすべて適切なのはじつに素晴らしい……適切な質問さえすればいいのだ。

推測していることに気づく

このセッションを行っている間は中立の立場で、心を開いていることが重要である。人はみな繋がっており、エモーションコードを使っているときは、いつもより〝にぎやかな〟エネルギーレベルで伝達しあっているのを忘れないこと。そのせいで期待や疑いや偏見を混ぜてしまうと（控えめに言っても）脱線してしまうのだ。たとえば、私の教え子は性的虐待を受けていたが、どういうわけか、友人も知りあいもみな同様の性的虐待を受けていると思いこんでいた。そして、それは本当かと友人たちの潜在意識に尋ねて筋肉テストを行うたびに、肯定する答えが返ってきた。もちろん、友人たちはみな性的虐待を受けておらず、話を聞いて動揺していた。彼女の〝推測〟だった。あまりに強く「イエス」の答えを期待した結果、実際に「イエス」の答えを受けとってしまったのだ。

これは期待が、真実を受け取る能力のじゃまをしている極端な例である。推測を捨て、潜在意識に語らせること。

第一に、害を与えない

たとえ、あなたが医療関係者でなくとも、医師やカウンセラーの倫理規範を守るべきである。ヒポクラテスの誓いには「第一に、害を与えない」と記されている。先ほどの例で、女性プラクティショナーは自分の体験をクライアントに投影して害を与えてしまった。会った人全員に対して性的虐待を受けたのではないかと疑ったとき、彼女はその全員に共通していると思いこんだものは明らかに自分自身の過去だと気づくべきだったのだ。こうした思いこみをする可能性があると自覚するだけでも、たいていは抑止策になる。また他人に投影する傾向にある自分自身の囚われた感情を排除するのが、将来にわたってこうした行為を避ける最善策だろう。

虐待された経験があると言われたら、まちがいなく虐待による精神的な重荷を取り除くセッションを行うべきだろう。しかしながら何らかの虐待が実際に行われたかどうかを探るために筋肉テストを使うのは非常に危険である。そうした目的のためにテストを受けたいと要望があった場合は気が進まないと言って断るか、答えが出ても（多くの要因があり）正確ではないかもしれないと助言すべきだろう。発見した囚われた感情は解放し、偏見のない心を保ち、クライアントに結論を出させること。この世の大半のものと同じように、筋肉テストも100%正確なわけではないことを覚えていくことが重要である。筋肉テストの結果に基づいて、他の人に虐待されたはずだと告げるのは非倫理的であり、罪のない人々の人生を壊すことになりかねない。その一方で、セッションを行っている対象が今虐待を受けていることを知っている、またはその疑いが強いときは、適切な機関に通報する責任がある。

共鳴

セッションを行っていると、さまざまな人々に同じ感情（たとえば、怒りなど）が見つかることがあるかもしれない。エモーションコード・チャートには60もの感情が載っており、1、2個の感情がくりかえし見つかるのはおかしい。こんなことが数回起こった場合は、次のような可能性がある。次に挙げた例が起こったら、問題を正すために、自らについて確認すること。

1．思いこみを投影している可能性がある。つまり、実際にはテストを受けた人にその囚われた感情はないのに、あなたが何らかの理由でそう思いこんでいる。たとえば、周囲の人全員が怒りっぽいと思っているせいで、全員〝怒り〟という囚われた感情を抱いていると思ってしまう。だが……実際はあなたの思いこみが激しいせいで、筋肉テストの結果が歪められている。

2．あなたが〝共鳴〟を起こしている場合。〝怒り〟を例に挙げて説明しよう。テストを行った全員あるいはほぼ全員の囚われた感情が〝怒り〟だった場合、あなたにも特別に強力な怒りが囚われているのかもしれない。この場合、テストの対象者たちにも〝怒り〟が囚われているが、あなたの〝怒り〟と共鳴しているせいで解放が必要になったのだ。囚われた感情は残らず解放するのが望ましいが、この場合は問題がふたつある。ひとつはあなたの囚われた感情が対象者のセッションの流れをじゃますることである。この時点で〝怒り〟を解放するのは理想的ではないかもしれないが、あなたの〝怒り〟がとても大きな声を発しており、無視することはできない。もうひとつは、通常はあなたの囚われた感情を解放する必要性が非常に大きいのに、あなたがずっと無視してきたときに、こうしたことが起こるということだ。あなたの潜在意識が解放したがっている囚われた〝怒り〟があるのに、あなたがいつも二の次にしてしまうため、潜在意識があなたに伝える方法を見つけなければならなかったのだ。これが定期的にエモーションコードのセッションを自らに行うことの重要性のひとつである。

段階を追うヒーリング

問題を引き起こす囚われた感情は複数かもしれないことを覚えておくこと。潜在意識が許すかぎり、一度のセッションでできるだけ多くエモーションコードの手順をくりかえすことをお勧めする。大多数の人は１回のセッションで4～10個の感情を解放できる。厄介な問題は１回のセッションで解決できることもあれば、数回かかることもある。問題がすぐに解決しなくても落胆しないこと。その一方で、数千の人々のもとで、たったひとつの感情を解放しただけで驚くべきことが起きており、つねに奇跡を期待するのもお勧めだ。奇跡は期待すれば、やってくるのだ！

通常、難しい問題は段階的に解決する。特定の問題については一度にひとつの感情しか解放できず、また１日か2日後に次の囚われた感情が見つかるかもしれない。特定の問題を乗り越えるつもりなら、その問題について、ときおり確認するといいだろう。根気強さはさまざまな点で報いがあるはずであり、続けること！

セッションが終わるとき、次の質問の空欄に「２時間以内に」とか「今日の午後」とか「明日」等の言葉を入れて、いつになったら次の感情を解放できるか尋ねるといいだろう。「次の囚われた感情を解放できますか？」

身体の同じ部分に数個の感情が囚われているのは珍しくない。その場合は体内組織のゆがみや痛みや不具合がひどいことが多々ある。そして囚われた感情がひとつ解放されるたびに、その不具合がみるみる緩和されていくのだ。

解放後の過程

囚われた感情が解放されると、ヒーリングの段階に入る。そして潜在意識と身体が解放された感情を処理する間、その整理に伴って症状が起こる。このヒーリング段階で、解放された感情の残存効果を感じる人もいるかもしれない。このとき精神的に少し不安定になるのはけっして珍しくない。

囚われた感情の解放後の整理により、感情が過敏になるかもしれないと頭に入れておくことはとても重要である。他の人にエモーションコードを行う場合も、この可能性についてあらかじめ伝えておくこと。そうすれば、実際に感情が過敏になっても想定内だ。もしも泣けて仕方ないとか、やけに鮮明な夢を見るといった感情の処理に伴う症状がはっきり現れたとして、そうした症状が起こる可能性についてあらかじめ聞かされていなかったら、囚われた感情を解放したことで自分の状況は改善されたのではなく悪化したのだと思いこんでしまうだろう。あなた自身もそうした症状が出てきたら、家族や友人に感情的に過敏になっていることを伝えたほうがいい。

囚われた感情が解放されるたびに処理が行われるが、感情の起伏が激しくなるのは——つまり、整理に伴う症状が起こるのは——その時間の約20%である。たいていは1時間から1日で終わるが、状況によってさまざまだ。

感情の整理に伴う症状の重篤さはたいていは感情が揺れた経験のどのあたりで感情が囚われたかによって変わる。その感情を心の底から深く感じてから囚われた場合は、その感情が解放されたあとは処理による症状は感じずに、軽く自由な気分になるだろう。また、感情が生まれたあとすぐに否定し、まったく、あるいはわずかしか感じなかったりした場合は、身体と潜在意識がその整理していないエネルギーを放すことになるため、残存効果を感じるかもしれない。

どちらにしても、処理に伴う症状は長く続かず、通常はもとの感情的な体験より激しくない。そして、その反対側にある自由はそれだけ価値があるのだ！　感情を否定しないための訓練については第11章で詳しく説明する。これから感情を健康的に体験するためのアドバイスであり、処理に伴う強い症状も、囚われた感情も生じないようになるだろう。

記憶のベール

あなた自身あるいは他の人にセッションを行っているとき、相手にしているのは、じつは肉体と魂という二重の性質の持ち主なのだ。この世に生まれてきたとき、私たちは以前の自分を思いださないように、心にベールがかけられていると私は信じている。完全に記憶を失った状態で誕生しているのだ。

この考えについて、私個人の体験をお話ししたい。

ある日、静かにすわって瞑想しながら、私は魂の奥深くまで見つめた。

すると、この世に生まれてくる前の存在と私たちを分けている記憶のベールがとつぜんめくられた。存在の隅々までが一瞬のうちに、言葉にならないほど抗しがたい強烈な郷愁に襲われた。天国の家へ、ここへくる前の本当の家へ帰りたいと強く願ったのだ。このどうしようもない激しい思いはほんの数秒で消え、私はよろめくほどの畏怖に打たれた。

私はそれまで何度もいわゆる郷愁という感覚は経験していたが、この感覚は説明できないものだった。

この体験を通じて、私は記憶のベールはとても必要なものだと気がついた。天上の父とともに暮らしていた輝かしい過去の記憶が遮られていなければ、この世の人生は5分も耐えられなかったに違いない。

また、この体験により、私たちはこの世ではよそ者なのだと気がついた。「わが故郷である神のもとからやってきた、たなびく栄光の雲」なのだ。

この世は私たちの本当の家ではない。ここはつかのまだけ滞在する場所で、善と悪の間で選択し、信仰を得て、肉体を持って生きる経験をするために送りこまれたのだ。できるだけ多くのことを、とりわけ互いに愛しあい、尽くしあうことを学ぶために。

あなたのなかにある魂は、つねに存在している部分は、肉体を通じてあなたに話しかけられる。筋肉テストはあなたが魂の知識に接触するための仲介者なのだ。

尋ねるだけでいいなんて、なんと素晴らしいことだろうか。

受胎前の囚われた感情

まれに受胎前に生じたが遺伝ではない囚われた感情を見つけることがある（遺伝した感情については次章で説明する）。私は受胎前は意識はあるが、肉体がない存在だと考えている。魂として存在しているのだ。自分で考えられるし、この世に生まれることもわかっている。受胎前に囚われた感情の大半は、刻々と迫ってくるこの世に誕生するまでの時間に関するものである。

人はこの世に生まれる機会を喜びながら、待ちかまえている旅を怖がってうろたえることがある。美しく完璧で愛に満ちた場所を出て、さまざまな問題や暴力や戦争があるこの世に生まれるのは、どんなに勇敢な心でも萎えてしまうのかもしれない。受胎前に囚われた感情は、ときには天国の家を出る嘆きと悲しみに関係している。しかしながら、それほど遠くない過去に生きていた世界での人間関係の問題で生じた感情だった場合も目にしてきた。受胎前に囚われた感情は珍しいが、プラクティショナーであれば、おそらく一度は遭遇するだろう。並外れていて強力ではあるが、他の囚われた感情と同じく解放できるものなのだ。

やっと見つけた平穏と繋がり

私は〝不安（心配・懸念）〟と〝心痛（悲嘆）〟と〝遺伝による絶望（諦め）〟から成るハートウォールを取り除きました。ネルソン先生の磁石を使い、最初のふたつは各3回、遺伝による感情は10回身体に滑らせて解放すると、以前より穏やかな気持ちになり、たいていは落ち着いていられるようになりました。ただし、大きな変化はあったものの、根本にある不安はまだ残り、ときどき顔をのぞかせていました。

その後、エモーションコードの認定コースを受講すると、私には受胎前に囚われた感情があることがわかりました。驚きのあまり、涙があふれてきました。そして迫りくる地上での人生への不安と、神と離れる悲しさを解放すると、私はいつのまにかほほえんでいました。私は生まれてからずっと懸命に働き、多くのことに挑んできました。それが私の祈りに対する答えだったのです。

その瞬間から、私は幸せと感謝を感じ、人生にわくわくするようになりました！　いつも自分の核となる部分が不安でたまらなかったのですが、今はもう不安も心配もありません。生まれて初めて安らかな気持ちになり、地に足が着いて、繋がりを感じることができました。自由になった心の底から感謝しています。――ダイアナ・L

受胎前の経験

受胎時にかけられる記憶のベールについて学んだあとでさえ、これからお伝えする話を書くことになるとは思ってもいませんでした。私は自分でエモーションコードのセッションを行っていました。そしてハートウォールに関係する囚われた感情を解放しているときに、囚われた感情に〝怯え〟があることに気づきました。そこで、セッションを進めるために情報が必要だったので、その感情が生じた時期について質問をはじめました。すると、その感情が生じたのは5歳になる前、4歳になる前、3歳になる前……と続き、生まれる前に生じた感情だとわかったのです。私はこんなふうに反応しました。「誕生前に囚われた感情を解放するのか。いいぞ！」。とても興奮したのです。でも、誕生前に囚われた感情かと質問すると、答えは「ノー」でした。次に受胎したあとに囚われた感情かと質問すると、それも「ノー」。可能性があるのはあとふたつしかなく、私は尋ねました。「それは遺伝による囚われた感情ですか？」。答えは「ノー」。それでわかりました。私は気持ちを落ち着かせてから質問しました。「〝怯え〟は受胎前に囚われた感情ですか？」。答えは「イエス」です。

私は興奮すると同時に動揺し、仰天し、涙があふれてきました。受胎前に囚われた感情があることは知っていましたが、まさか自分が解放することになるとは思ってもみませんでしたから。私はすぐに解放するつもりでしたが、「待ちなさい。見せたいものがある」と神さまに言われた気がしました。そこで、待ちました。数秒後、受胎する前に神さまのそばにいた自分の魂が見えたのです。神と私のやり取りが見えました。

「お父さま、これから行く場所が怖いんです。行きたくありません」。行き先を理解し、重荷を背負った私が言います。

「その気持ちはよくわかる。きっと辛い思いをするだろう」。神さまが慰めるように言いました。「これから向かう世界で生きはじめたあとも」

「でも、これは取り除けますよね」。私は泣いていました。「これを取り除いてください」

「もちろん、取り除くことはできる。だが、残しておく目的を知れば、はずすことが最善の策でないことを理解できるだろう」。私が理解できないと言うと、神は理解できるようにしてくれました。

「向こうの世界に行ったら、おまえは〝怯え〟に囚われていることを忘れるだろう。だが、それは残り、おまえの生き方に影響する。しかし、私のところへ戻ってこられなくなるほどではなく、私の愛と光がおまえを包むだろう。ただし、おまえの能力には影響を与える。だが、いつかおまえは自分で心を開き、おまえのなかに囚われている〝怯え〟を見つけて解放するだろう」

「でも、なぜですか？　なぜ、今ではなく、待たなければならないのですか？」

神はお答えになった。「自分で解放できるようになってほしいからだ。自分のなかにあるものも、他の者のなかにあるものも解放できるように力をつけてほしい。もっと大きなものも解放できるように力をつけてほしいのだ。これを解放したら、そのときに今回のことを見せてやろう。人間は地上に送られる前に、今のことは忘れてしまう。だが、そのときになったらおまえには見せてやろう。こんなことをするのは、おまえに私の愛を見せたいからだ。だが、他にも大切な理由がある。私の計画と目的を見せてやろう。これを見なさい……」。指で示された方向を見ると、今これを書いている姿が見えたのです。

私にはきちんと意識があり、雲の上のような高い場所から見下ろすと、病院のベッドで頭に包帯を巻いた男性が寝ていました。そのとき、男性の頭のなかにあるものが見えたのです。黒くて、そこにあってはならないネバネバとしたものでした。私は興奮して、引っぱろうとしましたが、〝パチン〟と戻ってしまいました。すると、神がおっしゃいました。「待ちなさい。彼のことも、他の大勢の人のことも助けられるから。これが〝怯え〟を抱えていったほうがいい理由なのだ。私がおまえを愛していることを見てほしい。そしてこの瞬間に戻ってきてほしい。おまえをつくった瞬間に」

囚われた〝怯え〟はまだ私の中にありますが、それはその先の興奮を損なうものではありませんでした。

「わかりました！　すごい！　ありがとうございます！」。私が叫ぶと、神は抱きしめてくれました。

「息子よ、おまえを愛しているよ」

「お父さま、私も愛しています」

覚えているのはそこまでです。あのとき――これを書く直前、私はすっかり圧倒されていました。あまりにも多くの感情と思いがあふれすぎて。

「こんなものが見られるとは思っていなかった！

神にこんなにも愛されているとは！

神のもとに戻るのが待ち遠しい！

このために私は創られたのだ！

私ならできる！　だから、神は私を創られたのだ！

神よ、愛しています」

こんなふうに私はいろいろなことを感じました。そして騒ぎが落ち着くと、静寂が広がりました。

神がまた口を開きました。

「おまえに欠けているものはない。おまえに用意した仕事を終えなさい。おまえを愛しているよ」

私も愛しています……。

〝怯え〟について他には何も知る必要はなく、そこで解放しました。〝怯え〟は消え、ハートウォールは壊れました。

現実の世界で私たちには未来のことはわかりませんが、神にそんな制約はありません。その点については、感謝しています。こんなふうに計画してくださったことを……。もう壁には囲まれていない心の底から、感謝しています。——アダム・W

楽しもう！

自分にであれ他者にであれ、エモーションコードを使っていると、ひとりの人間が重荷をひとつずつ降ろして前進していく様子を目にして喜びを感じることだろう。人生が変わり、人々が癒され、心が繋がっていく様子を目撃できるのだ。

とにかく、あきらめないこと！　エモーションコードを巧みに使えるようになるには時間がかかる。自分に備わっているヒーリング能力を信じること。努力するだけの価値はある。神を信じ、この力を発揮できることに感謝すれば、信じた報いとして成果を得られるだろう。

なお、DiscoverHealing.comでは、次の図表の英語版をダウンロードして印刷することができる。

エモーションコード™ チャート

	A列	B列
行1 心臓 または 小腸	放棄（自暴自棄） 裏切り 孤独感（心細さ） 当惑（途方に暮れる） 愛されない（愛が受け入れられない）	努力が報われない 心痛（悲嘆） 不安定さ 狂喜（過度の喜び） 脆弱（ひ弱さ）
行2 脾臓 または 胃	不安（心配・懸念） 絶望（諦め） 嫌悪感 緊張 心配	不出来（落伍者） 無力感 絶望感 コントロール不能 自尊心の低さ
行3 肺 または 大腸	泣く 落胆 拒絶 悲しみ（沈んだ心） 悲哀	混乱 防衛 悲痛 自虐 頑固さ（断固たる執着）
行4 肝臓 または 胆のう	怒り 苦々しさ 罪悪感 憎しみ 恨み	憂鬱（意気消沈） 欲求不満 優柔不断 パニック（うろたえる） 利用される
行5 腎臓 または 膀胱	非難 恐れ 怯え 恐怖を伴う嫌悪感 苛立ち	葛藤 創造することに対する不安感 激しい恐怖 サポート(支持)されない 臆病（優柔不断）
行6 内分泌腺 または 生殖器	屈辱 嫉妬 切望（熱望） 強い欲望（渇望） 圧倒	自尊心（プライド） 恥 ショック（衝撃） 無価値感 役立たず

　チャート日本語訳／高野ひろ子

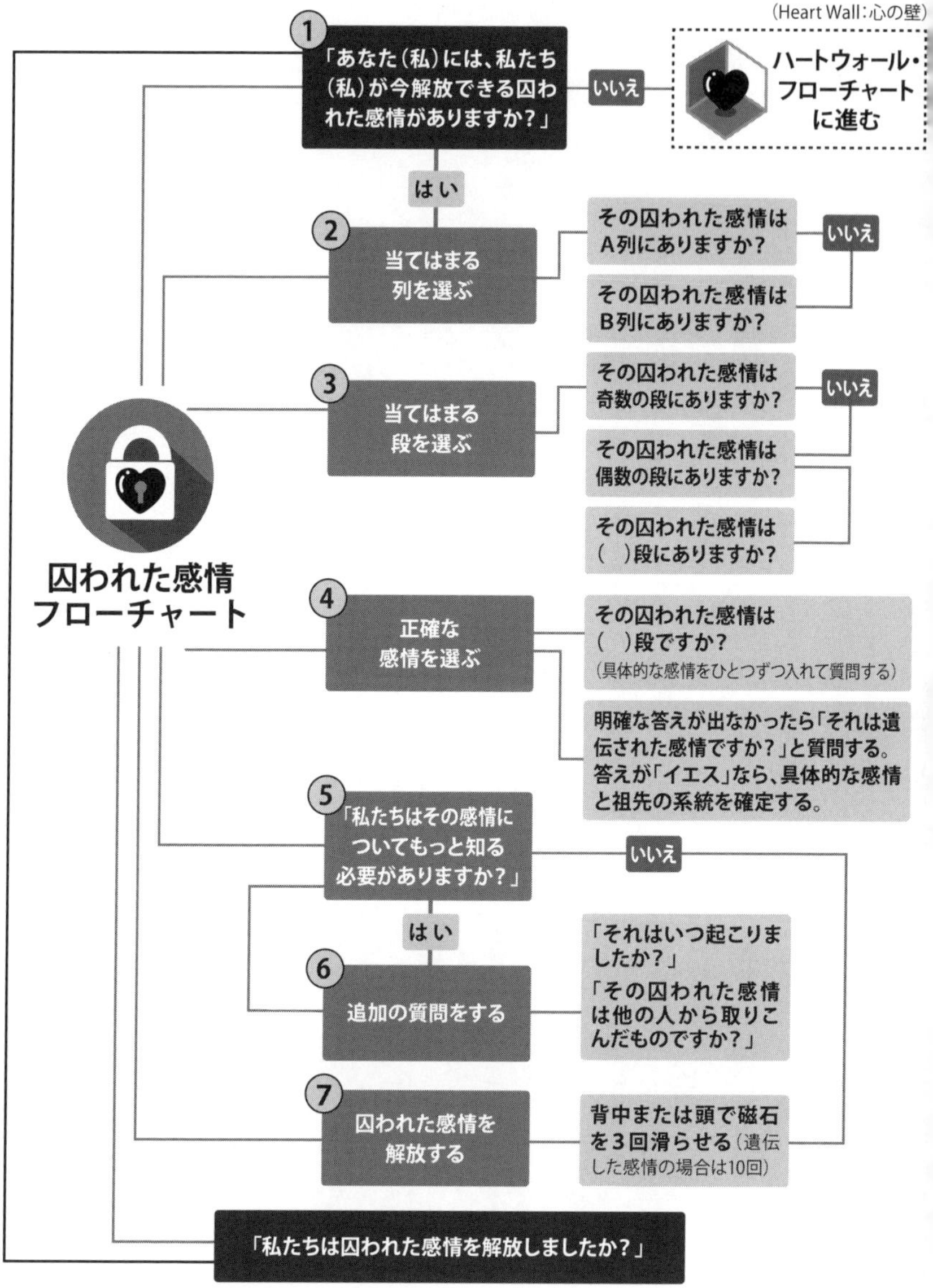
(Heart Wall：心の壁)
1
「あなた（私）には、私たち（私）が今解放できる囚われた感情がありますか？」
いいえ
ハートウォール・フローチャートに進む
はい
2
当てはまる列を選ぶ
その囚われた感情はA列にありますか？
その囚われた感情はB列にありますか？
いいえ
3
当てはまる段を選ぶ
その囚われた感情は奇数の段にありますか？
その囚われた感情は偶数の段にありますか？
その囚われた感情は（　）段にありますか？
いいえ
囚われた感情フローチャート
4
正確な感情を選ぶ
その囚われた感情は（　）段ですか？
（具体的な感情をひとつずつ入れて質問する）
明確な答えが出なかったら「それは遺伝された感情ですか？」と質問する。答えが「イエス」なら、具体的な感情と祖先の系統を確定する。
5
「私たちはその感情についてもっと知る必要がありますか？」
いいえ
はい
6
追加の質問をする
「それはいつ起こりましたか？」
「その囚われた感情は他の人から取りこんだものですか？」
7
囚われた感情を解放する
背中または頭で磁石を３回滑らせる（遺伝した感情の場合は10回）
「私たちは囚われた感情を解放しましたか？」

第7章　囚われた感情の遺伝

Inherited Trapped Emotions

多くの意味で、私たちは祖先の総計である。祖先の徳は私たちの徳で、祖先の強さは私たちの強さかもしれず、ある意味では、祖先の挑戦は私たちの挑戦になり得る――ジェイムズ・E・ファウスト

科学者は長い間感情がこもった記憶は子孫へと受け継がれるのではないかと推測してきた。ネズミに不快な電気ショックを与えると同時に強烈なにおいを嗅がせるという有名な実験がある。科学者たちはこのネズミの子どもたちがそのにおいを嗅ぐと、ひどく警戒することに気がついた。そのにおいを嗅いだのは生まれて初めてだというのに。当初、科学者たちはその仕組みに確信がなかった。きっと親ネズミが何らかの方法でそのにおいを警戒するよう教えたのだろうと考えたのだ。そこでさらに調べるために、電気ショックを与えられてにおいを嗅がされたネズミの雄から精子を採取し、最初の実験が行われた場所から離れた大学構内の反対側で飼われていたネズミの雌に体外受精を行った。その体外受精で生まれたネズミの子どもはにおいに対して、もとのネズミと同じような感受性を見せた。科学者たちは、ネズミはある種の生物学的記憶を受け継いだに違いないと結論づけた【1】。この「後天的遺伝」と呼ばれる現象は親や祖先の経験が今の私たちにどんなふうに影響するのかを理解するうえでとても有望で素晴らしい研究分野をつくりあげた。
別の調査では、ホロコーストの生き残りの子孫はＤＮＡの遺伝暗号、とりわけストレスホルモンを整える役割をする遺伝暗号に変化が起きていることがわかった。ストレスに弱く、その結果にうまく対処できず、心的外傷後ストレス障害になりやすいと判明したのだ【２】。

囚われた感情が遺伝する範囲

父親から目の色を、母親から鼻の形を受け継ぐように、囚われた感情も両親から受け継ぐ可能性がある。つまり、あなたが両親から受け継いだ囚われた感情は、祖父母から受け継いだものである可能性が高く、その感情エネルギーの一部は何世代も遡り、もとは家系のずっと前の祖先が経験した感情かもしれない。この感情は体内にとどまるかぎり、ずっとあなたのそばにある。なかには望ましくない形で性格に影響を与えたり、重大な心身の問題を引き起こしたりするものもあるだろう。また、あるものは、まだ厄介な問題は起こしていないものの、このまま体内にとどめておけば、いずれは問題を起こすだろう。

花粉症
私は２０１０年からエモーションコードを使っています。夫はひどい花粉症で、春になると目のかゆみ・充血とくしゃみが始まり、夏の終わり近くまで続きます。ですから春になると、そうした症状を引き起こす囚われた感情にセッションを行ってきました。夫の父もひどい花粉症なので、すぐに遺伝による囚われた感情ではないかと当たりをつけました。すると、いくつか囚われた感情が見つかって解放す

ると、驚いたことに義父の花粉症はほとんど治ったのです。――サンドラ・J

遺伝による囚われた感情について話しているときは、生物学的な家族で共有している〝荷物〟について話しているのだと頭に置いておくこと。囚われた感情が受け継がれるのは、妊娠した瞬間に精子または卵子からそのエネルギーを受け取ったときである。精子と卵子が結びついたとき、そのどちらかあるいは両方が過去にネガティブな感情を抱いた出来事のエネルギーを持っていたかもしれない。たとえ会ったことがなくても、囚われた感情を受け継げるのは血の繋がった父母だけなのだ。

養父母は生物学的に繋がっていないので、囚われた感情を受け継ぐことはできない。遺伝による囚われた感情は受精したときに親から受け継ぐという点が独特で、他のタイプの囚われた感情と異なるのだ。

あなたと同じ遺伝による囚われた感情を何人が持っているかは、囚われた感情がどのくらい古いか（何世代さかのぼるか）、その感情を体験した先祖から何人の子孫が誕生したか、そのうち何人が実際に感情を受け継いだかで決まる。

ついに解放される

私の喉の不調は、私の祖先が女だからと見下されたことからくる遺伝による、女としての不面目さがいちばんの原因だったと感じています。私は女性にセッションを行ってそうした面を癒すのが好きですし、友人や家族を救えることをとてもうれしく思っています。私自身の遺伝による囚われた感情もたくさん取り除いてきました。このヒーリング方法と出合わなければどんな人生を送っていたのか、想像もつきません。本当に心から感謝しています！　私の人生も転職もついに軌道に乗りました。私はたくさんの恐怖や不安を抱えていましたが、何年も解放を行ってきた結果、もう不安がいっさいないことに気づいたのです。ある人からは「アイビー、すっかり卒業したわね」とまで言われました。自由とはこのことです！――アイビー・L

気質VS環境VS遺伝による感情

きょうだいがいるなら、おそらく父あるいは母から同じ感情を引き継いでいることはあるだろう。遺伝物質は家族で分けて受け継がれるので、子ども全員が必ずしも両親からまったく同じ感情の組みあわせを受け継ぐわけではない。だからこそ、双子のひとりがひどいトラウマを抱えていても、残りのひとりがいつも穏やかで育てやすい子どもの場合があるのだ。この双子が同じ家で育てられているとしたら、最初の子がトラウマを抱えているのは先天的なもの、すなわちその子どもの性質だろうか？　囚われた感情、とりわけ遺伝した囚われた感情が関係している場合は違う！　人は遺伝した感情を持って生まれてくるのであり、控えめにいっても、その子どもは最初から人生を誤ったままはじめてしまったのだ。

エモーションコードで得られた喜び

きちんと機能していない家庭で子ども時代を過ごしたわたしにとって、愛し愛されることはとても難しいことでした。自分の子どもたちとの関係も不安定で、子どもたちが成長するにつれて、さらに難しくなりました。わたしには祖母の祖母から受け継いだ悲しみがあり、ハートウォールの一部となっていたのです。その高祖母は９歳の子どもを亡くしました。幼い頃に写真を見た覚えがあります。ふたりの息子を亡くしたとき、わたしはエモーションコードで彼女の悲しみを共有し、自分の人生において、その悲しみに重きを置いていたことに気づきました。その受け継いだ悲しみの正体を暴いて解放するために、その重さを取りのぞいたのです。エモーションコードによって物の見方が変わりました。いまでは、自分は子どもたちの求めに応じられるとわかっています。これまでは存在することさえ気づかなかった人生の喜びを見つけているのです！　エモーションコードのおかげで数年後にもっと成長した自分に会えることを楽しみにしています――スージー・A

遺伝による感情を解放した影響

囚われた感情を解放することで、私たちはエネルギーのレベルを変え、心身の感覚を大幅に改善できる。子どもがいる人なら、あなたが両親や祖父母から感情の重荷を受け継いだように、子どもも少なくともひとつはあなたから囚われた感情を受け継いでいるだろう。

遺伝による感情を見つけて解放すると、じつは２人もしくはそれ以上の人に共有されている感情の振動だとわかる。この独自の振動は共有されているため、その振動を受け継いだうちのひとりからきちんと解放すれば、全員の感情が一度に解放できることがわかった。量子物理学のおもしろい原理として、ひとつのエネルギーは無限の場所に同時に存在できるというものがある。囚われた感情が次の世代へと引き継がれるのは、まさにこの原理なのだ。たとえ数百年前に生じたものであっても、世代を超えて受け継がれた感情は今でもひとつのエネルギーであり、家系に連なっている誰かから解放すれば、その人物が生きていようが死んでいようが、そのエネルギーが囚われている全員から解放される。遺伝した感情を取り除くのは、許可を得ていない他の人々にとっても最適な唯一のタイミングなのだ。

背中と腿の痛みが消えた

ここ5カ月間、背中と腿の痛みが0～10段階でずっと10のまま続いていました。そこで母から遺伝した〝裏切り〟と、17歳で結婚に失敗したときに囚われた〝裏切り〟という感情を解放すると、背中と腿の痛みはすっかり消え、二度と戻ってきませんでした。今は1日15キロ走り、6週間で22キロ痩せました。

――バート・B

遺伝した感情を発見する方法

このタイプの囚われた感情を発見するには「私が今解放できる遺伝による囚われた感情はありますか?」と質問すれば確実だ。だが、通常の囚われた感情を探しているうちに遺伝による感情に出くわすことが多いだろう。

私の経験では、潜在意識は遺伝による感情が含まれるエモーションコード・チャートの適切な列と段は教えてくれるが、それが遺伝による感情だと気づかないとエモーションコード・チャートの欄に記されている5つの感情のうち、どれなのか明確な答えは出してくれない。

たとえば、解放したい囚われた感情がエモーションコード・チャートのB列2段にあるとする。その欄に載っている感情についてひとつずつテストをするが、反応はすべて同じになる（通常はテストした感情すべてに「ノー」の反応が出る）。そうなった場合は単純にこう尋ねる。「これは遺伝した囚われた感情ですか？」。答えが「イエス」なら、記載されている感情を空欄に入れて「これは遺伝した～ですか？」とひとつずつ質問していき、正しいものを見つける。

遺伝したのがどんな感情か判明したら、あなた（またはテスト対象者）は囚われた感情を引き継いだのが母親か父親なのか知りたいだろう。その場合は必要であれば、家系図をさかのぼり、最初にその感情を抱いて囚われることになった人物を探す。たいていは父母か祖父母が最初に抱いた感情であり、通常の囚われた感情のときとさほど変わらない時間で判明する。

答えが曖昧でわからない？　遺伝した感情用チェックを試す

囚われた感情を探しているときに答えが不明確になったら、あなた（もしくはテスト対象者または代理人）が一時的に診断不能になっていないかどうか新しい基準テストを行って確認する。診断不能ではないがまだ答えが不明確な場合は、まだ遺伝した感情を発見できていないのかもしれない。たいていは前の段落で説明したようにして遺伝した感情は見つかるが、答えが少し不明確な場合もある。だが、そんな場合も心配いらない。

遺伝した感情について確認したい場合は、次のようにする。

1. エモーションコード・チャートの列が確定できない（どちらの列も「イエス」か「ノー」になる）
2. 段が確定できない（複数の段が「イエス」になる）

3．該当する欄（B列2段など）の複数の感情が「イエス」になる
4．すべての感情が「ノー」になる

上記のようなおかしな答えが出たら、「これは遺伝した囚われた感情ですか？」と質問する。答えが「イエス」なら、明確な答えが返ってきたテストに戻り、判明した答えを確認する。たとえば、囚われた感情がA列だとわかったが、段が判明しなかった場合は、本当にA列が正しいのかどうかを確かめる。その後ここからもう一度テストをはじめて、感情を解放するのに必要な情報すべてを確定する。

囚われた感情が生じた祖先を見つける

エモーションコード・チャートで遺伝した感情を正しく選べたら、次はその感情を生じさせた家族を見つける。大半は父母だが、祖父母の場合もある。また、とても古い感情が見つかるときもある。どちらにしても、次の手順は正しい家族（祖先）を見つける枠組みとなる。最初に囚われた感情を生じさせた人物はつねに無理のない範囲で判明させる必要がある。だが、4世代前までさかのぼる場合は、次で説明する近道を使用してもいい。

該当する家族を確定する最も簡単な方法は、父と母からはじめることである。次の質問をして、答えを追っていくこと。家系図で見つけたひとりひとりについて、発見したことを書きとめておくといいだろう。メモを取るときには母のことは「M」、父のことは「D」というように略語で書くといいだろう。

1.「この感情は母親から受け継いだものですか？」と質問する。筋肉テストを行う。答えが「イエス」なら、それをメモして３へ進む
2.「この感情は父親から受け継いだものですか？」と質問する。筋肉テストを行う。答えが「イエス」なら、それをメモして３へ進む
3.「母親（または父親）はその感情を両親から受け継いだのですか？」と質問する。答えが「ノー」なら、このテストは終了。答えが「イエス」なら４へ進む
4.「母親（または父親）はその感情を母親から受け継いだのですか？」と質問する。筋肉テストを行う。答えが「イエス」なら、メモして６へ進む
5.「母親（または父親）はその感情を父親から受け継いだのですか？」と質問する。筋肉テストを行う。答えが「イエス」なら、メモして６へ進む
6.「母親（または父親）はその感情を両親から受け継いだのですか？」と質問する。答えが「ノー」ならテストは終了。答えが「イエス」なら、４へ戻る

３、４世代前までさかのぼるか、その感情を最初に抱いた祖先が見つかるまで、必要なだけこのステップをくりかえす。

この質問が延々と続くか、３、４世代前までさかのぼったら、「もっとさかのぼりますか？」と質問する。感情が古いと、通常は正確な由来はそれほど重要ではなくなる。かわりに何世代前かを確定してもいい。調べてきた世代の数をかぞえる。たとえば、４世代前まで調べ終えていたら、「10世代前までさかのぼります

か?」と質問するといいだろう。答えが「イエス」なら、「15世代前までさかのぼりますか?」と質問する。このように質問を続け、感情が囚われた正確な世代を絞りこむ。テストを行っている相手に子どもがいる場合は、「あなたの子どもは、あなたからその感情を受け継いでいますか?」という質問もする。答えが「イエス」なら、「子ども全員がその感情をあなたから受け継いでいますか?」と尋ねる。答えが「ノー」なら、どの子どもがその感情を取りこんでいるのかテストする。

ほとんどの場合、遺伝による囚われた感情は、その感情を受け継いだ人全員から解放できる。だが、その人の生死にかかわらず、潜在意識はこんなふうに囚われた感情を持ちつづけたいと思うものであり、まれに今は持っていることを選択する場合もある。子どもはもう少しひとりひとりに対する関心が必要かもしれないし、祖先はネガティブだけれどなじみ深いエネルギーの解放を考えるには、もう少し時間が必要かもしれない。

遺伝した感情の解放

●あなた自身の遺伝による囚われた感情を解放する場合

前述した遺伝以外の囚われた感情の解放と同じだが、ひとつだけ異なる点がある。頭から首の後ろまで磁石を転がすか滑らせるかするが、3回だけでなく10回行うこと。磁石を使いたくなければ、片手を10回滑らせてもいい。

●他の人の遺伝による囚われた感情を解放する場合

相手の首の根元に磁石を置く。腰の下あたりまで磁石を3回ではなく10回転がすか滑らせる。磁石が腰の下に届くたびに、磁石を腰から離してまた首の根元に置く。この場合も、何らかの理由で磁石を使いたくない場合は、手を滑らせてもいい。

生死にかかわらず、その感情を受け継いだ人全員の囚われた感情が解放するという明確な意思を抱いて行うこと。10回終わったら、筋肉テストをして感情が解放されたかどうか確認する。このエネルギーを受け継いだ人全員から解放できたかどうか確認してもいい（感情を処理するための症状を感じる可能性があり、身近な家族について知るのはとりわけ役に立つだろう）。

飛行機に乗れた父

私は娘のハイスクールの卒業式に出席してもらうために、州外に住む両親に飛行機に乗ってきてもらいたいと思っていました。父は飛行機が大嫌いでした。また混雑するスタジアムにすわっているのも嫌いでした。いつからか忘れてしまったほど昔から閉所恐怖症だったのです。父にとっては大問題で、卒業式にきてほしいという私の願いが届かないほど、父をとどめていた症状は重かったのです。私は父のかわりに囚われた感情を解放する許可をもらいました。同意を得て初めて見つけた囚われた感情は、遺伝による〝当惑〟でした。父の母、その父、その母、さらにその父から遺伝した感情です。同時に、その感情は私を含む父の子どもたちにも受け継がれていました。私はその囚われた感情を解放できたことに感謝しました。そして閉所恐怖症の症状を引き起こしている原因の何%くらいが囚われた感情なのかをテストで調べました。すると父の苦しみの51%をその感情が引き起こしていたのです！　私は父の症状を引き起こしていた他の感情もいくつか見つけました。その感情も解放することができ、父は州外から飛行機でやってきて、ハイスクールの卒業生の家族が大勢集まり、混雑していて騒がしく、息がつまるスタジアムで行われた卒業式に出席し、閉所恐怖症の症状を起こすことなく飛行機で無事に帰れたことを喜んで報告いたします！　父は飛行機に乗っている間も問題なく、以前だったら混雑したスタジアムにはいられなかっただろうと話していました。でも、そのときは何の問題もなかったのです！――ジャニーン・L

未来の世代を自由にする

遺伝による囚われた感情を解放しているとき、そこでは私たちが気づかないことが起こっている。私たちは精神的な存在であり、肉体のなかで物理的な経験を積んでいると、私は考えている。受胎すると、私たちは肉体に入っていくが、ときおりネガティブな感情エネルギーもともに入っていく。遺伝による囚われた感情の影響力は圧倒的で、心身の痛みを引き起こす。私たちはこの悪循環が起こるのを止められると信じている。少なくとも、かなりの範囲で！　私たちが解放する囚われた感情は、どれもその人の子孫には遺伝しない。子どもや若者にとってエモーションコードが必要な多くの理由のひとつである。たとえ、今苦しんでいないとしても、感情が囚われているかぎり、その子どもたちに受け継がれることになる。感情を解放することは、まだ生まれてもいない人々の未来の痛みや苦しみを止めさせることなのだ。

まだ生まれぬ子に会う

数年前、私はアメリカ西部のある会合で話をした。聴衆は３００人ほどで、講演の途中で身体にひどい痛みを抱えている人に舞台にあがってもらうことにした。数人の手があがったなかから中年の女性を選んだ。彼女は足を引きずりながら舞台にあがってきて、1年ほど腰の痛みがひどく、生活にも支障をきたすほどだと聴衆に説明した。ふたりの医者にかかったが、まだ痛みはよくなっていないらしい。そして車の乗り降りのときには膝の関節に両手をあてて脚を持ちあげないといけないのだと実演してみせた。ゼロをまったく痛みがない状態だとして10までの段階で表すと、今の痛みは「9」とのこと。

その後、数分のセッションを行うと、彼女の痛みは4までに緩和された。だが、このヒーリングが私たち双方にとって忘れられない特別な出来事になったのは、次に発見したことだった。

腰の痛みの根本的な原因が遺伝による囚われた感情だとわかったのだ。その感情は〝怯え〟で、受胎したときにと父親から受け継いだものだった。そして父親はその父親から、その父親はまたその父親から受け継いだもので、そうしてたどっていくと、11代か12代前の男性に行き着いたのだ。

潜在意識は顕在意識よりはるかに多くのことを知っていると、私は信じている。長年こうしたヒーリングを行ってきて、遺伝による囚われた感情を解放しようとしているときに、生きている子孫と同様に亡くなった祖先の魂も現れているらしいことに気がついた。私自身がそうした魂を目撃したことはないが、そうした魂を見られる霊的能力の持ち主には何人も会ったことがあり、いつも私が筋肉テストで発見したことが正しいことを確認してくれる。セッションを行っている人に、直接繋がっている祖先は私たちのそばにいるのかと尋ねると、答えはいつも「イエス」なのだ。それはその祖先が自分たちの子孫を知っていて、感情という重荷が解放されようとしていることに気づいているからだと思っている。

そんなわけで、私は12代前から遺伝されてきた感情を解放する前に、「今亡くなった祖先の方々がこの部屋にいますか？」と質問した。潜在意識は筋肉テストを通じて、はっきり「イエス」と答えた。続けて、私はこう尋ねた。「その祖先の人々は観客のなかにいますか？」。答えは「ノー」だった。「この舞台の上にいますか？」。答えは「イエス」だった。

ただし、これはあくまでもエモーションコードの付随的な側面でしかないことを忘れずに！　セミナーで何度指導しても、どこの国で行っても、感情エネルギーを解放しようとすると、そのエネルギーの持ち主である先祖たちが必ず現れるという結果に私が心を奪われているだけなのだ。面白いのは、囚われた感情が解放されると、祖先たちがたちまち消えてしまうことである。その理由は私にはわからない。だが、囚われた感情を解放されようとしている人の潜在意識は、先祖たちがいるかどうかも、いついなくなるのかも、よく知っている。そして囚われた感情が解放されても祖先たちが消えないときは、まだ祖先たちが関係している別の感情が囚われているという意味で、それでその場に残っているのだ。ただし、これはめったに起こらないが。

私はその女性の督脈に磁石を10回滑らせて、遺伝による囚われた感情を解放した。すると、彼女はすぐに舞台を歩きまわったが、もう脚は引きずっていなかった。そして少しばかり踊りはじめると、マイクを手にして、痛みがすっかりなくなったと興奮して観客に報告した。彼女は座席に戻り、講演は終了した。

講演を終えたあと、私は展示ブースに戻ってスタッフに合流した。そして荷物を整理して席に着くと、まもなく30代くらいの女性が私宛のメッセージを持ってブースにやってきた。

「ネルソン先生、私は他の人には見えない魂が見える人間のひとりです。その能力は私にとって祝福であり呪いでもありましたが、とにかく生まれてからずっとその能力がありました。先生にお伝えしたいことがあります。先生が舞台であの女性の祖先も今一緒にいると話していたとき、そのとおりだとお伝えしたいと思いました。私にはこの目でその祖先が見えたので。でも、私に見えたのはそれだけじゃなくて、先生が気づいていたかどうかもわかりません。私には舞台のまわりに少なくとも２００人の魂が見えて、それがまだ生まれていないあの女性の子孫だとはっきりわかりました。子孫たちもあそこにいて、あの女性の深刻な囚われた感情を受け継がなくてすむことを喜んでいたのです」

あのとき、彼女の言葉は本当だと思えたし、今でもそう信じている。エモーションコードで最も焦点をあてるべきは当然ながら今生きている人々だが、この世にいない人々――すなわち生を終えて亡くなった人々も、まだ生まれてきていない人々も、囚われた感情の悪影響を知っているのだと、私は気づくようになったのだ。

過去の世代を自由にする

私は人間は精神的な存在だと信じているので、死は必ずしも人間を感情という重荷から自由にしてくれるものではないと考えている。もはや肉体のなかで生きていなくとも、遺伝による囚われた感情を解放することで、すべての人が抱えている重荷を軽くできるのだ。エモーションコードの使用者から、祖先から受け継いだ感情を解放したとき、その祖先たちとの深い繋がりを感じたという声が数多く寄せられている。

千の涙

私は自分にセッションを行い、遺伝による囚われた感情〝絶望感〟があることに気づきました。それは父から娘、その息子、その娘、その息子などと、27代も受け継がれてきたのです！　私はこの遺伝による囚われた感情を解放することに興奮し、自分が救える全員のことを想像しました。

そして磁石を10回滑らせてその感情を解放するとすぐに、感謝、安堵、痛みからの解放、喜びといったさまざまな感情の波が押し寄せてきたのです。涙があふれてきて、まるでこの〝絶望感〟を背負ってきて、今やっと解放された人々のために千の涙を流しているかのような気分でした。

エモーションコードとは、何と強力な方法なのでしょう！　こんなふうに祖先を祝福することができて心から感謝しています。——アネル・D

感謝してくれた女性たち
私は自分にセッションを行い、遺伝による囚われた感情について知りました。それは6代前の母方の祖先が抱いた感情でした。その感情を解放すると、私は喜び、感謝、涙といった思いに包まれました。過去の家族（祖先）の女性たちが近づいてきて、お礼を言ってくれたのです。そのあと、私は10分間泣きつづけました！——レイチェル・M

エイブラハム・リンカーン似の祖先
エモーションコードのセッション中、女性プラクティショナーが私の父方の13代前の男性から受け継いだ感情を解放してくれました。彼女はとても直感に優れ、その男性は黒髪で、黒いひげを生やしていて、山高帽をかぶっていて……エイブラハム・リンカーンのような外見だと教えてくれました。といっても、その男性はエイブラハム・リンカーンより前の時代の人ですが。

それでも、私はその男性のことも、彼が私にとってどんな意味を持っているのかも、あまり考えませんでした。

１週間後、午前２時から４時くらいの間に、私は目を覚ましました。しばらく寝返りを打ったり本を読んだりしたあと、エモーションコードを使って〝遊んで〟何ができるか見てみようと決めました。

そして遺伝による囚われた感情を見つけて解放しました。ひどく疲れてベッドに戻りましたが、眠れません。眠くないわけではなく、部屋が狭苦しく感じたのです。部屋に大勢の人がいて、じっと見つめてくるのですから、とんでもない感覚です！　でも、けっして怖くはありませんでした。みんな、私と、私がしていることに興味があっただけなのです。その人々の中心にいたのが、例の山高帽の男でした。彼らはなぜここにいるのだろうと、私は不思議に思いました。祖先は遺伝による囚われた感情が見つかると現れ、解放されると消えるものだと思っていたからです。どうして、まだここにいるのだろう？　私は何とか眠ろうとしましたが、どうしてもその疑問が頭に浮かんできます。ついに、私は囚われた感情を解放できていないのだと気づきました。〝通常〟の囚われた感情として扱い、〝遺伝による〟感情として扱っていなかったのです。そこでベッドから起きて、私たち全員の感情を解放するために、磁石を10回（数回のおまけをつけて）滑らせました。そして感情が取り除けたかどうか確認しました（前回は確認していなかったのです）。それからベッドに戻りました。

けれども、部屋にはまだ彼らの気配がありました。ただし、彼らがいることは〝わかる〟のですが、前のような強烈さは感じませんでした。それでも、まだ解放すべき感情が残っているのはわかりました。私は朝になって起きたら感情を解放すると彼らに言い、すぐに眠りに就きました。

翌朝、まだ彼らは部屋にいました。そこで私はベッドから出て、遺伝により囚われた感情を見つけて解放しました。山高帽の男以外の人々はすべて消えました。私はまだ彼の気配をときおり感じます。プラクティショナーが正体を確認すると、彼は私の祖先でした。おそらく、私が遺伝による囚われた感情を見つける手助けをしてくれているのでしょう。解放すべき囚われた感情について具体的に尋ねると、答えがわかるのです。

この体験について話すと、弟は感情を解放する前に、祖先からわが家の家系に関して情報を聞きだすべきだと勧められました。うーん！　なるほど……。 ――オードリー・V

母からのメッセージ

先日、暖炉に季節にあった花冠を飾りました。そこにさらに秋らしい飾りを加え、できばえに満足しました。そのあと花冠を飾ったばかりのリビングルームで軽く体操をしました。

体操をはじめて5分後、後ろで発泡スチロールのカボチャが落ちました。それに気づいて、私は「おかしいわ」と思いました。カボチャは軽いので特にしっかり花冠の葉のなかに押しこんでいたからです。私が体操を再開すると、数分後にまたカボチャが落ちて、今度は私の前に転がってきました。私は体操をやめました。

「いいわ、誰がいるの？　私の注意を引いたんでしょ」。私は誰がやってきたのか、とても興味がありました。あちらの世界から善意で訪れる人々は目的なしに気まぐれにやってくるわけではないと知っているからです。でも、思いあたることはありませんでした。そこで筋肉テストをして、女性か男性かを調べました。結果は女性で、そのときさっと母に違いないと思いつきました。そしてその印象を筋肉テストで確かめると、やはり母でした。

母は2014年5月に亡くなりました。この世では精神的に辛い日々が大半でした。私はエネルギーを解放することがとても役立つことを知ると、母にこの種のヒーリングを受けるよう勧めました。けれども母はまったく興味を示さず「この人生ではもう涙は充分に流してきたから、もう泣きたくないの」と言うのです。私はエネルギーを解放することについてできるだけ簡単に説明しましたが、母は明らかに理解していませんでした。そして、母の胸の痛みと、それをつくりだした記憶とトラウマを軽くできる方法の助けを借りることなく死去しました。

訪れたのが母だとわかり、私は母が伝えたいことが何であれ、耳を貸す用意があることを声に出して言いました。そして1分ほど待ちました。そのとき、集中すべき話題として〝全体の除去〟が必要だとわかったのです。

セッションをはじめると、すぐに母から受け継いだ囚われた感情が7つ見つかって取り除きましたが、そのうちいくつかは母方の祖先を何世代もさかのぼるものでした。私は自分からその感情を取り除くと、すべての世代の女性たちも感情の除去を受け入れることを確認しました。

そしてセッションを終えると、母を少しからかいました。「やっと信じてくれたの？　どうして私にやらせたかったの？」

母はこう答えました。「この感情を取り除かないと、望みどおりに速く進めないからよ」

この経験で私が得たのは、楽しさと愛と感謝でした。長年かたくなだったのに、今は意欲的になってくれた母を目にした楽しさ。母と、母が見せてくれた意欲への愛。そして母を助けるための情報と、能力と、希望を持っていたことへの感謝と、信頼され、この神聖な賜りもので愛する人を救えたことへの感謝です。

これが私に与えられた素晴らしい体験であり、この出来事のおかげで、自分が携わっている仕事が持つ力への理解と感謝が広がりました。そして、こちらの世で私が努力していることが、亡くなった愛する人たちが今暮らす世界での旅路に影響を与えているのだと知り、とても真摯な気持ちになりました。

――テリー・M

22代前から受け継がれてきた絶望

数年前、私は娘のナタリーに電話して、遠隔セッションで見つかったものすべてを取り除いてほしいと頼んだ。娘も私もそれぞれの自宅にいて、数百キロも離れていた。

電話を切ると、ナタリーはプロキシとして私と繋がり（第9章を参照）、すぐに遺伝による囚われた感情〝絶望感〟があることを発見した。そして、この感情を見つけると急に泣きたくなったらしい。そのあとも遠隔テストを続けていくと、この感情は私が父から受け継いだもので、父は母親から、そしてその母親も母親から、さらにその母親も母親から受け継いだものだとわかった。娘はこのテストを続け、結局この感情は22代前の女性から受け継がれたものだと判明した。

するととつぜん、ナタリーはその女性の存在を感じた。彼女がすぐ隣に立っていることも、その感情も感じられたのだ。その女性は子孫からこの感情エネルギーが取り除かれることを心から願っていた。また、長い年月を経たあとやっと願いが叶えられたことにとても感謝していたのだ。

遺伝による囚われた感情〝絶望感〟を私から解放すると、ナタリーはその解放が女性と私の間にいた祖先にも広がっていくのを感じた。

結局、これは私の人生においてとても深いヒーリング体験のひとつとなった。

生まれてからずっと工場の隣に住んでいるとしよう。この工場からは絶えずブーンという音が聞こえてくる。この工場には終了時刻がなく、休みもない。工場から聞こえる音は止まらず、1日24時間、1週間7日、あなたが生きている間ずっと続いている。おそらく、その音が工場から聞こえていることにも気づかないくらいに。もう意識に残らない背景に溶けこんだ音になっているのだ。だが、この工場が何らかの理由でとつぜん倒産して閉鎖されて音が急にやんだら、その静けさは際立つだろう。

私は生まれてからずっと、この背景音のような絶望を感じていた。これがずっと戦ってきた感情だと知っていたのだ。実際、『エモーションコード』の初版を執筆している間も、この〝絶望感〟の背景音を乗り越えるために、毎日30分から1時間ポジティブで希望に満ちていて鼓舞してくれる言葉を録音したものを聴いてからでないと書けなかったのだ。本書を執筆していたとき、どんなに絶望を感じていたか、はっきりと覚えている。それどころか当時、本書を執筆する企画をひとことで表せと言われたら、ためらわずに「絶望」と答えていただろう。

それがとつぜん、この〝絶望感〟の背景音が消えた。消えて初めて、背景音を理解できたのだ。背景音が消えると、静けさがある意味では耳をつんざくような音に変わった。消えて初めて、背景音だった〝絶望感〟が生まれてからずっと、起きている間はずっと、そばにあったことに気づいたのだ。この遺伝による囚われた感情を解放して、私の人生は変わったのである。

この囚われた感情は娘のナンシーにも遺伝しており、この感情エネルギーからの解放は娘の人生をも変えた。ナンシーは素晴らしい芸術家で、優れた才能で肖像画や風景画を描いている。この芸術家としての才能は遺伝した感情〝絶望感〟が消えてから現れた。〝絶望感〟が解放されてから1年後、ナンシーはシアトルで個展を開き、妻と私はその才能と、娘からあふれでる芸術作品に感嘆した。この遺伝による〝絶望感〟が解放されなかったら、正直いって芸術における娘の素晴らしい才能は開花しなかったかもしれない。

さあ、あなたの人生について考えてほしい。どこかで行きづまりを感じていないだろうか？　あなたの感情という重荷が苦しい時代を生きていた祖先のものだという可能性は？

遺伝による囚われた感情を家系から取り除けたら、一族の人々の進歩を妨げている暗い鎖を断ち切れる。自分だけでなく、祖先も子どもも自由にすることができたら、どんなに素晴らしいことだろう。

次章では囚われた感情がいかにして心の壁を築き、愛を与え、愛を受け入れる能力を妨げているかについて学ぶ。

第8章　心を囲む壁

The Walls around Our Hearts

バカみたいに見えたくない
あんたに失恋なんてしたくない
壁をつくるよ　毎日どんどん高く
今度こそ、愛の餌食になりたくない
この気持ちはしまいこむ
ぜったいドアは壊させない
――エレクトロポップバンド、イレイジャー、『ヴィクティム・オブ・ラブ』より

囚われた感情は心のまわりに壁をつくり、あなたが満ちたりた人生を送るのを妨げることがある。次に紹介するのはハートウォール（Heart Wall：心の壁）を持っていた元患者の話である。むかし、むかし……。

現代のおとぎ話

ネルソン先生にハートウォールを壊してもらったとき、私は51歳になるところで、22年間ウォルト・ディズニー社に勤めていました。とても忙しくわくわくする仕事で、世界中を旅して、明るく創造力豊かな人々に囲まれていました。家族に恵まれていましたし、親しい友人もたくさんいました。結婚は一度もしたことがありませんでした。結婚したくなかったわけでもなければ、どうしてもしたいというわけでもありませんでした。特に問題だとは思っていませんでした。私の人生は満ちたりていたのです。

その年の後半に、ふたりの友人が中国旅行を計画していました。私も誘われましたが、仕事が忙しいと断りました。それでも友人たちは誘ってきました。まるで見えない手が中国へ行けと背中を押しているかのように。そこで中国へ行きたいと思うなら、今行くべきだと考え、私も行くことにしました。

当時、中国での旅行には多少の制限があったので、私たちは団体旅行で行くことにしました。そこにはすてきな紳士が参加しており、弁護士で7年前に離婚したとのことでした。彼はカルフォルニア海岸のニューポートビーチに住んでおり、私の住む町からは60キロほどでした。私たちは中国旅行の間に、思いがけない形で知りあったのです。

帰りの飛行機で、私は彼と並んですわり、週末に会わないかと誘われました。私たちはその後1年間付きあいました。そして感謝祭のときにプロポーズされ、半年後に結婚しました。私が53歳のときです。

ハートウォールを壊したあとの時期をふりかえると、すべてに変化がありました。自分の人生に〝誰かを迎えて支え〟彼が私を気遣ってくれるように私も彼を気遣うという考えに心を開きはじめたのです。それは感情レベルで起きました。人生をともに生きてくれる人を見つけることが、次のステップのように感じたのです。それまで感じたことのない心の準備が整ったのです。この素晴らしい男性を受け入れることができたのは見えない壁を――存在することさえ知らなかった壁を――壊したからに違いありません。

女は〝ある年齢〟を超えたら結婚できないと思っているみなさん、ハートウォールを壊し、人生が与えてくれる可能性に心を開き、私の話を思いだしてください。私たちは5回目の結婚記念日を前にして、海とカタリーナ島を見渡せるカリフォルニア海岸の新しい家に引っ越したばかりで、現代のおとぎ話を生きています。ネルソン先生、ありがとうございました。――リン・R

心臓と脳

心臓は脳の60倍から1000倍の力と電磁エネルギーを生みだしており、身体で最も強力な器官である。母親の子宮で育つ小さな胎児だったとき、心臓は脳より先に、いちばん早くつくられる。心臓は1日に10万回、1年で4000万回鼓動しており、脳への接続が断たれても鼓動しつづける。

心臓はあなたという存在の核であり、本来のあなたの真髄なのだ。

研究により、心臓はたんなるポンプでないことがわかっている。1970年代、科学者たちは心臓には複雑な神経があることを知り、その発見から心臓神経学と呼ばれる新しい医学分野が生まれた。つまり、人間には脳がふたつあるのだ。科学者たちは頭にある脳が〝心臓の脳〟から送られるメッセージに従っていることに驚いたのだ。

心臓はつねに全身に情報を送っている。鼓動すべてが心身の健康に影響する重要なメッセージを運んでいるのだ。

誰かに愛情を感じたとき、あなたは心臓の脳を使って、強力な電磁信号を送っているということだ。

誰かに愛情や感謝を抱くと、身体に測定できる程度のよい影響があることは、医学の実験で何度も証明されている。それは受ける側の人間にも——すなわち、愛情や感謝を注がれる人間にも——同じく有益な影響が起こっているのだ【1】。

また、心臓から放射される電磁信号は、他の人間の脳波にも表れることがわかっている。この現象はふたりの人間が触れあったり近くにいたりすると非常に強くなるが、遠くにいても検知することはできる【2】。本章ではハートウォールがあると、こうしたコミュニケーションに悪影響が出たり、阻害されたりする場合について学ぶ。

ついに感謝された母

私はずっと愛情問題に悩んでいて、自分の人生はこのまま終わるのだろうと思っていました。ハートウォールを壊すことの素晴らしいところは、まわりのエネルギーがすぐに変わり、周囲の人々の態度も変わってくるところです。

私は14歳と16歳の娘たちとけんかすることが多く、ふたりから感謝されず、まったく気遣われてもいないと感じていました。14歳の娘からは事あるごとに私とは関わりあいたくないと言われており、すっかり希望を失っていました。

けれども私がハートウォールを壊したほんの数時間後、娘たちは私について話しあい、私がどれだけふたりのために尽くしているか、私がどんなふうに育ち、子どものときにどんなことをしなければならなかったか、うえの娘が妹に説きはじめたのです。そして、その話しあいのあと、私はうえの娘から、とても感謝しているし、ふたりにしてくれていることすべてをありがたいと思っているという最高の手紙をもらいました。

そして家に帰ると、夫から「今すぐ2階にきて」と言われたのです。私が夫について2階にあがると、14歳の娘が私のベッドに置いておいた3枚に及ぶ手紙を見せられました。そこにはとても信じられないことが書いてありました！　姉と話しあい、自分がひどい態度を取っていたと気づき、私のような状況で育ったのなら、私が今のような態度を取るのも無理はないと思ったと書かれていたのです。何よりも不思議だったのは「ほんの数時間でママに対する考え方が変わった」と記されていたことです。娘は神さまのおかげに違いないと話していました。私は自分の耳が信じられませんでした。これはハートウォールを壊したおかげに違いありません。この話をすると、妹はこう言いました。「『変わるのは内面から』ということとわざに新しい解釈が加わったわね」と。ブラッドリー先生、あなたがこの方法を開発し、世界中に広めてくださったことに感謝いたします。——レスリー・M

心臓移植

ここ数十年間で、医学は臓器をある身体から別の身体へ移植するという驚くべき能力を手に入れた。だが、第二次世界大戦の復員兵の血球の話を覚えているだろうか？　どこの部分だろうと、人間のひとつひとつの細胞が強烈な繋がりを保っているのなら、臓器全体であればどれほどの繋がりを保っていることか！　臓器移植を受けた人が急にあるスポーツに興味を抱いたり、なぜかドナーが好んだ食べ物を欲したりする話は誰もが聞いたことがあるだろう。心臓移植を受けた患者については当初からこうした症状が報告されていたが、医師が理解できず、患者の想像力のせいにしていたのだ。

ホットドッグも野球も好きじゃなかったのに、熱狂的なホワイトソックスのファンだったドナーの心臓を移植されて以来、今ではホットドッグもホワイトソックスも好きでたまらない患者にそう言ってみるといい。あるいは、移植手術を受ける前は何の意味もなかったある歌を聴くたびに、今では泣けて仕方ない女性に言ってみたらどうだろう？　心臓移植を受けた多くの患者が食べ物や飲み物の好みが変わったことや、筆跡や音楽の好みの変化や、自分のものではない記憶があることを報告しているのだ【3】。

心臓には独自の知性がある。考え、感じ、記憶することができるのだ。

今や心臓が記憶と感情の宝庫である証拠は少なからずある。力強い感情を生みだし、私たちが互いに深く意義あるレベルで繋がるのを助け、私たちを至福にしてくれるものに引きつけてくれるのだ。そう、心臓はたんなるポンプよりはるかに重要なのだ。

子どもにもハートウォールを壊すことが必要

抑うつと不安に悩んでいた15歳の少女の話です。学校への出席や宿題や社会生活にも影響を及ぼすような状態でした。私たちは囚われた感情とは囚われた感情とハートウォールを取り除きました――囚われた感情の一部は遺伝によるものでした。エモーションコードは重度の苦しみを対処できるものまで軽減したのです。

10歳の少女はＡＤＤ（注意欠陥障害）で、英語の読解と算数を苦手にしていました。けれども、ハートウォールと囚われた感情を取り除き、今は別人のようです！　物事に集中できますし、本の虫になり、算数も現在の学年レベルまで追いつきました。　――ハーリー・H

ハートウォールを見つける

ネガティブな状況で自分を守るために〝壁をつくる〟必要を感じたことがあるだろうか？　このありふれた言葉はたんなる無意味な言葉の綾ではなさそうだ。実際、心臓のまわりに感情エネルギーの小さな壁をつくり、心身ともにあなたを傷つけることがあるのだ！　私たちはこの現象をハートウォールと呼び、ここではその見つけ方を説明する。

1998年のある早朝、私は妻のジーンに起こされ、強烈な夢を見たと起こされた。ジーンはその夢には深い意味があり、自分の健康に関係があるはずだと強く思っていた。

ジーンは夢のなかで、レストランや食堂でよく見かける注文の伝票を吊るすステンレスのオーダーホイールを目にした。そしてそのオーダーホイールには3枚の伝票が下がっていた。ジーンはその伝票1枚ずつが健康に関わる別々の問題を表しているのだと直感で理解したのだ。

私たちには潜在意識がそのことをジーンに伝えようとしており、夢の意味も知っていることもわかっていた。そこでホイールにぶら下がっていた〝注文〟について質問をはじめた。すると、すぐに最初のふたつの健康問題が判明し、悪い点を直した。そして3つ目に注意を向けると、まったく予想外のことが起きた。

とつぜん、私の前に白日夢のような情景が現れたのだ。

美しく磨きあげられたハードウッドの床が心の目にはっきり映ったのである。そして、その光景とともに、私はジーンの心臓が床の下にあるとわかったのだ。
まったく筋が通っていないものの、その磨きあげられた床の光景と、ジーンの心臓がその下に埋まっているという考えはとてもしつこく残り、明瞭だった。私はできることなら、その意味を解明したいと考えた。そこでジーンに見たものを説明し、何を意味するか心あたりがあるかと尋ねた。

「昨夜あまり気分がよくなくて、ラナに私の心臓が何かのエネルギーでおおわれている気がすると言われたの。ラナが気づいたのはそれかもしれない（義妹ラナは直感が優れたヒーラーなのだ）。どんな意味があるのか、私にはわからないけど」

私はその話に心を奪われながらもとまどい、指示とひらめきを与えてくれるよう神に祈りながら、この白日夢が意味することについて、さらなる情報を探りはじめた。

私たちが発見しつつあることは、具体的には何なのだろうか？　どのくらい重要なことなのだろうか？しばらく心を静めてから、私はまた質問した。「これは囚われた感情が築いた壁ですか？」。直感で答えが「イエス」であることはわかっていたが、ジーンの腕の反応も強く、正しいことが確認できた。

そのとき急に、ハードウッドの床が象徴する意味がはっきりわかった。人間の心臓が傷つきやすいことは知っていた。それに、ジーンの過去も。

子どもの頃、ジーンは繊細で恥ずかしがり屋だった。そして私たちの多くと同じように、不完全な機能不全な家庭で育った。素晴らしい思い出もあるし、両親やきょうだいを愛しているし、愛されていることも知っているが、それでも精神的な安心感はなかったのだ。

ジーンの家では感情的な雰囲気がいつどう変わるかまったく予想できなかった。とつぜん、ささいなことで怒られ、厳しい言葉を浴びせられることが頻繁に起きたのだ。そんなときは、ジーンも他の家族も薄氷を踏む思いで過ごしていた。いつ罵られたり責められたりするかわからなかったのだ。

この時点で私は何年も人々の囚われた感情を解放していたが、囚われた感情がハートのまわりに〝壁〟を築くことがあるという発見は非常に思いがけなかった。長年の間には、人々に行っているセッションで何か見落としているのではないかと感じることがたびたびあった。ときには患者が人生でくぐりぬけてきた過酷な体験で感情の重荷を背負っていることはわかるのに発見できないこともあった。患者の潜在意識に「いや、解放すべき囚われた感情はない」という答えを出されては、私には解放できない感情の重荷があるに違いないと知らされてきたのだ。ハートウォールを発見したことは、まさになくしていたパズルのピースを見つけた思いだった！

わくわくしています！

ハートウォールを壊して以来、私はとてもすっきりした気分になり、瞑想をはじめ、人生に対してまったく新しい見方をするようになりました。多くの人が囚われた感情を解放して人生が輝いて見えるようになるように手助けしたくてうずうずしています……わくわくしすぎて、タイプが追いつかないほどです！——ケリー・S

あなたの核を守る

私たちのハート（心、心臓）は、普通の人生を送っている間にも多くのことを体験している。「ハートエイク（心痛）」や「ハートブレイク（失恋）」といった言葉は感情的に傷ついたときに痛みを感じるのが心臓だからだ。「キドニーエイク（腎臓痛）」や「パンクリースエイク（膵臓痛）」などという言葉はない。精神的に極度に緊張をしたとき、心臓がやけにどきどきした感覚を覚えていないだろうか？　たいていの人が一度や二度は感じたことがあるはずだ。

人は不快だったり辛かったりする状況に多くの方法で対処する。攻めるときもあれば、退くときもあるし、隠れるときもある。だが、たいていは傷つくことから自らを守り、かばう必要を感じるものである。

ハートはとても重要であり、潜在意識はときにはハートを危険から守る必要があると知っているのだ。そこで、どういうことが起こるのか？　肉体的な危険からあなた自身を守る必要があるとしよう。最も論理的な行動は、何でも見つけられたものの陰に隠れることだ。潜在意識もこの論理に従っている。ハートが傷ついている、もしくは〝壊れる〟恐れがあるとき、潜在意識はすばやく反応して、ハートを安全に隠せるシェルターをつくるのだ。

これがジーンが子どもだった頃に起きたことである。ジーンのハートには隠れる場所が必要だったからこそ、潜在意識は急いでシェルターをつくったのだ。そして最も便利で豊富に手に入る建材が囚われた感情だったというわけだ。

最初、私はとまどっていたが、潜在意識も避けられないルールに従っているようだと気がついた。たとえば、何もないところから壁はつくれない。私たちが生きている世界では、周囲のものはすべてエネルギーでできており、潜在意識もその概念を絶対的に理解している。物理的な世界に存在する壁は、選ばれた建材かどうかはともかくとして、究極的にはすべてエネルギーでできている。潜在意識がつくったハートウォールもエネルギーでできているのだ。そして、それがある特定のエネルギー、すなわち囚われた感情のエネルギーなのだ。

潜在意識は囚われた感情のエネルギーを使って、ハートの周囲の柵や盾をつくっている。文字どおりの意味で、ハートを守るために、周囲にエネルギーの壁をつくるのだ。

潜在意識にとって、ハートウォールはあなたがすわっている椅子と同じように具体的なものなのだ。私たちがこの目で見ている世界とは少し次元が異なる現実に存在しているだけで。だからといって、現実味がないだろうか？　そうは思わない。紫外線も電磁スペクトルの大部分も目には見えないが、その存在を疑問視する人はいない。

ジーンのハートの周囲に壁を築いている囚われた感情を解放できるだろうかと質問したとき、答えは「イエス」だった。

ジーンの身体は囚われた感情を数週間かけてひとつずつ解放することを許してくれた。ハートウォールの感情を解放する手順は、他の囚われた感情の解放と変わらなかった。唯一の違いは、囚われた感情に接触するためには、ハートウォールからその感情を解放してもかまわないかと具体的に尋ねなければならないことだけだ。

ハートウォールの感情は一度のセッションで複数を取り除くことが許されることもあるが、たいていは許されない。

身体が解放された感情を処理するには時間が必要であり、セッションごとに辛抱強く待たなければならないのは当然である。私たちはだいたい数日ごとに数個ずつの囚われた感情を解放することができ、ついにはすべて取り除かれ、ジーンにはもうハートウォールがなくなった。

首の痛み、月経前症候群から歯科医恐怖症まで

人生のほとんどをひどい首の痛みと戦ってきたクライアントがいた。ハートウォールを壊すセッションの1回目を行ったあとすぐに彼女の痛みは和らいだ。ハートウォールが壊されると、日常において、これまで気にしなかった心身の健康に気を遣うようになったのだ。

また、別のクライアントは覚えていないくらい若いうちからPMS（月経前緊張症）に苦しんでいた。その後ハートウォールのセッションをするたびに、毎月の月経周期ごとにPMSがどんどん軽くなっていくと話していた。今では生理中もまったく痛みを感じないのだ！

また歯科医が怖くて12歳から一度も行っていないというクライアントもいた。ハートウォールを壊すと、この根強い歯科医に対する恐怖も消え、彼女は54歳にして再び歯科医を予約したのだ！——シーラ・T

ジーンのハートウォールができるまで

子どもの頃、ジーンのハートには安全なハートウォールが必要だった。ジーンが受けた暴言や精神的な虐待の痛みやショックを麻痺させていたのだ。だが、ハートウォールはジーンの心が壊れるのを防いでいたものの、それと同時に犠牲にしているものもあった。

ハートウォールがあることで、楽しい感情に対しても鈍くなっていたのだ。ジーンは疎外感を感じ、孤立さえしていた。親しい友人が欲しくて何度も努力したが、いつも何かが障害になるのだ。ジーンは好かれて

いたものの、他の人たちといるとくつろげないと感じていた。知りあいはたくさんいるのに、親しい友人がほとんどいなかったのだ。

社交的な集まりのときには長年知っている人たちと一緒でも、決まって外から眺めているような気分になった。どうしても、そこに属しているという気持ちになれなかったのだ。

子どもから大人になりはじめた頃まで、ジーンは不安や恨み、その他のネガティブな感情をいくつも感じていた。そのうちのいくつかが処理しきれずに囚われた感情となり、体内のさまざまな場所に住みついたのだ。そうした囚われた感情のなかにはすぐにハートウォールに加わるものもあれば、のちにとりわけ辛い経験をしたときに加わったものもあった。

ジーンは意識的に人生に対して最善を尽くしてきたものの、それと同時に潜在意識はハートがそれ以上傷つかないように、究極の安全策として囚われた感情をハートウォールに加えたのだ。

潜在意識はジーンの壁のイメージとして木の床、とりわけ歩くことができるハードウッドを選んだのだ。何を象徴しているかわかるだろうか？　ジーンが育った家にはハードウッドの床があり、見慣れている光景なのだ。潜在意識はジーンが２歳のときに壁をつくりはじめ、特別な防御策が必要になるたびに層を加えつづけたのだ。

最後の囚われた感情が解放されると、とても興味深いことが起こり、ジーンは過去と、自分自身に対する見方を乗り越えたのだ。

本音を話す

ハートウォールを壊すセッションを重ねるたびに、どんどん本当の自分であることに勇気が持てるようになりました。本音を話し、毎日〝自分を愛し、自分を気遣う〟ルーティーンを行い、私を押えつけていた不安を閉じこめるようになっていったのです。――ジョセフィーン・B

もう一度、繋がりを

ハートウォールから最後の囚われた感情を解放すると、ジーンは大きな変化を感じた。

「生まれて初めて、もう部外者じゃないと感じたわ」。ジーンは私にそう言った。「ずっとこんなふうに感じたいと思っていたの。仲間のひとり、グループの一員であるのがどんな気分かやっとわかった。これまでの気分とはまったく違うし、とても素晴らしいし、正しい気がする」

その日以来、そうした感覚はジーンのなかにとどまり、さまざまな面で妻を成長させた。私たちはハートウォールを壊すと、他の人々と心から繋がれることが多いと知ったのである。

人格や魂は他の人々への愛情や、他の人々との交流によって成長することが多い。心を開くほど、互いの絆は強くなる。絆が強くなれば、ますます愛をやり取りでき、人生が豊かになる。

私はジーンと、あの日ジーンが見た夢に感謝している。妻がいなければ、ハートウォールはまだ謎のままだったかもしれない。

他の人にもハートウォールのテストをはじめると、とても一般的な問題であることがわかった。私たちの経験では、93％の人にハートウォールがある。あなたにもハートウォールがある可能性があるのだ。ハートウォールがない人の大半は、まだ人生の辛い試練を受けていないだけの幼い子どもたちだった。

ジョアンの辛い結婚生活

私が最初にハートウォールのテストを行った人々のなかに、ジョアンという女性がいた。ジョアンはとても素朴で穏やかな家庭で、大切に育てられた。彼女によれば、両親が争っている姿は覚えがなく、怒りに満ちた言葉が発せられた回数も片手でたりたらしい。

ジョアンは結婚して22年で５人の子どもがいた。夫のニックは感情的にも心理的にもジョアンを虐待して暴言を吐くような男だった。家庭をひどい雰囲気にしており、ジョアンの身内はどうしてひどい結婚生活に何年も耐えつづけているのかと不思議に思っていた。

似たような立場にいる女性たちの大半と同じように、ジョアンもハートウォールをつくり、夫の暴言や感情的な攻撃から弱い心を守っていた。

虐待が始まったのは結婚２年目だった。ジョアンの最大の望みは結婚生活を続けることであり、それでずっと離婚せずにいたのだ。

そして結婚生活での虐待が悪化するにつれて、潜在意識はハートウォールを築きはじめた。

ジョアンのハートウォールは22年間ずっと心を守ってきたのだ。ハートウォールを壊すのは正しいことだろうか？　人生のこの時点のジョアンにとって正しいことだろうか？　ジョアンの身体はハートウォールを築いたのは理由があってのことだが、ハートウォールがあれば、必ず代償を支払う。ジョアンの場合は何に対しても感情が動かなくなってしまった。

唯一の安全な方法は、ハートウォールをつくっている囚われた感情を解放しても大丈夫かどうか、潜在意識に尋ねることだった。

「今、あなたのハートウォールから囚われた感情を解放してもいいですか?」。私はそう質問した。ジョアンの身体は「イエス」と答えた。ハートウォールを築いている囚われた感情を取り除きはじめてもいいということだ。それどころか、ジョアンの身体はそれを求めていたのだ! 囚われた感情は次々と解放されていった。潜在意識はすっかり準備を整えており、私たちはできるかぎり速く、囚われた感情を見つけて解放していった。

点と点を繋げる

どんな感情が囚われているのかがわかると、それぞれの感情がいつ囚われたのか質問した。そうした質問はジョアンが痛みを覚えた人生における特定の出来事と囚われた感情を結びつけるのに役立つ。すると、問題が深刻になりはじめた結婚2年目まではハートウォールがなかったことが判明した。

囚われた感情の原因をひとつずつ追っていくと、ジョアンがハートウォールを必要とした理由は簡単にわかった。囚われた感情のひとつは、夫がジョアンの目の前で自分の頭に銃を突きつけて自殺すると脅したときに生じたのだ。また、それとは別の囚われた感情は、夫がジョアンが信じる宗教の儀式に激怒し、すぐ前で聖書を焼いたことがきっかけだった。ハートウォールを築いている囚われた感情は9つあり、すべてが夫との度を超えた体験がきっかけだった。

約30分で9つすべての感情を解放し、ジョアンのハートウォールは完全に消えた。潜在意識がハートウォールが消えたことを示すと、ジョアンは静かにほほえんだ。

「どんな気分だい？」。私は尋ねた。

「少しめまいがしますけど、大丈夫です」。ジョアンはそう言うと、ニックがいる家へ帰っていった。

22年間、ジョアンはハートのまわりに無感覚になれる壁を築いてきた。そして壁がなくなって急に、家に足を踏み入れたとたんにニックが投げつけてきた辛辣な言葉や、秘密や、悪夢を感じられるようになったのだ。十数年ぶりに、ジョアンはニックとの関係に何が起こっているのかを感じた。ずっと夫の残酷さをすべて受けとらないようにハートウォールに守られていたのだ。守ってくれる壁がなくなってやっと実際に起こっていることを体験できるようになると、ジョアンはこんなにも長く夫と一緒にいたことが信じられなかった。こんな狼藉に誰が耐えられるの？　どうして、これ以上耐えなきゃいけないの？　2週間後、ジョアンは永遠にニックのもとを去った。そして離婚を申し立て、長年ジョアンを囚人のように捕らえてきた虐待から自由になって残りの人生を過ごした。

気分がとても軽くなりました

ハートウォールを壊したあと、気分が悪い日よりいい日のほうが多くなりました。以前は1週間ごとに憂うつになったり失望したりするか、幸せで活力が湧いてくるかのどちらかで、気分の浮き沈みが激しかったのです。そんなわけで、以前よりはるかに気分が軽くなり、今付きあっているパートナーに関心をすべて向けられるようになりました。他の人に対するときも自信がついて、恥ずかしがって避けたり、話したくないというネガティブな振動を送ったりするのではなく、きちんと会えるようになりました。自分の感情にも意識を向けるようになり、ネガティブな感情が湧きあがってきたときに抑えようとするの

ではなく愛情を注ぎこめるように、たくさんのことを学んでいます。――ジャスティン・M

ハートウォールはどんなときに必要なのか？

数多くある身体の防御システムと同様に、ハートウォールも短期の場合は非常に重要な安全策となり得る。打ちのめされるほどのことが起きたとき、緊急的な障壁となってあなたを救ってくれるのだ。爆弾を投げつけられたら、シェルターに隠れるのはよい案だ。だが、永遠にそこに住みたくはないだろう。そんな場所に住んだら、人生の喜びも驚きも失ってしまう。

長期間ハートウォールを持つのは、地下にあって他の世界と隔絶されているシェルターで暮らすのとよく似ている。築かれたときに人生にとってどんなに重要だったとしても、ハートウォールはできるだけ早く壊したほうが、より幸せで他の人々と繋がった人生が送れる。ハートウォールを壊すことで、期待外れの人生を送るか、めでたしめでたしの人生を送るかの違いが生まれることもあるのだ。

ミランダと昔の恋人

ミランダはまさしくハートウォールが恋愛の障壁となった例である。ミランダは魅力的な38歳の看護師で、首の痛みでクリニックへやってきた。そして一連の検査をしているときに、もう何年も誰とも付きあっておらず、もう男性と恋愛することにも興味がないと話した。テストの結果、ミランダにはハートウォールがあったが、少しも意外ではなかった。

8年前、ミランダは心から愛した男性との恋に破れていた。もう二度と同じような痛みや傷を経験しないようにと、潜在意識がハートウォールを築いたのだ。

　ミランダの場合、8年間ずっと3つの感情が消えずに囚われていて、別の男性と恋愛するじゃまをしていた。このハートウォールを築いている3つの感情が首の痛みのおもな原因であることにも、ミランダは気づいていなかった。首の痛みはしばらく続いていたので慢性的なものだと考えられていたが、診断を受けた他の医師たちには少し不思議がられていた。何をしても痛みが和らがなかったからだ。

　私はハートウォールの階層を築いている3つの囚われた感情をひとつずつ解放していった。そして最後の感情を解放すると、とつぜんミランダの首の痛みがすっかり消え、筋肉テストでもハートウォールが消えていることが確認できたのだ。

　次にミランダと会ったのは約3カ月後だった。ミランダはとても幸せそうだった。何か変化があったのかと尋ねると、ミランダは興奮して答えた。「何もかもです！」。そして首の痛みはずっと感じていないと報告してくれた。だが、もっとよいニュースがあった。

「この間先生に会ったあと、子どもの頃のボーイフレンドに出くわしたんです。小学校を卒業してから一度も会っていなかったのに。でも、彼がうちの近くの角をまがったところに――1ブロックも離れていないところに――8年近く住んでいることがわかって。付きあうことにしたら、ぴんとくるものがあって。私たち、愛しあっているんです！　たぶんプロポーズされると思います」

　首が痛いと嘆き、男性には興味ないと言ってクリニックを訪れてきた女性はもういなかった。ミランダはまったく新しい女性に生まれかわったようだった。

「助けてくださってありがとうございました」。ミランダは言った。「ハートウォールを壊していただかなかったら、「正直いって、こんなことは起きなかったと思います。以前はあまりにも心を閉ざしていましたから」

囚われた感情とハートウォールが解放されると、やっとまた感情を抱けるようになったと言う人がいる。久しぶりに自由に愛情を与え、受けとれるようになったのだ。そうした状態になってこそ、興味深く素晴らしい出来事が起きるのだ。

いかに生きるか

私たちは愛と喜びと繋がりに満ちた人生を、楽しく健康的に生きるべきである。あらゆる感情のなかで、愛が最も純粋で、高貴な雰囲気を持っている。すべての感情のなかで最も力強く、最も一般的な愛はハートから生まれ、ハートで受けとめられる。

もしハートウォールがあれば、思うように愛情を与えられない。ハートのなかの愛のエネルギーがうまく出られないからだ。

同時に、他の人からあなたに向かって放たれる愛もかなり遮断されてしまう。

結果として、過去にくぐりぬけた精神的なトラウマとハートの周囲に築いた壁のせいで、他の人々からいくぶん孤立した人生を送る可能性がある。ハートウォールを築いた当時、それは完璧に理にかなった反応だった。だが、ハートウォールを壊さないかぎり、その陰に囚われてしまい、他の人々、さらには最も愛する人ともあまり付きあえず、絆も築けなくなるかもしれない。

ハートウォールが壊れて初めて、その人の人生も、その人の子どもや家族の人生も完璧につくられるのだ。

自分自身を愛せるように

ハートウォールを壊して以来、以前より自分を慈しめるようになりました。いつも自分より他人を優先するのではなく、自分のことも等しく考えられるようになったのです。以前より思いやりを持てるようになり、情け深くなって、自分を愛せるようになりました。今では他の人からの愛情も、自分自身の愛も、受けとめられます。――レイチェル・M

ハートウォールを壊した影響については、約30％はとても明らかですぐに変化に気がつくが、大多数の結果の現れ方は微妙であり、ひとりの人生において変化が起きるのは少しずつであり、本人でもすぐには気づかないかもしれない。

ポーラと怒れる息子

ある日、ポーラという女性が当時17歳だったリックという息子を連れてクリニックへやってきた。ポーラの話では、リックは怒りに関して問題を抱えているという。リックは悪い仲間と付きあっており、成績は最悪。次はドラッグに手を出すのではないかと心配で、助けを求めにきたらしい。私が囚われた感情に関するセッションを行っているという話を聞いて、息子の怒りもそのせいではないかと考えたのだ。

私が黙ったまま怒っている若者にテストをすると、ハートウォールがあることがわかった。そこで母親にもテストをすると、彼女にもハートウォールがあったが、けっして意外ではなかった。

まもなく、怒りに苦しんでいるのはリックだけではないと明らかになった。母親もリックの父親である前夫に対する怒りと恨みでいっぱいだったのだ。ポーラはいつもむっつりとした表情をしていて、口もとは決然とした怒りで硬く結ばれていた。

リックのハートウォールは10分ほどのセッションを5回行うことで解放できた。ときおり一度のセッションでふたつの感情が解放できることもあったが、たいていはひとつだけだった。リックのハートウォールを築いていた感情はすべて父親がらみで、この5年間リックはずっと父親に捨てられたと感じていたのだ。両親の離婚はリックにとって非常に難しい問題だったのだ。囚われていた中で特に目立ったのが〝怒り〟〝欲求不満〟〝恨み〟〝役立たず〟という感情だった。

ひととおりのセッションが終わると、リックはすぐに変わりはじめた。髪形まで変わったのはおもしろかった。初めて会ったとき、リックはオレンジ色のモヒカン頭だった。彼にとって、髪形はおもしろさや創造力というより反抗心の表現だったのだ。もう怒りと恨みを表現する必要がなくなり、普通の髪形に戻ったのだ。それだけでなく、成績も数段階よくなった。以前から賢い少年だったのだが、今は周囲とふたたび繋がるようになり、学校で最善を尽くす動機ができたのだ。

ハートウォールを壊すまでは、父親を思いだすと、リックの胸には激しい怒りがこみあげてきた。だが、ハートウォールを壊したあとは、父親のことを考えられるようになり——一緒に過ごすことさえも——平気になった。ふつふつと怒りが湧いてきたのは過去の話となり、今では以前より幸せで積極的になった。ハートウォールを壊したとき、人生を取り戻したのだ。

私はリックに最後に会ったときのことを、劇的に変わったリックのことを忘れないだろう。父親と最近行った釣り旅行のことや、父との関係がいかに変わったかを私に話しながら、ほほえまずにはいられなかったリックのことを。

一方興味深いことに、母親はハートウォールを壊しても、何も変化に気づいていないようだった。ハートウォールを壊した2カ月後、ポーラがクリニックへやってきて文句を言った。「いったい何が起きているんですか？　リックはすっかり違う人間になってしまったみたいで。見分けもつかないくらい。でも、私は以前とちっとも変わらないんです！」

私はハートウォールを壊しても、変化が感じられたり、人生の物事が整ったりするには時間がかかることが多いと説明した。ハートウォールが壊れると、心身が変わるヒーリング段階が始まり、時間がかかるのだと。

ポーラがその説明に納得したのかどうかはわからなかった。だが、リックのように自分の人生も劇的に変わらなかったことに落胆していたのはわかった。しばらくふたりには会っていないが、たびたびどうしているだろうかと思ってはいた。

それから約1年後、私はポーラと衣料品店で会った。ポーラは私に気づき、私が彼女に気づくかどうか見ているようだった。私は見覚えのある女性だとは思ったものの、誰だかわからなかった。そして話しているうちに、やがてポーラだとわかった。あまりにも変わっていてわからなかったのだ！　ポーラの顔は幸せそうに輝いていた。全体の雰囲気が変わっていたのだ。最後に会ったあと、ポーラはこのすてきな店でやりがいのある仕事に就いただけでなく、すてきな男性と知りあい、結婚したばかりだったのだ。

話しているうちに、リックも相変わらず学校でもそれ以外の人生でもうまくやっていることがわかった。

私はポーラにハートウォールのことと、1年前の会話のことを尋ねた。

「今回のことにハートウォールを壊したことが関係あるのかないのかはわからないわ」。ポーラは笑いながら答えた。「でも、私の人生はとても信じられないくらい1年前よりはるかによくなっています！」

私はポーラと別れて歩きながら、ほんの1年前は彼女がどれほど激しく怒り、不満そうだったかを思いだし、ハートウォールを壊さなければ、いったいポーラはどうなっていただろうと思わずにはいられなかった。

子どもとハートウォール

子どももハートウォールを築くことが珍しくないのは、この世界の悲しい事実である。

幼い子どもの心がどれだけやさしく開かれているか（あるいは、そうあるべきか）考えてみてほしい。子どもたちは無力で疑うことを知らない。だから獲物を狙っている者たちや、虐待する大人や、ときには残酷な子どもたちにさえ餌食にされてしまうのだ。そうした場合、決まってハートウォールが見つかる。

素晴らしい家庭や最高の環境にあっても、人生は厳しいときもある。次に紹介する手紙はうつ病と診断された息子を持つ女性から届いたものである。息子は親しい友人の死を目撃したことで囚われた感情が生じ、哀れな小さな心が完全に壊れないようにハートウォールが築かれたのだ。

9歳の少年とうつ

ネルソン先生、私は数週間前に息子を連れて先生に会いにいきました。息子がずっと異常な行動をしていたからです。息子は食べることも、眠ることも、集中することもできませんでした。怒りっぽくなり、ネガティブで、悲観的になっていたのです。学校は悪夢のようでした！　私たちは学校の宿題をやらせようとして促したり、叱ったり、ごほうびをあげたり、買収したりしました。でも、やっと宿題を終わらせても、先生に出そうとしないのです。息子は賢い子ですが、宿題を提出しないので成績はよくありません。

私は調べてもらうために小児科の予約を取りました。すると、そこで小児神経科を紹介され、その後さらに詳しく検査をするようにと精神科医を紹介され、うつ病と診断されました（息子は２年前に親しかった友だちが溺死するところを目撃し、その10カ月後にはいとこの葬儀に参列しました。それから半年以内に４人の親戚が亡くなっており、私はそうした出来事が息子のうつに影響したのではないかと思っています。私は息子がそうした出来事に対処できるように力を貸したつもりですが、どうやらまだ影響が残っているようです）。

ネルソン先生のもとへ連れていったとき、息子はテストを受け、ハートウォールが体内の感情の不均衡を引き起こしていると診断されました。私はこうした治療の科学的な側面についてはわかりませんが、やっと息子のなかで大きくなっている問題に対する答えが見つかったと信じています。セッションを受けたあと、息子は２日ほど少し反応が鈍くなりましたが、その後の数週間の行動の変化は目を見張るほどです！

１週間目の終わりには普通に眠ったり食べたりできるようになり、かつてのように楽しそうにしていて熱意も戻ってきました。今では私に突っつかれなくても宿題はすべて終わらせています。わが家は以前よりははるかに心地よくなりました――息子はよくお手伝いをしてくれる、やさしくて、がまん強い子どもです。あのやさしい息子が帰ってきてくれたという気分です！

もし、この手の治療法を疑って避けていたら、まだ解決法が見つからず、息子は悲しみと失意を抱いたままだったでしょう。でも、私は文字どおり息子を救ってくれた治療法を見つけられました。ありがとうございました！——パトリシア・L

小さなジェイコブのハートウォール

子どもたちに関して最も感動した体験のひとつが、ミーシャという若い母親から語られた話である。ミーシャの息子である3歳のジェイコブは生後まもなく双子の兄を亡くしたことでハートウォールができていた。私は一度の来院でジェイコブを診断してハートウォールを壊し、そのあと届いたのがこのミーシャからの感謝の手紙である。

3年半前、私は双子の男の子を出産しました。生後9日目にウイルスに感染して最終的には心臓発作を起こし、2カ月も危険な状態が続きました。そして兄のジョーダンは複数の合併症を引き起こして亡くなり、残されたジェイコブは急速に回復して退院できたものの、その後も心臓に問題を抱えたままでした。

ジェイコブは心臓に欠陥を抱えただけでなく、激しい怒り、破壊衝動、悲しみ、不安、攻撃性などに現れている長く深く続いていた感情でハートウォールが築かれていました。でもセッションを受けた1～2日後、やさしい息子が戻ってきました。友人たちは息子を見てとても幸せそうだと言ってくれます。ジェイコブは人の助けになることが好きで、親切で、がまん強くて、愉快な子です。息子の行儀は重苦しい感情がのしかかっていたときと正反対になりました。このままセッションを続けていけば、きっと

精神的に癒され、息子にふさわしい幸せな人生を送れるものと信じています。――ミーシャ・E

トラウマと吃音を克服したローリ

私は3年前から吃音になった8歳の愛らしい娘ローリのことを心配する両親から連絡を受けました。ローリはスピーチセラピーを受けていましたが、まったく効果がなく、それどころかここ数カ月で吃音が悪化していることに両親は気づいていました。

私たちはセッションでハートウォールを含む多くの囚われた感情を解放しましたが、どれも両親が激しく言い争っていた時期に生じた感情でした。そして最近になってローリの10代の兄が不機嫌でばかにしたような態度を取るようになったことで、また緊張するようになったのです。

1回目のセッションですぐに効果が出たことで、両親はとても驚いていました。セッションの翌朝、ローリはいつもより遅く起きたものの元気いっぱいでした。そして吃音が出ることなく、すらすらと話せたのです！　ローリの学校の先生もすぐに連絡をくれ、両親は家でどんなことをしているのかと思ったようです。その後、仲のよい家庭をつくれるように、家族全員が個別にセッションに参加し、とても素晴らしい効果をあげています！

ローリは緊張することなく、すらすらと楽に話せるようになったことを喜んでいます。「とても幸せで自由な気分」だそうで、とてもかわいい絵を描くようになりました。何とありがたいことでしょうか！

――アン・メアリー・K

ハートウォールを見つけて解放する

さて、実際にハートウォールがあるのかどうかを判断し、解放する方法について話そう。ハートウォールを見つけたければ、質問すればいい。潜在意識にハートウォールがあるのかどうか質問しなければ、けっしてわからない。

ハートウォールは囚われた感情でできているが、潜在意識はそうした分類はしない。囚われた感情はもうハートウォールの一部であり「ハートウォールはあるか」と質問しないかぎり、答えてもらえない。潜在意識にハートウォールが存在することを認めさせないかぎり、壁をつくっている囚われた感情にはたどりつけないのだ。簡単に言えば、囚われた感情をハートウォールと呼べばいいということだ。そして囚われた感情をひとつずつ解放していけば、ハートウォールは壊れる。

じつに簡単である。「私（あなた）にはハートウォールがありますか?」と質問する。次に自分が選んだ筋肉テストで答えを得て、次のフローチャートで説明されている手順に従う。たいていの人は1回でハートウォールをつくっている感情をひとつから10個解放でき、1〜5回のセッションでハートウォール全体を壊せる。

私の経験ではテストを受けた93%の人にハートウォールがあった。

次の2ページには、「エモーションコード・チャート」と「囚われた感情フローチャート」が載っている。並べて載せているのは、エモーションコードを使用するときに見やすくなるためだ。両チャートの英語版は、DiscoverHealing.comにも掲載されている。

「隠れた」という言葉を使う

「あなたにはハートウォールがありますか？」と質問して、答えが「ノー」だった場合、別の現象が起きていることがある。ハートウォールが隠れ、質問や断言する文に「隠れた」という言葉を使わないと、答えに現れない場合があるのだ。ハートウォール全体としての目的は心を守ることであり、言い換えれば、感情を害するものから心を隠すことなのだ。ときおりハートウォールの隠れ方がうますぎて見つからないことがあるが、「隠れた」という言葉を使って質問すれば、正体を現してくる。

もし「あなたにはハートウォールがありますか？」という質問に対する答えが「ノー」だったら、ハートウォールはたんに〝隠れて〟いるだけかもしれない。この可能性について確認するには、質問や断言する文に「隠れた」という言葉をたすだけでいい。たとえば「あなたには隠れたハートウォールがありますか？」という具合に。ハートウォールは存在するが隠れている場合には、正体を見せるはずだ。潜在意識が一度隠れたハートウォールの存在を知らせてきたら、もう「隠れた」という言葉を使う必要はない。一度見つけてしまえば、隠れていないのだから。

隠れたハートウォールは、ハートウォールと何ら変わらない。少し見つけにくいだけのハートウォールだ。見つけにくいハートウォールを発見するために「隠れた」という言葉を使わなければならない頻度はわからない。

エモーションコード™ チャート

	A列	B列
行1 心臓 または 小腸	放棄（自暴自棄） 裏切り 孤独感（心細さ） 当惑（途方に暮れる） 愛されない（愛が受け入れられない）	努力が報われない 心痛（悲嘆） 不安定さ 狂喜（過度の喜び） 脆弱（ひ弱さ）
行2 脾臓 または 胃	不安（心配・懸念） 絶望（諦め） 嫌悪感 緊張 心配	不出来（落伍者） 無力感 絶望感 コントロール不能 自尊心の低さ
行3 肺 または 大腸	泣く 落胆 拒絶 悲しみ（沈んだ心） 悲哀	混乱 防衛 悲痛 自虐 頑固さ（断固たる執着）
行4 肝臓 または 胆のう	怒り 苦々しさ 罪悪感 憎しみ 恨み	憂鬱（意気消沈） 欲求不満 優柔不断 パニック（うろたえる） 利用される
行5 腎臓 または 膀胱	非難 恐れ 怯え 恐怖を伴う嫌悪感 苛立ち	葛藤 創造することに対する不安感 激しい恐怖 サポート(支持)されない 臆病（優柔不断）
行6 内分泌腺 または 生殖器	屈辱 嫉妬 切望（熱望） 強い欲望（渇望） 圧倒	自尊心（プライド） 恥 ショック（衝撃） 無価値感 役立たず

　チャート日本語訳／高野ひろ子

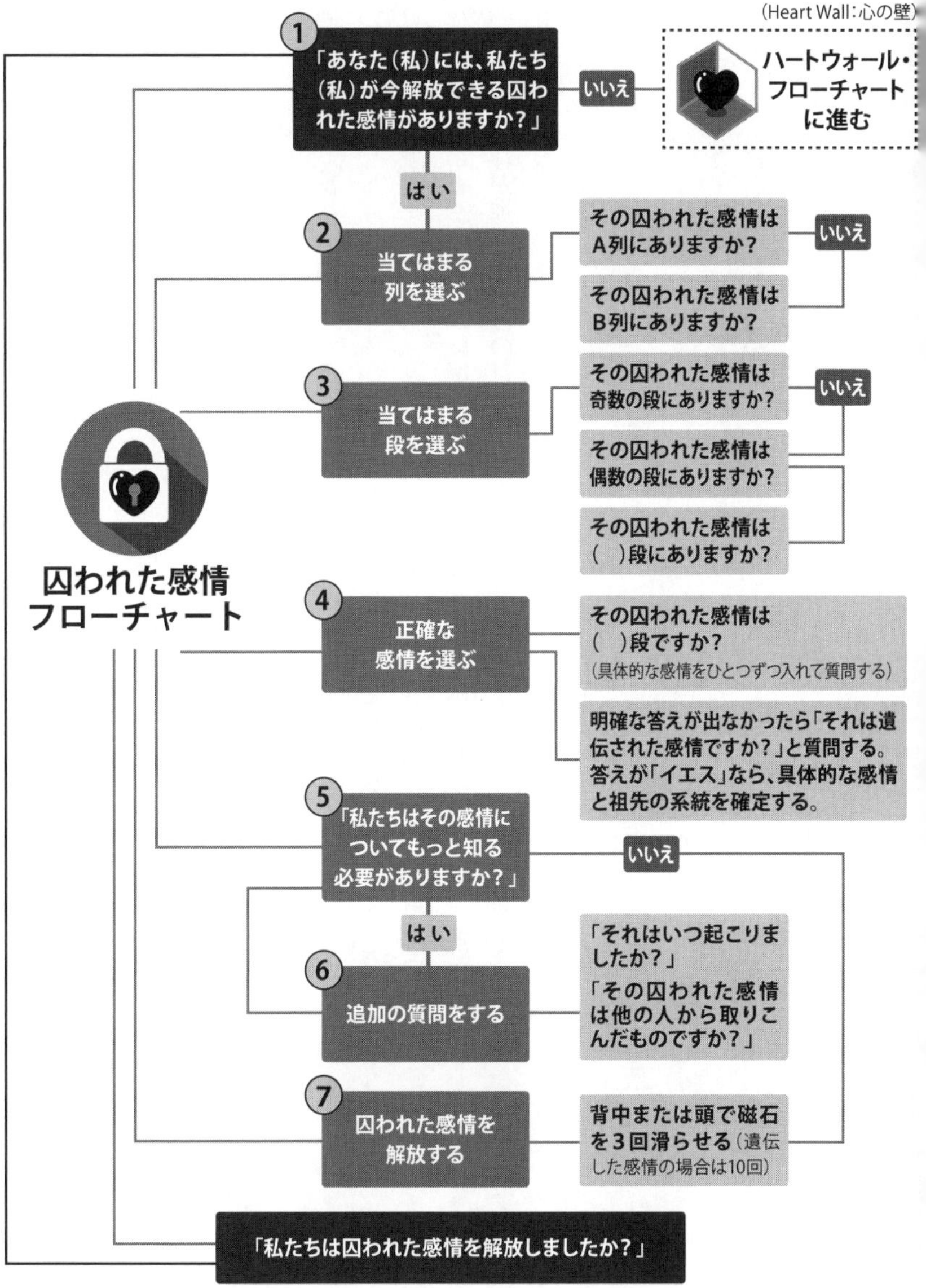

(Heart Wall：心の壁)
①「あなた(私)には、私たち(私)が今解放できる囚われた感情がありますか？」
いいえ
ハートウォール・フローチャートに進む
はい
②当てはまる列を選ぶ
その囚われた感情はA列にありますか？
いいえ
その囚われた感情はB列にありますか？
③当てはまる段を選ぶ
その囚われた感情は奇数の段にありますか？
いいえ
その囚われた感情は偶数の段にありますか？
その囚われた感情は(　)段にありますか？
囚われた感情フローチャート
④正確な感情を選ぶ
その囚われた感情は(　)段ですか？

(具体的な感情をひとつずつ入れて質問する)

明確な答えが出なかったら「それは遺伝された感情ですか？」と質問する。答えが「イエス」なら、具体的な感情と祖先の系統を確定する。
⑤「私たちはその感情についてもっと知る必要がありますか？」
いいえ
はい
⑥追加の質問をする
「それはいつ起こりましたか？」

「その囚われた感情は他の人から取りこんだものですか？」
⑦囚われた感情を解放する
背中または頭で磁石を３回滑らせる(遺伝した感情の場合は10回)
「私たちは囚われた感情を解放しましたか？」

ハートウォールの感情は解放できる状態なのか？

ハートウォールが存在することがわかったら、「私たちは今ハートウォールの感情を解放できますか？」と質問する。

ハートウォールは理由があって生じたものであり、最終的にはその存在は個人の健康と幸せに悪影響を及ぼすものの、まだハートウォールによる防御を捨てる準備ができていない、あるいは進んで捨てたくないと思っている状態の人もいる。その場合は本人の意向を尊重すること。

ハートウォールは存在するが、囚われた感情をひとつずつ解放していくことに否定的な答えが返ってきたら、潜在意識がなぜ「ノー」と答えたのか理由をじっくり考える。今の状況が安全ではないのだろうか？ 何か困難なことやトラウマに関わることをくぐりぬけているのだろうか？ 別の件で、心または身体に負担がかかる処理が進んでいるのだろうか？ 潜在意識に耳を傾けることが重要である。潜在意識は最善のことを知っているのだから。

質問に対する答えが「イエス」なら、第6章で説明されている手順に従うこと。

ハートウォールの一部であろうとなかろうと、エモーションコードで囚われた感情を解放する方法は変わらない。「私たちは今ハートウォールの感情を解放できますか？」と質問して「イエス」という答えが返ってきたら、潜在意識にはすでに解放すべき感情がわかっているということである。

いちばん最初に解放する感情を選ばないこと。選ぶのは潜在意識である。

今あなたがやるべきことは、チャートに載っているどの感情なのか見定めることと、潜在意識が求めているその他の情報をつかむことである。そうすれば、囚われた感情は解放できる。

平穏と落ち着き

私はこれまで自分のハートウォールから9つの感情を解放してきましたが、目を見張るような変化が起きています。これまでも心に何か大きな障害があり、満ちたりた人生を送る妨げになっているという自覚がありました。人生のさまざまな面である程度までは到達できるのに、決まって壁にぶつかって2歩後退してしまうのです。これまで壁を排除する他の方法を使ってきましたが、エモーションコードはじつに素晴らしいです。すぐに効きめがありますし、変化もすばやく起こります！　今、私の人生にはさまざまなことがすんなりと流れてくるので、多くのことについて落ち着いた穏やかな気持ちでいられます。さらに多くの感情を解放して取り除けるのを楽しみにしています！——ニキ・K

処理に必要な時間

これまでも説明してきたように、ハートウォールをつくっている囚われた感情を1回のセッションで次々とすべて解放できるときもある。その一方で、解放された感情を処理する時間が必要なため、潜在意識が限られた数の囚われた感情しか解放させない場合もある。この処理にかかる時間は数時間から1日、またはそれ以上で、その後はまたハートウォールの感情が解放できるようになる。

ハートウォールから囚われた感情が解放できたことを確かめられたら、また最初の質問に戻って「私たちには今ハートウォールから解放できる感情がありますか？」と尋ねる。答えが「イエス」で時間があれば、セッションを続ければいい。
答えが「ノー」でハートウォールがなくなったのかどうか確認したい場合は、もう一度「私にはハートウォールがありますか?」と質問すればいい。まだハートウォールがあれば、次の感情はいつ解放できるか質問する（「1時間以内」「明日」など)。

ついに見つけた喜び

これはハートウォールを壊して、ついに喜びを見つけた高齢の女性の話である。

私は81歳の誕生日を迎えたばかりですが、これまでの人生でこんなに幸せな気分になれた日は覚えがありません！　エモーションコードを紹介してくれたのは義理の娘で、私が長年苦しんできた右足のつま先の痛みを取り除いてくれました。それで、このヒーリング方法にとても興味を持ったのです。その後、本を買って、感情の解放をはじめました。ひとりだけになれる日が数日あったので、身体が許す範囲で1日4～5時間セッションを行い、土曜日の午後1時にハートウォールが消えました！　こんなに幸せな気分になれるなんて思ってもいませんでした！　その後、義理の娘が電話でボディーコードを使い、22歳の頃からときおりカイロプラクティックや理学療法に通っていた腰の痛みを取り除いてくれました。そして今夜は、長年の悩みの種だった両膝の痛みを取り除けたのです。2年間理学療法を受けていたのに、今はもう痛みがないのです！　私にはかわいい子どもや、孫や、ひ孫が大勢います。また、このヒーリング方法が必要な4人の姉妹もいます。みんなが最高の状態になれるように、できるだけこの話を広めたいと考えています。――レスリー・K

エモーションコードで変わった人生

『エモーションコード』を拝読した者です。私の人生を支配していたハートウォールの感情すべてが、私からだけでなく、息子たちからも簡単に取り除くことができたことに畏敬の念を覚えるとともに、とても信じられない気持ちでいます。最初の解放から1週間後、私は息子のピートが以前よりやさしいことに気がつきました。いつもはそれほどやさしいわけでないのです。ときには怒ったような目をしていましたが、今ではそれもありません。私には遺伝による囚われた感情がハートウォールに多くあり、それが息子にも遺伝していました。それで私が囚われた感情を解放したときに、息子の感情も解放されたのです。ピートはまだ私のセッションを受けることを拒んでいるので、息子を救える方法はこれしかありません。私は今回の件が私の人生や他の人々にもたらされた変化を目にできました。ひとつの家族がいっぺんに変わったところも。ブラッドリー・ネルソン先生、全人類が改善できる方法を発見してくださり、ありがとうございました。心からお礼を申しあげます。そして、私は認定プラクティショナーになりました！――ナイジョル・O

ついに感じられた愛

私はずっと、つねにまわりを壁で囲まれているような気がしていましたが、いったい本当は何を感じているのかわかりませんでした。『エモーションコード』を読んで、答えがわかりました。私はとんでもない数の囚われた感情を抱えていただけでなく、未来の頭痛から自分を守るために心の周囲に壁を築いていたのです。

子どもの頃に何度も頭痛に襲われ、何が起きているのか理解できなかったので、ハートウォールを築いたのでした。私は数週間かかってハートウォールを壊しました。そのあと初めて3歳の孫娘を見たときに、とても言い表せないほど大きな心からの愛情を感じたことを覚えています。それまでには感じたことのない気持ちでした。そのとき、ずっと探しつづけていたものを見つけたのだと気づきました。

それから2年間、家族や友人にセッションを行い、浮かびあがってくる自分の囚われた感情を解放していました。そして認定プラクティショナーになることを思いつき、この2月にそれが夢であることに気づきました。今、私は家族と友人だけでなく、もっと多くの人々を助けることができます。

そして、お話ししたいことがもうひとつ。先日、バレンタインデーがやってきても、生まれて初めてぞっとする気持ちにならなかったと正直に言えます。私はこれまで一度もバレンタインデーを祝ったこともなければ、子どもや孫にカードを贈ることさえしませんでした。でも、この間のバレンタインデーには孫たちにカードとプレゼントを買ったのです。これはハートウォールを壊したからであり、私は今愛を与え、受けとることができるのです。——ナタリー・L

素晴らしい変化
ハートウォールを壊してから、私は素晴らしい気分を味わいました。これまでとは段違いの気分で他の人々と一緒にいることを楽しめたのです。他の人々に自分の期待を押しつけるのではなく、ありのままの姿を愛し、受け入れられるようになりました。それ以来、私は4人のハートウォールを取り除いています。ハートウォールが壊れ、人々が大きく変わる様子を見るのはとても素晴らしい体験です。これからもずっとこの体験を楽しんでいきたいと思います。――ショーン・C

深い繋がり

私はずっと病気の根本的な原因は感情にあると考えてきたので、エモーションコードを利用することでそれが確認できました。ハートウォールを取り除いたことで、落ち着きと決断力と、これまで感じたことのない本当の自分らしさを感じられました。また、私はかねてから霊感が強く、神を心から信仰しています。エモーションコードは私にさらなる繋がりと明快さを与えてくれました。――ベス・B

代償を考える

ハートウォールを抱えていることで支払う代償の大きさは測りしれない。どれほどの人々が心のまわりに壁を築いて、誰とも繋がらずに寂しい人生を送っているのだろうか？　どれほどの人々が人生に愛を見出す喜びを経験せずにいるのだろうか？　どれほどの人々が与えている傷の大きさを感じられないというだけの理由で、他の人を虐待し、利用しているのだろうか？

ハートウォールがあると抑うつ、離婚、虐待に繋がる可能性がある。そしてハートウォールから生じた虐待という行動形式は世代から世代へと連鎖し、あらゆる痛みや破壊的な行動を引き起こす。

ハートウォールの結果はさらに規模が大きくなると誤解、偏見、嫌悪、残虐性となる。そして世界的な規模になると、民族浄化、テロリズム、戦争に繋がるのだ。

この世の中には全体的に孤独や暴力が多すぎ、悲しみや苦痛が多すぎる。街を歩けば、大勢の人々がポーラのように口もとを硬く引き締めて歩いているし、怒りと恨みにあふれた顔をした少年たちが痛みや挫折感から自暴自棄を起こしている。毎晩のニュースにも、自分にできることをするために強硬な壁を心に張りめぐらせている人々が次々と登場してくる。

大きく広がっているうつ病もハートウォールと囚われた感情の一般的な副作用である。世界中で3億を超える人々がうつ病で苦しみ、最も多く障害を引き起こす原因となっている。また世界中で、毎年800万人が自殺している。私は囚われた感情を解放してハートウォールを壊したおかげで、重度のうつ病が永久に治った例をいくつも目にしている。結婚生活が救われ、虐待が止まり、人生が上向いた例も。愛にあふれた美しい恋愛が始まった例も。子どもたちがよい選択をした例も。平和を取り戻せた例も見ているのだ。

エモーションコードの力に関する進行中の研究と、変化しつつある統計については、巻末付録「エモーションコードの調査について」を参照し、DiscoverHealing.comを訪れてほしい。

私は囚われた感情とハートウォールについて学んだ内容を紹介できることや、こうした情報に光をあてられることに感謝している。これが神の導きであり、現在さまざまな形で試練を受けている多くの人々に祝福を与えるためであることはまちがいない。人々の人生を変えられるほど強力な方法を発見するよう導かれたのはとてもありがたいことである。私はその一部であることに、とてもわくわくしている。

心を開いて

私は人生において大きな落胆と心痛だった離婚から立ち直ろうとしているときにエモーションコード

と出合いました。何年も筋肉テストを行っていたので、あっというまに方法を覚え、自分のハートウォールに試してみました。そしてずっと続けていると、ついにできたのです――ハートウォールがなくなり、実際に心臓のあたり、肋骨のあたりが回転したように感じました。私は「いったい、これは何？」と不思議に思いました。

はっきりと心が開いて持ちあがるのを感じたのです。でも、そのときは何があったのかわかりませんでした。

私は次第に気分が軽くなりはじめました。心の底からしか感じられない幸せを味わえたのです。また、生まれてから一度も経験したことのない愛も感じはじめました。とても穏やかな気分になりました。また、簡単には腹を立てない人間になったことに気づきました。以前であればいら立った状況でも落ち着いていられるようになったのです。大目に見るのが簡単になりました。

心が次第に〝感じたり〟〝動いたり〟〝鼓動を打ったり〟しはじめたことに気づき、とても驚きました。気分が上向いてきました。愛や、温もりや、平和や、満ちたりた気分を感じたのです。そのとき、他のことは大切ではないと思いました。私の心は生き生きしてきました。傷ついた魂に価値が戻ったようでした。私は今エモーションコードとボディーコードの認定プラクティショナーをつとめ、世界中の人々に何度も同じことが起きているのを目撃する恩恵にあずかっています。ハートウォールを壊したことでどんな影響があったのか、手紙に書いてくれるのです！　エモーションコードとボディーコードは私だけでなく、子どもたち、そして今や孫たちの人生にも意義深い方法で恵みを与えてくれます。これ以上の人生があるとは思えません！――コニー・Ｂ

あなたにハートウォールがあるなら、その壁を取り除くことがいかに重要かわかっただろうか？　あなたの子どもや家族を救うことの重要性がわかっただろうか？　世界全体に同じことができれば、どんなに世界を変えられるかわかっただろうか？　世界を変えられるだけの人数の心を開くことができたら、この世界はどんなふうに変わるだろうか。おそらく数千人が変われば、この世界を永久に変えられるだろう。心を開いた人々はこの世界を変えて癒す神のエネルギーの要となるのだ。

どうか、想像してほしい。

第9章　サロゲートテストとプロキシ遠隔ヒーリング

Surrogate Testing and Distance Healing by Proxy

知性が解けずに終わった謎を、しばしば手が解決する——カール・ユング

数千キロ離れた場所にいる愛する人の囚われた感情を解放できたらどうだろうか。昏睡状態や意識を失った状態で助けを求めている人の潜在意識に入りこめたらどうだろうか。ペットに囚われた感情がないかどうかテストをして、しつけができたらどうだろうか。こうしたことはすべてエモーションコードと、私がサロゲートテストとプロキシテストと呼ぶ2種類の筋肉テストの応用編を活用すれば可能になる。

サロゲートテストとプロキシテストを使えば、以前は無理だった場所でエモーションコードの使用が可能になるのだ。

私は長年サロゲートテストとプロキシテストの両方を使っているが、今でも非常に役に立つことに感心している。このふたつのテストを使えば、他の方法では診断できない人をテストすることも、遠隔ヒーリングを行うこともできるのである。

私たちは今、過去に存在していたすべての知識が現実の世界に戻ってきた時代に生きており、エモーションコードもある意味ではその豊富な知識の一部だったと思っている。

この世界の仕組みへの理解を磨きつづけていけば、多くの分野で大きく前進できる。過去には想像もつかなかったことが、現在では平凡なものになっているのだから。

そう遠くない昔、誰かの肖像が欲しければ、デッサンをするか、絵の具で描くしかなかった。フルカラーが欲しければ、絵の具をたくさん使って時間をかけるしかない。だが、今ではスマホの画面を押すだけだ。また、100キロ離れた親戚を訪ねたければ、1週間かかった。だが、今では半日で往復できる。

目の前にある仕事はいつだって正しい道具を使えば簡単になる。サロゲートテストとプロキシテストはどちらも、テストする相手が目の前にいようが1000キロ離れた場所にいようが、囚われた感情を効果的に解放するのに使える、とても役に立つ方法である。

消えたじんましん
私は職場の同僚の幼い娘さんに代理でセッションを行いました。娘さんは何カ月も断続的に全身のじんましんに悩んでいたのです。同僚は娘をあちらこちらの病院へ連れていき、医師は最善を尽くしてくれたものの効果がなかったようでした。代理でもう一度エモーションコードのセッションを行うと、娘のじんましんはすっかり消えて二度とできることはありませんでした。――ジェニファー・C

天からの贈り物

サロゲートテストとプロキシテストは難しい状況でも仕事をやり遂げられるように授けられた神からの贈

り物だと信じている。

たとえば、あなたには怒りの問題を抱えた幼い子どもがいて、囚われた感情が原因ではないかと考えている。幼い子どもにどうやって筋肉テストをすればいいだろうか?

たとえば、軍隊にいる夫が海外で戦友を亡くして悲しんでいるとする。遠く離れた場所からどうやって助けてあげればいいだろうか?

あるいは、子どもが遠くの大学に入学してから、愛犬の元気がない。おそらく囚われた感情が原因だろうと察しをつけるが、どうやって確かめればいい？　犬はあなたの言うことをかなり理解できるのかもしれないが、筋肉テストで「力に耐えて」と言われてわかるだろうか？　わかるなら、私に電話してほしい！

サロゲートテストとプロキシテストであれば、どちらもあなた自身か第三者の身体で筋肉テストを行うことで、テストの対象者（人間でも動物でも）についての答えがわかる。サロゲートテストは物理的に存在している人をテストの対象者とするときに使い、プロキシテストはこの世のどこかにいるかもしれないが、今はそばにいない人を対象とするときに使う。

サロゲートテスト

暗い部屋の光のように、人間（あるいは動物）の電磁場は近づくと強力だが、遠く離れると弱くなる。私の発見では、人間のエネルギーフィールドは身体から2メートルほどは全方向に力強いエネルギーを発している。潜在意識から情報がもたらされると、それは近くのエネルギーフィールドで読解できる形に変わり、筋肉テストによっては計測されて答えが示される。だが、テストの対象者が何らかの理由で筋肉テストを受けられなかったら？　このときがサロゲートテストの出番である。サロゲートとは対象者の潜在意識から答えを得るために、対象者の代わりに筋肉テストを受ける人を指す。

サロゲートテストは人間あるいは動物がその場にいるものの、テストを受けられない場合の解決策である。対象者がテストを受けられない理由には、次のような場合がある。

1．年齢——乳児、幼い子ども、高齢者はテストが難しい場合がある
2．けが、病気、痛み、虚弱、脱水、首の骨のずれ等の身体的な制限
3．就寝中あるいは昏睡状態等、意識がない場合
4．知的障害による判断力の欠如
5．動物（詳細は第10章）

サロゲートテストを行う場合は、対象者がサロゲートから約2メートル以内にいること。どんな理由であれ、対象者がテストを受けられなくても潜在意識から答えは得られる。答えを得るためには、2種類の方法を利用する。

1．自己テスト——テストの実行者がサロゲートを兼ねる
2．第三者にサロゲートを頼む

どちらの場合も、サロゲートはテストの対象者に触れる必要はない。対象者から約2メートルの範囲にいれば、変化を読みとれる強さでエネルギーを受けとれるようだ。

たとえば、乳児のテストを行うと仮定しよう。テストを受けられる人なら誰でもサロゲートになれる。子どもの場合、サロゲートは母親か父親、あるいは子どもが安心できる人がいいだろう。当然ながら、親以外が子どもをテストする場合は、テストを試みる前に親の許可を得ること。

テストを受けられる人は、誰のサロゲートにもなれる。

サロゲートテストは筋肉テストにとって不可欠な方法だと考えるようになった。

対象者本人にテストを行っているのに、筋肉テストの反応が一貫していなかったり不明確だったりする場合は、自分で質問して自分の身体で答えを受けとる自己テストか、第三者をサロゲートにする方法で、サロゲートテストを行うといいだろう。対象者の潜在意識に注意を向けたまま、サロゲート（あなた自身か第三者）に筋肉テストを行うのだ。答えは同じになるはずである――サロゲートテストを活用するほうが、答えを判別しやすいことに気づくだろう。

サロゲートテストの手順

サロゲートテストの２つの方法を説明する。ひとつは自分がサロゲートになる自己テスト、もうひとつが第三者を使うサロゲートテストである。

●あなたがサロゲートを兼ねる自己テスト

１．テスト対象者への愛を感じ、手助けできることに感謝して、神の力添えに静かに祈りを捧げる。

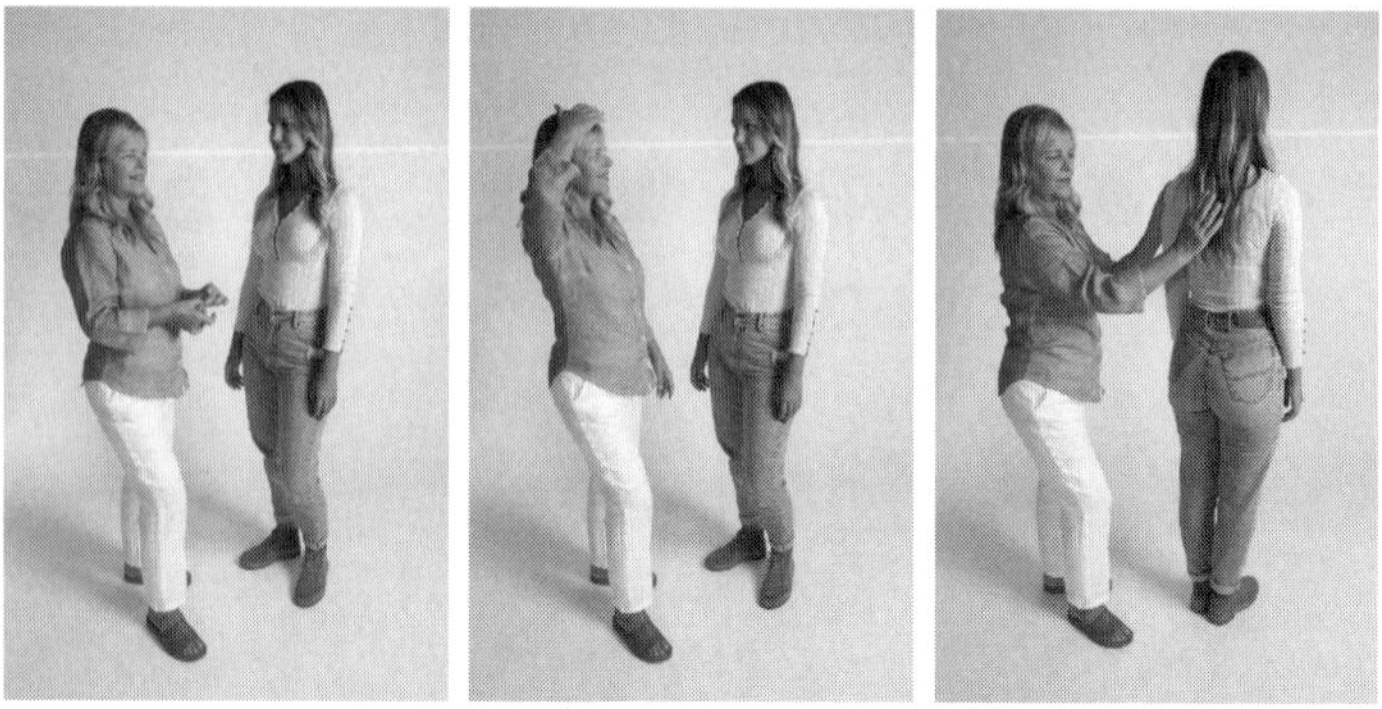

自己テスト

2．基準テストをして、あなたが診断可能であることを確認する。前に説明したとおり、イエスとノーで答える質問に対して、正しい答えが明確に出たかどうかで確認する。

3．対象者から2メートル以内にいること。身体に触れる必要はないが、触れたければかまわない。

4．対象者のエネルギーを読めていることを確認するために、対象者に「私の名前は～です」と言わせる。対象者が話せない場合は、あなたが「あなたの名前は～です」と言う。そのあと自己テストを行えば、筋肉は強く反応し、事実と一致するはずである。

5．再確認のために、対象者に自分以外の名前を使って「私の名前は～です」と誤った事実を言わせる。あなたが「あなたの名前は～です」と言ってもよい。ここでの筋肉の反応は弱く、事実と異なることを示すはずである。

6．答えが明確でない場合は、はっきりした答えが出るまでステ

第三者テスト

ップ4と5をくりかえす。このとき、エモーションコードを使ってテストを続けてもかまわない。

●第三者をサロゲートにするテスト

1．テスト対象者への愛を感じ、手助けできることに感謝して、神の力添えに静かに祈りを捧げる。

2．サロゲートが診断可能であることを確認する。前に説明したとおり、イエスとノーで答える質問に対して、正しい答えが明確に出たかどうかで確認する。

3．サロゲートは対象者から2メートル以内の場所にすわること。手を繋いでもかまわないが、必ずしも必要ではない。

4．対象者に「私の名前は〜です」と言わせる。対象者が話せない場合は、あなたが「あなたの名前は〜です」と言う。サロゲートに筋肉テストを行う。筋肉が強く反応するはずである。

5. 対象者に自分以外の名前を使って「私の名前は～です」と誤った事実を言わせる。あなたが「あなたの名前は～です」と言ってもよい。サロゲートにテストを行う。筋肉の反応は弱く、事実と異なることを示すはずである。

6. 答えが明確でない場合は、はっきりした答えが出るまでステップ4と5をくりかえす。このとき、エモーションコードを使ってテストを続けてもかまわない。

この手順を行うとき、質問をする相手や事実に合致したことを言うのはテスト対象者だが、テストをする筋肉はサロゲートであり、対象者ではないことを忘れないこと。

どんな感情がどこに囚われているのかを調べるために、これまでの章で説明されてきた質問をする。可能であれば、囚われた感情を解放するために磁石をテスト対象者の背中に滑らせる。何らかの理由で不可能な場合も、サロゲートの背中に磁石を滑らせても効果がある。

子どものためのサロゲートテスト

幼い子どもの場合、通常は筋肉テストでは確実な答えが出ない。子どもに筋肉テストが必要なときは、サロゲートテストを活用すれば簡単で効果的だろう。

子どもは宝だ！　サロゲートを使えば、さまざまな場面で簡単に手助けできる。エモーションコードは大人と同じように子どもにも利用できる。ストレスが多く困難な生活を送っている子どもたちはまちがいなく囚われた感情があるだろうが、どんなに愛情を注がれ、どんなに望ましい家庭環境であっても、どんな子どもにも囚われた感情が存在する可能性はある。

ここでは恵まれない環境にある少女が囚われた感情を解放したことで大きく変貌した劇的な話である。

ジュリーの物語

ジュリーはコカイン依存症の母親のもとに生まれた。そして生後1日で養子にすることを望んだ里親のもとに引き取られた。私が初めて会ったとき、ジュリーは2歳半で小児麻痺と知的障害と重度の喘息だと診断されていた。また注意欠陥多動性障害だとも言われていた。

ジュリーはいつもひどく興奮していて、私のクリニックの壁さえ、登れるものであれば登ってしまいそうだった。おもちゃや他の子どもたちと遊ぶことはなく、1秒たりともじっとしていられない。話はまったくできなかった。そして一度かんしゃくを起すと数時間も続いた。私のクリニックへ連れてこられるまで、その月は喘息で7回も入院し、呼吸を助けるための器具を着けられていた。養母のベティーは辛抱強く接しており、じつに見事なものだった。

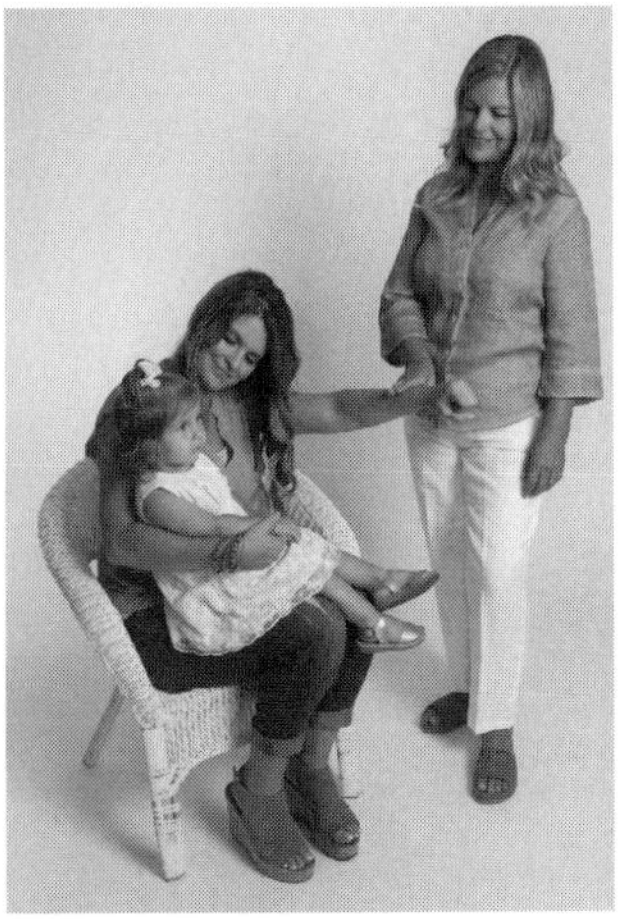

子どものテスト

サロゲートを通じてジュリーにテストをしたところ、体内に不具合がいくつか見つかり、ハートウォールがあることもわかった。

次にあげるのがジュリーのハートウォールをつくっていた囚われた感情で、1カ月かけて毎回のセッションでひとつずつ解放していった。

●生母から遺伝した、受け入れられなかった愛

〝愛されない（愛が受け入れられない）〟は愛されていないと感じたり、誰かへの愛を拒まれたりした場合に生じる感情である。ジュリーの母は〝愛されない〟に囚われていて、それが妊娠した瞬間にジュリーへ受け継がれた。

社会では、ジュリーの生母のような人々をコカイン依存症という理由で判断するのが当然の傾向である。彼女のような人々の誤った選択を見て、本人やそのあからさまな行動を見下すのだ。だが、私たちが見ようとしないのは、囚われた感情やハートウォールをつくった目に見えない傷や嘆きや悲しみである。ジュリーの母はそうした重荷を背負っていたのだ。

●実父から遺伝した憎しみ

ジュリーの実父がどのような人生を送ってこの〝憎しみ〟という感情を抱いたのかは知りようがない。ジュリーは実父に一度も会ったことがないが、まちがいなく囚われた感情である〝憎しみ〟に影響を受けている。囚われた感情のエネルギーは世代を超えて受け継がれると、人生に干渉してくる。感情は私たちに選択をさせる。そして、私たちが扱っているようにして他者を扱わせる。ひとつの世代から次の世代へと引き継がれていく囚われた感情がその世代の虐待や機能不全の原因のひとつだとして責めることは可能だろうか？

●生母から取り込んだ〝悲痛〟と〝怒り〟

〝悲痛〟も〝怒り〟もジュリーが子宮にいた妊娠第1期に囚われた感情である。この2つの感情は妊娠したときの生母の反応で、それがジュリーの体内に囚われたのだ。これはジュリーにサロゲートテストを行って得た回答である。

●妊娠第3期の〝悲痛〟〝落胆〟〝悲哀〟

妊娠中の母親が経験した心底からの感情を子どもが吸いこんで囚われるのは珍しいことではない。ジュリーのなかには囚われた感情である〝悲痛〟と〝落胆〟と〝悲哀〟があったが、どれも生母が妊娠第3期に感じたものだった。囚われた感情が最も生じやすいのは妊娠第3期だが、妊娠中はいつでも囚われた感情が生じる可能性がある。

●出産時に生母から取り込んだ〝絶望感〟

ジュリーの母は出産時に明らかに〝絶望感〟を感じていたようだ。当時、ジュリーはまだ母親の胎内に、母親のエネルギーフィールドにいた。母親の身体が〝絶望感〟の周波数で振動したため、ジュリーも同じ周波数で振動したせいで、この囚われた感情を持って生まれたのだ。

●1歳のときの〝無価値感〟な気持ちと〝自虐〟

〝無価値感〟と〝自虐〟という感情はジュリー自身によって生じた。囚われた感情というたくさんの重荷に、生母のドラッグ依存症という毒性が加わって生まれてきたからだ。この頃、ジュリーはよく頭を床や壁に打ちつけていたと養母は語っている。

●結果

3回目のセッションのあと、ジュリーはひと晩中眠り、ゼイゼイという大きな音も、普通の健康的な呼吸に変わった。そして4回目のセッションまでには喘息の症状はなくなっていた。

ジュリーの喘息の症状がなくなってまもなく、養母ベティーはジュリーのソーシャルワーカーの訪問を受けた。ソーシャルワーカーは2時間近くベティーと話し、養子用の書類に書きこんだ。その間ジュリーは床にすわって静かにおもちゃで遊んでいたが、これは以前はぜったいにできないことだった。びっくりしたソーシャルワーカーは訊いた。「いったい、どんな薬を飲ませたんですか?」。ベティーは答えた。「もう薬は何も飲んでいません」。ベティー自身の言葉は次のとおり。

私たちは生後1日でジュリーを養女に迎えました。ジュリーはドラッグの影響を受けた子どもで、私たちは養女にしようと考えていました。病気で、重度の喘息のせいで1カ月に3、4回は入退院をくりかえし、呼吸には機械の助けがいるし、プレドニゾンなど2、3種類の喘息の薬を飲んでいました。小児麻痺でもあり、行儀はひどい有様でした。

ネルソン先生を見つけたのは、具合がよくなかった母のためでした。母がとても回復したのを見て、ジュリーも見ていただこうと考えたのです。ネルソン先生のもとには13回通いました(その間12月には7回も入院して、機械までつけられました)。もう3週間、ジュリーは喘息用の薬も飲んでいないし、喘息用の機械も着けられていません。ジュリーは順調です。だいぶ上手に歩けるようになりましたし、お行儀の悪さもほとんどなくなりました。

ジュリーは、こちらに初めて連れてきた頃はまったく話せませんでした。今はおしゃべりもできるし、数えられるし、とても調子がいいんです。これまでの結果にはとても満足していますし、幸せです。ジユリーはみんなと少し違うだけなんです。娘は喘息の発作とかんしゃくを何度も起こしたので、その日を無事に過ごせるかどうかわからない毎日でした。いったん起こすと、2時間半も続いたのです。今でもいら立つことはありますが、かんしゃくは起こしません。少しは泣きますが、それだけです。私たちはとても幸せですし、とてもいい感じです！——ベティー・R

●満足のいく結果

ジュリーはその後もよくなり、まもなく主治医から小児麻痺と知的障害という診断は取り消すという連絡がベティーにあった。とっぴで抑えのきかない行動もなくなり、まるで新しく生まれ変わったかのようだ。子どもの行動と健康の問題はエモーションコードを活用すれば大幅な改善と緩和が可能であることがこの体験でわかった。

ジュリーの健康と精神の成長は非常に衝撃的だった。人生を損なう恐れがある囚われたネガティブなエネルギーから幼い子を救う手伝いができて、言葉にならないほどの満足感を味わっている。

イライザはもう怖がらない！

エモーションコードを初めて体験したのは、エモーションコードの本を読んだあとでした。5歳の姪イライザにサロゲートセッションを試みたのです。セッションの約3時間後、イライザはすっかり興奮して駆けよってくると、水はもう怖くないと話しはじめました。お風呂のなかで頭から水に潜り、楽しんだのだそうです！　以前は髪や顔が濡れるのを死ぬほど怖がったのですが。——ネイサン・A

苦痛を感じずに食べ、やっと眠れた赤ちゃんの話

ある若い母親が生後6カ月の息子を連れてきました。医師たちから何もできることはないと言われ、誰かに勧められてきたのです。母親によれば、その赤ちゃんは寝つきが悪く、食べて消化するときに痛みを感じているということでした。私は母親をサロゲートにして、4～5個の囚われた感情を解放しました。テストをすると、その赤ちゃんは家で両親に対してストレスを感じているという答えが出ました。2週間後に母親から話を聞くと、初日の夜に赤ちゃんはひと晩中ぐっすり眠り、翌日は消化も正常で、それ以来正常な日が続いているということでした。——ジミー・A

動物に対するサロゲートテスト

動物にテストをするとき、私は人間に対するように話しかけている。動物は言葉は理解できないかもしれないが、人間の思考が伝える意図は通じるようである。動物の潜在意識は人間とほぼ同じように機能している。動物は私たちがやろうとしていることを理解しているのだ。人間の意図を理解しようとする動物の能力はときには人間を上まわっているのかもしれない。

動物にテストをするときは、質問は動物にじかにして、テストはサロゲート（第三者でもあなた自身でも可）にして反応を得ること。

サロゲートテストはネコ、犬、馬、その他すべての動物に使える。動物にエモーションコードを使った例はたくさんおもしろい話があるので、次章で紹介しよう。

意識がない人に対するサロゲートテスト

サロゲートテストは眠っている人や、意識がない人や、昏睡状態の人にさえ利用できる。たとえ反応がなくても、話ができなくても、潜在意識は変わらずに機能しているのだ。けっして眠らないのである。意識のない人の身体機能は変わらずに機能している。まだ呼吸をしているし、心臓も鼓動を打っている。潜在意識も周囲に気を配り、物事の動きを追っているのだ。潜在意識に質問をすれば、答えはわかっているものの、対象者の意識がないため、積極的にテストに参加できないのだ。したがって、サロゲートテストは完璧な解決策なのだ。

しかしながら、心肺機能蘇生法が適切な反応をしそうな緊急事態では、筋肉テストは使えない。

数年前、父の脳に大きな動脈瘤ができ、昏睡状態に陥った。私はとても心配し、自分にできることなら何でもして助けたいと考えた。ジーンと病院へ行くと、父はチューブや電線で囲まれており、じかに何かができるほど近づけなかった。

私はジーンに父のためにサロゲートになってほしいと頼んだ。父は昏睡状態だったものの、私たちはすぐに潜在意識に入りこむことができ、病院のスタッフがすでにやってくれていることに加え、何かできることはないか見極めようとした。結局、父は目を覚まし、ついに死去するまで大切な1年間を過ごせたのだ。昏睡状態のなかテストができたのは忘れがたい出来事で、サロゲートテストという贈り物に対し、私は心から感謝した。

許可を得る

セッションを行うときは、直接テストをするのか、サロゲートテストやプロキシテストを使うのかにかかわず、つねに対象者の許可が必要なことを忘れないこと。次の表はさまざまな状況で許可を取る場合のガイドラインである。

テスト対象者	許可を得る相手
意識のある成人	テストを受ける本人
意識のない成人	医療における決定権がある人
未成年者	親または保護者
ペット	飼い主

サロゲートテストは非常に便利で、筋肉テストの能力を100％発揮させるには不可欠な手段である。サロゲートテストを活用すれば、ペット、乳児、幼い子ども、意識がない人、テストを受けるだけの体力がない人、テストを受けると苦痛を感じる人に簡単にテストが行える。

プロキシテスト

ある人物が他の人物のために行動する許可を得ている場合、一般的にその許可を得た人物を〝代理人（プロキシ）〟と呼ぶ。プロキシとは代理で行動する人物のことなのだ。プロキシテストでは一時的な代理人がテストを受ける本人になる。自分から進んで他の人物の代わりになり、テスト対象者のために自分の身体を使わせ、対象者であるかのようにテストを受けるのだ。

プロキシテストは離れている人（2メートル以上）や何らかの理由で連絡が取れない人を助けたいときに最も役に立つ。遠くにいる人の囚われた感情を解放する場合は〝遠隔ヒーリング〟の形をとる。遠隔ヒーリングは西洋医学には取り入れられていないが、古代現代にかかわらず、気功、カンフー、レイキなど、広く知られて重んじられている技術の使い手たちに活用されている。

日本にいるアリソンにヒーリングを行う

私はクリニックの近くにあったダンススクールのバレリーナ数人に施術していたことがあった。そのなかのひとりであるアリソンがディズニーランドのメンバーたちと踊るために日本へ行った。すると夜遅く、心配そうなアリソンの母親から電話があった。「ネルソン先生、困ったことになって。アリソンが腰を痛めて踊れないいんです。明日大きなショーがあるのに。どうにかできませんか？」

私がアリソンと話したいと言うと、母親は日本のホテルの電話番号を教えてくれた。連絡を取ると、アリソンは腰の状態を説明し、特に原因はないのにその日から痛みだし、歩くのも難しいという。翌日に踊るなんて問題外だと。

私はアリソン本人と母親にテストをする許可を得ると、ジーンにプロキシになってほしいと頼んだ。

アリソンは文字どおり地球の反対側にいるが、繋がるのに問題はない。

このときはアリソンに状況を聞くために電話をかけたが、プロキシテストはテスト対象者に電話に出てもらわなくても実施できることを覚えておくのが重要である。プロキシとテスト対象者の間のエネルギーが繋がっていれば充分なのだ。

エネルギーにとって、距離は障害ではない。エネルギーには私たちの身体のような限界がないので、遠くにいる人にもヒーリングを行えるのだ。

エネルギーはまさしくどこにでもある。エネルギーは世界中を満たしているし、それどころか無限の宇宙まで満たしているのだ。物体そのものにエネルギーが存在するように、物体と物体の間の空間にもエネルギーは多く存在している。エネルギーはとぎれることなくつねに存在するものであり、アリソンにヒーリングを行うことには何の困難もない。

結局、アリソンはふたつの感情が腰の組織に囚われていることがわかった。囚われた感情は日本行きにまつわる〝孤独〟と〝悲痛〟だった。

「日本にいたくないのかい？」。私は電話でアリソンに尋ねた。

アリソンはしぶしぶ、そのとおりだと認めた。「ここにいることには、わくわくしているの。でも、ひどいホームシックになってしまって。ママや友だちが恋しいんです。もうここにいたくない。早く帰りたい」

ジーンの背中に磁石を滑らせ、アリソンの囚われた感情をひとつずつ解放した。

アリソンは地球を半周した先の日本にいたものの、結果はすぐに出た。

電話を切る前に、アリソンの腰の痛みはすっかり消えていたのだ。翌日、アリソンは舞台に立って何の問題もなく踊りきった！

ってている。
ドリーンのヒーリング体験
ドリーンという患者がプロキシテストで本人に対するテストとまったく変わらない効果があったことを語っている。

私はこの10年ほどさまざまな問題でときおりネルソン先生の施術を受けています。胸やけや痛みなど裂孔ヘルニアの症状で数日間苦しんでいたときがありました。本当に辛くて、何もできませんでした。

居間にすわっていると、夫のリックがネルソン先生にどうにかしてもらえないか電話をかけてみると言いだしました。ネルソン先生はテストをして、私の症状が囚われた感情が引き起こしたものだと見極めて対処してくれました。嘘偽りなく言いますが、居間にすわっていると、すぐに症状が和らぎはじめ、電話の会話が終わる前にすっかり消えていました。この種の治療法に偏見を持たないことをお勧めします。最近では知識がある人々に遠隔ヒーリングを行ってもらうことで、私たちにも素晴らしい発見があるのですから。　――ドリーン・N

プロキシテストの方法

プロキシテストを行う際の具体的な手順について説明しよう。

何よりもまず、テストの対象者の許可を取ること。許可なくテストをするのはプライバシー侵害であり倫理にもとる。

自分でプロキシとテスト実行者を兼任すれば、プロキシテストはひとりでもできる。自己テストをすれば他の人の手伝いが不要であり、プロキシテストのなかで最も便利な方法である。また、他の人をプロキシとして使う方法もある。
ここでは両方の方法を説明する。

●プロキシとテスト実行者を兼任して、ひとりで行う場合

例をあげて説明する。エミリー・ジョーンズはエモーションコードのヒーリングセッションを望んでいる。エミリーは今街を出ているため、プロキシによるセッションを行うことを許可した。あなたはエミリーのプロキシとしてふるまい、自分の身体で筋肉テストを行う。また、自分の身体で解放も行う。遠くにいたとしても、エミリーの囚われた感情も同時に効率よく解放できるはずである。

1．テスト対象者への愛を感じ、手助けできることに感謝して、神の力添えに静かに祈りを捧げる。

2．基準を定めるテストを受けて、あなたが診断可能であることを確認する。前に説明したとおり、「イエス」か「ノー」で答える質問に対して、正しい答えが明確に出たかどうかで確認する。

3．エミリーとあなた自身のエネルギーを繋げるために、エミリーとエネルギーで繋がるという意思を持ち、「私の名前はエミリー・ジョーンズです」と言う。次に筋肉テストを行う。最初は筋肉の反応が弱いだろう。筋肉の反応が強くなるまで、何度も「私の名前はエミリー・ジョーンズです」とくりかえす。テストに慣れないうちは数回くりかえすかもしれないが、訓練していくうちに早くなる。

自己テスト

4．間違いなくエミリーのテストであることを確認するために、空欄にあなたの名前を入れて「私の名前は～です」と言う。プロキシとしてエミリーと繋がっていれば、ここでの反応は弱く、事実に反することを示すはずである。エミリーがどんなに遠くにいても、ここでテストを行っているのはすべてエミリーについてである。いつものようにエモーションコードのセッションを行い、磁石または指先を督脈に滑らせ、発見した感情を解放する。

5．セッションが終わったら、エミリーとの繋がりを切る（この件についての詳細は後述する）。

●第三者をプロキシにする場合

エミリー・ジョーンズがエモーションコードのヒーリングセッションを希望したとする。エミリーは街を出ているため、あなたと友人のジェイミーにプロキシとしてセッションを行うことを許可する。ジェイミーがエミリーのプロキシになると申し出たため、あなたは筋肉テストをして、ジェイミーの身体で解放を行う。

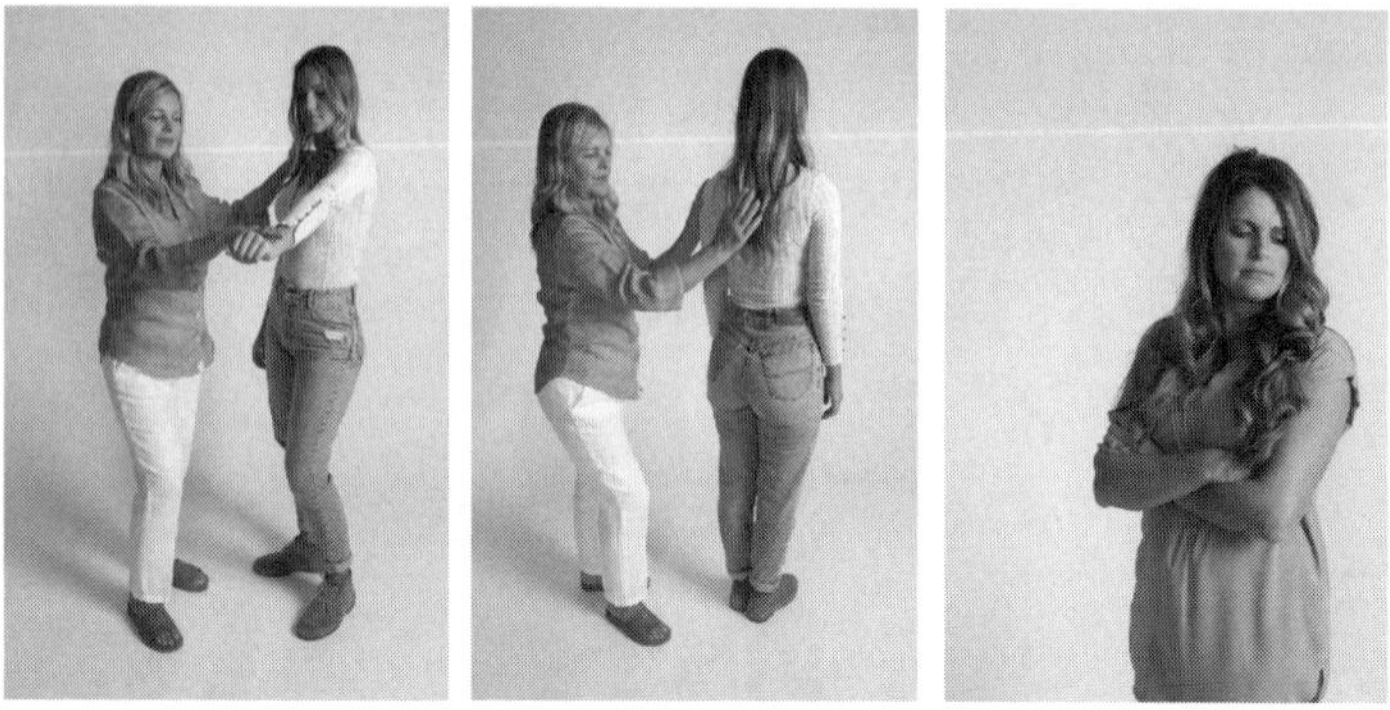

第三者テスト

1. テスト対象者への愛を感じ、手助けできることに感謝して、神の力添えに静かに祈りを捧げる。

2. 基準を定めるテストをして、ジェイミーが診断可能であることを確認する。前に説明したとおり、イエスとノーで答える質問に対して、正しい答えが明確に出たかどうかで確認する。

3. ジェイミーとエミリーのエネルギーを繋げるために、ジェイミーに「私の名前はエミリー・ジョーンズです」と言わせる。次に筋肉テストを行う。最初は筋肉の反応が弱いだろう。筋肉の反応が強くなるまで、何度も「私の名前はエミリー・ジョーンズです」とくりかえさせる。

4. ジェイミーが間違いなくエミリーと繋がり、エミリーのテストであることを確認するために「私の名前はジェイミーです」と言わせる。すでにプロキシとして強固な繋がりができあがり、ジェイミーはエミリーとしてテストを受けているので、ここでの反応は弱く、事実と反することを示すはずである。エミリーがどんなに遠くにいても、ここであなたとジェイミーがテストを行っているのはすべてエミリーについてである。いつものようにエモーションコードのセッションを行い、磁石または指先をジェイミーの督脈に滑らせ、発見した感情を解放する。

5．セッションが終わったら、エミリーとの繋がりを切る（この件についての詳細は後述する）。

テスト対象者とプロキシの間にエネルギーの繋がりができると、この繋がりがまさに現実であることを理解するのが重要である。まだ解明できてない何らかの方法で、テスト対象者を助けるために、プロキシが必要とすることが一時的にわきに置かれるのだ。

あなたがプロキシに質問することは、すべてテスト対象者に質問していることになる。プロキシへのテストで見つかった囚われた感情は、実際にはテスト対象者の身体で見つけたものなのだ。

繋がりが切断されるまで、対象者にテストしたいことがあれば、プロキシにテストする。答えは変わらない。同様に、テスト対象者について解放したい囚われた感情があれば、プロキシの身体で解放する。

この方法はじつに便利である。遠くにいる人物の囚われた感情を発見できるだけでなく、その感情を解放できるのだから。これはエモーションコードを本人に直接行うのと同じ効力があり、対象者の不具合はすぐに解消されることが多い。

エネルギーの繋がりができたら、エモーションコードはこれまで説明されたのと同じ手順で使用できる。プロキシにテストを行い、質問をしてテスト対象者の囚われた感情を見つけだす。

プロキシへのテストで囚われた感情が判明したら、対象者がそばにいるときと同じように解放する。磁石あるいは手でプロキシに行うだけだ。エネルギーは障害も距離も関係ないと知っていることを忘れないこと。ヒーリングを行うというあなたの意思と、ぜったいにできるという信念が、それを可能にするのだ。

ママの〝エネルギーの何とか〟は効くんです！

この1カ月半、私は月に2回の割合でふたりの子どもたちにエモーションコードを使って、ふたりの関係性と喜びと幸福の基準が大きく変わったのを目にしてきました。うえの息子のディベート大会や、下の息子が新しい技術を試して冒険するときなど、大きなイベントがあるときには、ふたりの感情のバランスが取れてうまく整うようにセッションを行っています。そうすると自信と率直さに大きな違いが出るのです。ふたりとも10代なので、いつも屈託なく母親の〝エネルギーの何とか〟を受け入れるわけではありません。でも、エモーションコードであれば、プロキシを使って支えられますし、その結果はよいことばかりです。——カレン・M

ウサギのビリー

私は庭でびくびくと怯えているウサギのビリーの隣に腰をおろしました。ビリーは犬のように耳をピンと立て、今にも跳びはねそうな格好でかまえていました。私はビリーにエモーションコードのセッションを行うことにして、〝怯え〟などの感情を解放しました。私がプロキシになって解放したのです。そのあと自信と不安が入り混じった気持ちで、いつも怯えているビリーが変わっていることを期待して近づいていきました。すると、ビリーは抱きあげることを許してくれました。とてもおとなしくなでられ、抱っこされたのです。いったい何を抱いているのか忘れてしまいそうでした。ヒーリングは大きな変化をもたらしました。以前はこんなことをさせてくれなかったのですから！――ケンドラ・M

繋がりを断つ

プロキシとして何度かセッションを経験すれば、身体と潜在意識がセッション対象者との間に築いた繋がりを自動的に切るようになるので、セッションの終わりに意識して繋がりを切る必要はない。だが、まだこの方法を覚えはじめたばかりのときは、数秒かけてあなた自身（あるいはプロキシとなった第三者）とセッション対象者の〝繋がりを切る〟こと。繋がりが切れないと、あなたはプロキシとなった人物の感情を体験することになる。そう、望んでいる以上に長く、自分以外の人物と繋がったままになってしまうのだ！

私はクリーブランドに住む女性を助けるために、エモーションコードを使っていた。彼女の妹はしばらくカリフォルニアの私のクリニックに通ってきていたので、ときおり姉のプロキシをつとめてくれた。

かつてセッションが終わったときにふたりの繋がりを切るのを忘れてしまったことがあった。翌日、姉のほうがクリニックへきて言った。「何だかおかしいんです。妹の気持ちを感じ取っているままのような気がします。妙な気分です。まだ妹と繋がっているなんてことはあり得ますか？」。私はすぐに自分の失敗に気がついた。そして繋がりを切ると、彼女は自分自身に戻った。

セッションが終わったら、プロキシをつとめた人に感謝すること。そして繋がりを切るために、プロキシに自分の名前を言わせて筋肉テストを行い、反応が強くなるまで続ける。

たとえば、プロキシの名前がジェイミーなら、「私の名前はジェイミーです」と言わせる。筋肉テストの反応が弱ければ、まだセッション対象者と繋がっている。その場合は、筋肉テストの反応が強くなるまで、自分の名前を何度も言わせる。あなた自身がプロキシをつとめた場合は自分の名前を言い、テストの反応が強くなるまで続ける。そうすることで、繋がりが切れたかどうか確認できる。とても簡単であり、通常であれば10秒もかからない。

特別なこと

プロキシテストにはじつに神聖で特別な点がある。プロキシの潜在意識がテスト対象者のために自らを二の次にするのは驚くべきことだ。そのようにする知識も、どんなに遠くても繋がることができる方法も、私たち全員に組みこまれているのだ。

プロキシで遠くにいる人にセッションをして、対象者の症状がすぐに改善したり治ったりすると、私はいつも興奮する。どうかサロゲートテストとプロキシテストを試してほしい。きっとうまくいく！

プロキシテストは練習しているうちに上達できるという自信はあるが、読者のなかには手助けを求めたい人もいるだろう。

プロキシテストによる認定プラクティショナーの手助けを求める人は、DiscoverHealing.com/practitioners-guide-successful-relationships/を訪れてほしい。

プロキシテストを使ってクライアントの囚われた感情を解放するプラクティショナーはとても増加している。これは、あなたが地球上のどこにいようとセッションを受けられることを意味している。

サロゲートテストとプロキシテストはペットを救うときにも役に立つ。次章では動物に使用した場合のエモーションコードの素晴らしさを多く紹介しよう。

第10章　エモーションコードと動物

The Emotion Code and Animals

動物は意思を伝えるのがうまいし、意思を伝えている。そして概して、無視されている。——アリス・ウォーカー

どんな動物好きも、動物にも感情があると言う。言葉で気持ちを伝えることはできないが、行動を観察してよく知るようになれば、微妙な表情で気持ちがわかると。したがって、感情的に動揺する出来事があると、動物も人間と同じように囚われた感情の影響を受けるのだ。

もちろん、馬は馬だが……

動物の囚われた感情を初めて解放したのは、いくらか偶然によるものだった。ある日、サンファン・カピストラーノで馬の調教師をしていたリンダという患者から電話があった。1年前にかなりひどい喘息でクリニックへやってきたのだが、電話はまったく関係ない話だった。

「ちょっと変わったお願いがあって、先生にならら手を貸してもらえるかもしれないと思ったものだから」。

リンダは言った。「馬のレインジャーが頻尿で困っているんです。3人の獣医に診てもらったんですけど、みんな何が悪いのかわからないと。見たところ、健康そのものらしいです。でも、とても困ったことになっていて――私だけじゃなくて、隣の馬房のオーナーや馬にも。先生はときどき動物にもセッションをしているから、厩舎にきて何かできることがないか、見てもらえないでしょうか」

リンダが治療のためにクリニックへきたとき、どちらも馬が好きだという話をしたのだ。私はモンタナで馬に囲まれて育ち、馬に乗れる機会があればけっして逃さない。リンダには厩舎で飼っている4、5頭の美しい馬の写真を見せてもらっていたが、厩舎には行ったことがなかった。

翌日、私はジーンと一緒にリンダの厩舎へ行った。とんがり屋根の大きな長方形の建物へ入ると、約40の馬房が2列に並んでいた。レインジャーの馬房に着くと、リンダがなぜ心配しているのかすぐにわかった。きちんと清潔に整えられた他の馬房と違い、レインジャーの馬房だけ頻尿のせいでびしょびしょに濡れていたのだ。

乾いた地面の上でセッションができるように、リンダがレインジャーを外に連れだした。ジーンがサロゲートを買ってでて、レインジャーの隣に立って、筋肉テストを受けるために片方の腕を私に差しだした。

私たちはレインジャーの腎臓に不具合が起きているようだと結論づけたが、数回テストをしても、不具合の原因が何なのかわからず途方に暮れてしまった。

「囚われた感情があるかどうかテストをしてみたら？」。ジーンが提案した。

私は笑った。「馬に囚われた感情のテストをするって？　傑作だな」。子どもの頃は自分の馬が2頭いたし、馬が大好きで世話もよくしていたが、囚われるほどの感情を抱いているとは思えなかった。

ジーンは冷静に私を見た。「とにかくテストをしてみて」。ジーンは直感に優れており、おそらくレインジャーが起きていたことを感じていたのだろう。

そこで、私は声に出して質問した。「これは囚われた感情による不具合ですか?」。ジーンの腕を押した。答えは「イエス」だった。

感情チャートで絞りこんでいくと、驚いたことに囚われた感情は〝葛藤〟だった。レインジャーの潜在意識に次々と質問して絞りこみをした結果、レインジャーは他の馬たちとの関係に葛藤していると結論づけた。そして、数カ月前に新しい馬が厩舎に入ってきたというリンダの話で確認できた。レインジャーとその馬は顔をあわせた初日から仲が悪く、互いにけがをさせないように離さないといけない場合もあったという。新しい馬はレインジャーの馬房から離されたのに、2頭は今でもすれ違うだけでも、体をぶつけあっているらしい。

さらにテストを進めると、この囚われた感情はレインジャーの右の腎臓にいすわっており、確かに腎臓の不具合の根本的な原因になっていた。

こうして囚われた感情の裏付けが取れると、私はレインジャーの背中に磁石を滑らせて〝葛藤〟を解放した。そしてジーンを通してもう一度テストをすると、囚われた感情はきちんと解放されていた。

数日後リンダと電話で話すと、数カ月ぶりにレインジャーの馬房が乾いたままだったらしい。問題が再発することは二度となかった。

動物にセッションを行うことはめったにないが、この経験で動物も人間と同じようにエモーションコードを必要としているのだと実感した。

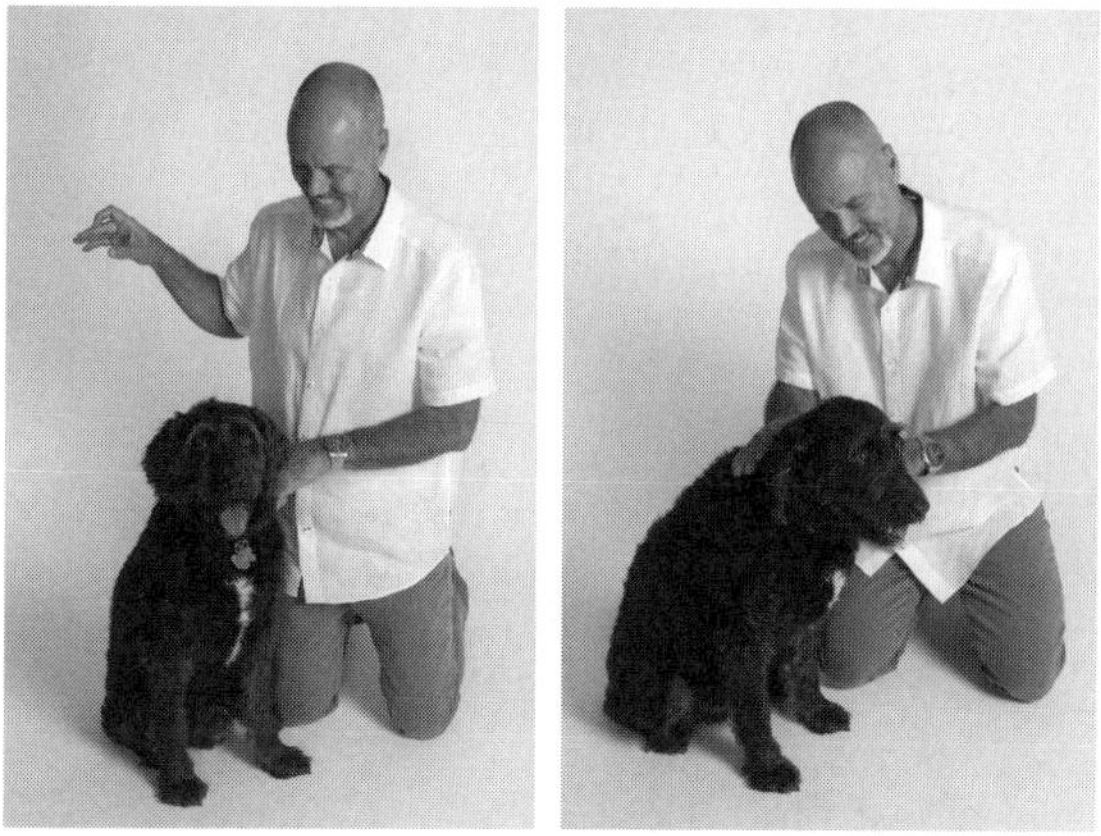

自己テスト

動物へのセッション

動物がもつ囚われた感情の解放は、人間からの解放とまったく変わらない。すでにおなじみとなった同じエモーションコード・チャートを使う。乗り越えなければいけない唯一の精神的なハードルは、人間の潜在意識に話しかけるのではなく、動物にじかに、というよりは動物の潜在意識に話しかけなければならない点だろう。それ以外はすべて変わらない。動物を相手にする場合は、サロゲートかプロキシを使う。どちらを使うかは動物との関係性によるだろう。動物が野生もしくは攻撃的になる可能性がある場合はプロキシをお勧めする。

動物から2メートル以内に近づけるなら、サロゲートテストを行える。

●あなたがサロゲートを兼ねて、自己テストを使う場合

1．テスト対象者への愛を感じ、手助けできることに感謝して、神の力添えに静かに祈りを捧げる。

2. 基準を定めるテストをして、あなたが診断可能であることを確認する。前に説明したとおり、「イエス」と「ノー」という言葉に対して、明確で正しい答えが返ってくるかどうかで確認する。

3. 動物（テストの対象）から2メートル以内に立つかすわる。体に触れる必要はないが、触れたければかまわない。

4. 対象となる動物のエネルギーを読むことを確認するために、空欄に動物の名前を入れて「あなたの名前は～ですか？」と質問する。そのあと筋肉テストを行うが、反応は強く、事実と一致する答えになるはずである。対象が野生の動物か名前がわからない動物の場合は、動物をじっと見ながら「私はあなたのテストを行っているのですか？」と質問する。反応は強く、事実と一致する答えになるはずである。

5. 答えが明確でなければ、ステップ4をくりかえす。答えが明確なら、エモーションコードのセッションを続ける。

6. 磁石（または指先）で動物の背中をそっとなでる（安全で可能な場合）、またはあなたの督脈のあたりを滑らせるかして、囚われた感情を解放する。

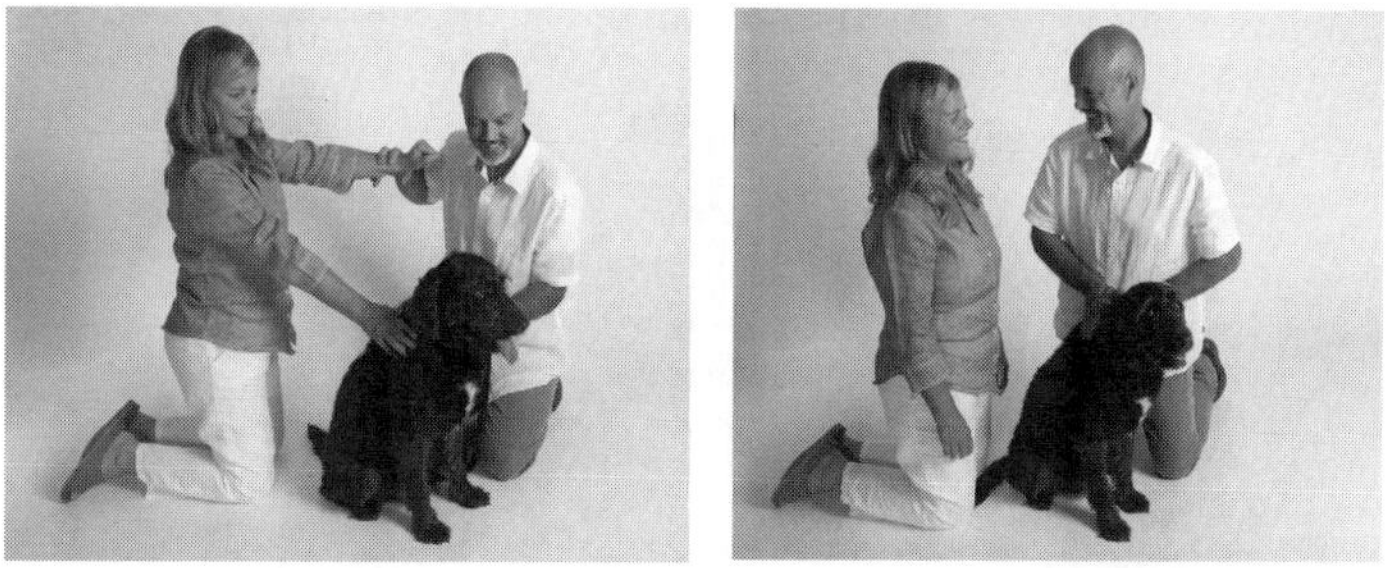

第三者テスト

●他の人をサロゲートにして、その人の身体でテストする場合

1．テスト対象者への愛を感じ、手助けできることに感謝して、神の力添えに静かに祈りを捧げる。

2．サロゲートが診断可能であることを確認する。前に説明したとおり、「イエス」と「ノー」という言葉に対して明確な答えが返ってくるところを確認して基準を定めるテストを行う。

3．サロゲートはテストの対象（動物）から2メートル以内にいること。体に触れる必要はないが、触れたければ触れてかまわない。

4．対象となる動物のエネルギーを読んでいることを確認するために、空欄に動物の名前を入れて「あなたの名前は～ですか？」と質問する。そのあとサロゲートに筋肉テストを行うが、反応は強く、事実と一致する答えになるはずである。対象が野生の動物か名前がわからない動物の場合は、動物をじっと見ながら「私たちはあなたのテストを行っているのですか？」と質問する。サロゲートに筋肉テストを行う。反応は強く、事実と一致する答えになるはずである。

プロキシも兼ねた自己テスト

5. 答えが明確でなければ、ステップ4をくりかえす。答えが明確なら、エモーションコードのセッションを続ける。

6. 磁石（または指先）で動物の背中をそっとなでるか（安全で可能な場合）、サロゲートの督脈のあたりを滑らせるかして、囚われた感情を解放する。

動物から2メートル以上離れている場合は、プロキシテストを行う。

●あなたがひとりでプロキシも兼ねて自己テストで行う場合
あなたが動物の代わりにプロキシになり、自分の身体で筋肉テストを行う。動物がどんなに離れた場所にいても、あなたが自分の身体で解放のプロセスを行うと同時に、動物の囚われた感情が解放される。

1. テスト対象者への愛を感じ、手助けできることに感謝して、神の力添えに静かに祈りを捧げる。

2．基準を定めるテストであなたが診断可能であることを確認する。前に説明したとおり、「イエス」と「ノー」という言葉に対して正確で明確な答えが返ってくることを確かめる。

3．あなたと動物のエネルギーの繋がりを確立するために、動物とエネルギーを繋げるという意思を持つ。空欄に動物の名前を入れて「私の名前は～です」と言う。筋肉テストを行う。最初は筋肉テストの反応が弱くなるだろう。反応が強くなるまで、「私の名前は～です」を何度もくりかえす。このテストに慣れない場合は数回くりかえすことになるかもしれないが、何度か違う状況でこのテストを経験すれば、動物のエネルギーとの繋がりが早くできるようになる。対象が野生の動物か名前がわからない場合は、動物をじっと見ながら「私はこの犬（またはネコ、鹿など）のテストを行っているのですか？」と質問する。反応は強く、事実どおりだという答えが返ってくるはずである。

4．空欄にあなたの名前を入れて「私の名前は～です」と言い、あなたが行っているのは動物へのテストであることを確認する。動物のプロキシとして繋がりが確立されているので、反応は弱く、事実とは異なるという答えが返ってくるはずである。動物がどんなに遠くにいても、この時点で、あなたがテストしていることは、すべて動物のことである。通常どおりにエモーションコードのセッションを続け、動物の代わりに自分の督脈のあたりに磁石（または指先）を滑らせて、見つけた感情を解放する。

他の人をプロキシにする第三者テスト

5．セッションが終了したら、繋がりを切る。自分の名前を空欄に入れて「私の名前は～です」と言い、筋肉テストで強い反応か「イエス」という答えが返ってくるまで筋肉テストをくりかえす。

●他の人をプロキシにして、その人の身体でテストをする場合
1．テスト対象者への愛を感じ、手助けできることに感謝して、神の力添えに静かに祈りを捧げる。

2．プロキシが診断可能であることを確認する。前に説明したとおり、イエス・ノーの質問に対して明確な答えが返ってくることを確認して基準を定めるテストを行う。

3．プロキシと動物のエネルギーの繋がりを確立するために、動物とエネルギーを繋げるという意思を持つ。空欄に動物の名前を入れて、プロキシに「私の名前は～です」と言わせる。筋肉テストを行う。最初は筋肉テストの反応が弱くなるだろう。反応が強くなるまで、「私の名前は～です」を何度もくりかえす。

対象が野生の動物か名前がわからない場合は、あなたもしくはプロキシが動物をじっと見ながら「私はこの犬（またはネコ、鹿など）のテストを行っているのですか？」と質問する。反応は強く、事実どおりだという答えが返ってくるはずである。

4．答えが明確でなければ、ステップ3をくりかえす。答えが明確なら、通常どおりにエモーションコードのセッションを続け、動物の代わりにプロキシの督脈のあたりに磁石（または指先）を滑らせて、見つけた感情を解放する。

5．セッションが終了したら、繫がりを切る。プロキシの名前を空欄に入れて「私の名前は～です」とプロキシに言わせ、筋肉テストをする。強い反応か「イエス」という答えが返ってくるまで筋肉テストをくりかえす。

動物へのテストが初めての場合はきっと驚くことだろう。動物ととつぜん繫がりができるのはとても素晴らしい体験であり、しばしば感動的である。

嘔吐する犬のヒーリング

友人の家を訪れてすわっていると、近くのキッチンで犬が吐きました。友人は私に詫びて汚物を片づけ、犬はこんなふうに毎日吐くのだと打ちあけました。ぜったいに普通じゃありません。友人は人間と同様に動物の囚われた感情も解放できることを知りませんでした。私は友人から犬にセッションを行う許可をもらい、囚われた感情をいくつか解放しました。それは友人が犬を選び、家に連れ帰った日に囚われた感情でした。母犬から離れたことがなかった子犬にとっては、トラウマになるような体験だったのです。その後、犬は食べてはいけないものを食べたとき以外は吐かなくなりました。もう毎日のことではありません！　よかった！――ヘザー・H

連れ去られたトゥウィッグス

エモーションコードで救われた動物の例としてぴったりなのが、ラサアプソ犬トゥウィッグスである。飼い主であるブレットとキャシーがトゥウィッグスを連れてきたときに話を聞かせてくれた。

数カ月前、ブレットとキャシーはカリフォルニアのサンファン・カピストラーノ近くの丘でトゥウィッグスを連れて散歩をしていた。好奇心旺盛で冒険好きなトゥウィッグスはふたりの20メートルほど前を走っていた。するととつぜん葉がカサコソと鳴ったかと思うと、道沿いのやぶからコヨーテが飛びだしてきた。そしてあっというまにトゥウィッグスをくわえて逃げてしまった。ブレットとキャシーがまったく動けないうちに、姿が見えなくなってしまったのだ。ふたりはコヨーテを追いかけて森に入ったが、もう何もできなかった。

ふたりは落胆して家に帰ったが、もうトゥウィッグスは取り戻せないとあきらめていた。４日後、ふたりがまだ嘆いていると、トゥウィッグスが玄関に現れた。トゥウィッグスは泥と血にまみれて震えていたが、家に帰ってこられて喜んでいるようだった。ブレットとキャシーがトゥウィッグスを動物病院へ連れていくと、傷を縫われて抗生物質を処方された。

「まるで奇跡でした」。キャシーは安心して抱かれているトゥウィッグスをなでながら言った。「本当に安心しました！」

「それなら、何が問題なんです？」。私は尋ねました。

「トゥウィッグスがすっかり変わってしまって」。ブレットが説明した。「ぜんぜん吠えないし、何も追いかけないんです。まるで生きることに興味をなくしてしまったみたいで」

「それにずっと震えています」。キャシーはトゥウィッグスを抱きあげて、震えている様子を見せた。「獣医は神経をやられたんじゃないかと言うんです」。ブレットが言った。「何もできることはない。ずっとこのままだろうって」

キャシーは私が見られるようにトゥウィッグスを施術台におろした。私は背骨のずれがないかどうか確認した。そして予想どおり数本のずれを見つけて直した。

「つまり、安楽死させるかどうか迷っているんです」。キャシーが言った。「前みたいに吠えることもなければ、走りまわったりもしない。どこへ行くのも抱きあげなきゃいけないんです。この子は好奇心をなくしてしまいました。ずっと苦しんでいるみたいで」

私たちは施術台にすわっているトゥウィッグスを見た。怯えた辛そうな目をして震えている。

コヨーテに襲われて連れ去られたときに味わっただろう恐怖は想像がつく。おそらく囚われた感情に苦しんでいるのだろう。私はブレットとキャシーにサロゲートテストについて説明し、トゥウィッグスのためにどちらかがサロゲートをつとめてくれるよう頼んだ。

私が囚われた感情があるかと質問すると、答えは「イエス」だった。おそらく、その感情は〝怯え〟か〝激しい恐怖〟だろう。感情のリストを追って探っていくと、出てきた答えは意外なものだった。

コヨーテに連れ去られたとき、この小さな犬の胸と魂を占めていたのは〝激しい恐怖〟や、それに近い感情ではなかった。〝悲しみ（沈んだ心）〟だったのだ。くわえられて連れ去られたとき、トゥウィッグスに考えられたのは「もう二度とブレットとキャシーに会えない」ということで、その思いと悲しみに打ちのめされたのだ。

囚われた感情が判明すると、私は磁石を使ってすぐに解放した。その日は他にすることはなく、施術はそれで終了した。

私が床におろすと、なんとトゥウィッグスが弾丸のように走りだしたのだ！　トゥウィッグスは廊下を駆け抜け、待合室まで走っていった。キャシーに抱かれて初めて待合室に入ってきたときには、ひどく震えてそこにいた人々にも気づいていないようだったのに。今はひとりひとりに挨拶して、ときおり健康そうない声で吠えていた。そのあとも廊下を走ってすべての部屋をのぞいて一度ずつ吠え、最後にうれしそうにしっぽをふりながら、ブレットとキャシーの前に戻ってきた。

またたくまに起こった驚くべき変化だった。この奇跡のようなヒーリングに全員が驚き、感動した。その後は震えがぶりかえすことはなく、好奇心旺盛で魅力的な性格ももどってきたと、ブレットとキャシーが報告してくれた。

囚われた感情に関する動物へのテストの素晴らしい点は、結果は見たとおりというところだ。動物はあなたを喜ばせるために、気分がよくなったふりはしない。そして、しばしば効果が大きく即効性がある。

トゥウィッグスは私たちが手を貸そうとしていることをわかっていたようである。そして急に気分がよくなったとき、その変化は誰にも明らかだった！

行儀が悪いブランディ

ある夜、ジーンと友人の家を訪ねると、飼い犬のブランディに熱心だけれどかなり不埒な〝挨拶〟をされた。「すまない！」。友人のスキップが言った。「お客さんがくるたびに駆けだして、足にしがみついて腰をふっちゃうんだ！　恥ずかしくてたまらないんだけど、どうしても止められないから、誰かがくるときは外に出している。今日はきみたちがくると思わなかったから。わかっていたら裏庭に出しておいたんだけど」

スキップと奥さんと一緒に腰をおろすと、話題はすぐに変わったが、私がすわっている場所からはガラス戸の向こうで寂しそうにしているブランディが見えた。

そこで話題をまた戻して、ブランディのおかしなふるまいは囚われた感情が原因かもしれないと伝えた。ふたりには初耳のことだったが、それでも私を信用してブランディのテストをさせてくれた。

まもなく、私の勘が正しかったことが判明した。ブランディの囚われた感情は〝悲痛〟で、それはこんなふうに生じた。

スキップたちは最近になって山小屋を買った。そして週末をそこで過ごすようになり、ブランディを連れていったが、彼は長いドライブに耐えられなかった。車に酔って、後部座席で吐いてしまったのだ。そこでスキップたちはブランディを置いていくことにした。スキップたちが荷物を準備しはじめるとブランディはひどく興奮したが、ふたりは自分を置いて車で出かけてしまった。ブランディはどうして置いていかれたのかわからず、ひどく取り乱した。

それから問題行動が始まった。これまでは何も問題がなかったのに、急に変わったのだ。家に客がくるたびに駆けより、足にしがみついて腰をふり、みんなにばつの悪い思いをさせていやがられた。どうやら、そうしないと悲痛さを伝えられないようだった。

そこで囚われた感情を解放すると、行儀の悪さはすべて治まった。

パラノイアのネコ、ブーフィー

エモーションコードのセミナーを終えると、友人のサイリーナと私は新しい知識を試したくてしかたありませんでした。家に帰ってソファでネコが寝ているのを見つけると、ふたりで思いました。「いた！最初の犠牲者が！」

ブーフィーは1歳だった頃、両親がもらってきた迷いネコでした。私たちは大切に世話をして、また迷わないように鈴のついた首輪までプレゼントしました。１カ月間もとの飼い主を探したけれど見つからず、行儀がよかったので、うちで飼うことにしたのです。

ブーフィーはいつも家族には慣れていましたが、他人をひどく怖がりました。他のネコたちのように足にすりよって注意を引くのではなく、知らない人全員を恐れているようでした。知らない人が部屋に入ってくると、飛びだして逃げていってしまうのです。

私は自分がサロゲートになって、ブーフィーをテストして囚われた感情を探しました。予想どおり、囚われた感情は〝怯え〟でした。囚われた感情を解放すると、ブーフィーはお腹を出して私たちになでさせましたが、他には何も起きませんでした。

けれども数日後、家にお客がきてもブーフィーは逃げませんでした。それどころか知らない人が部屋に入ってきても、今では他のネコと同じようにふるまい、ときには近づいていって注意を引いてなでてもらおうとするのです。

エモーションコードのおかげで、私は動物を相手にするのが好きなのだとわかりました。動物にセッションをするのが得意だと気づいたのです。自己テストを使えば、すぐに囚われた感情がわかって解放できます。今、私はペットセラピー事業をはじめ、エモーションコードを使い、動物に素晴らしい変化を起こしています。——カトリーナ・B

捨てられた子犬

動物を対象とするエモーションコードの名人となったカトリーナから届いた感動的な手紙である。

昨年、ある友人からボートを貸してほしいという電話がありました。

スティラグアミッシュ川近くの人目につかない公園にいたら、子犬の鳴き声が聞こえたような気がしたらしいのです。あたりを見まわすと、向こう岸の崖に子犬たちがいました。小さな砂州に取り残されてしまったようでした。友人はまた大雨が降って川の水かさが増したら子犬たちが溺れてしまうと思い、助けるためにボートが必要だったのです。

私の兄のベンが公園へカヌーを持っていき、子犬たちを助けました。一匹はすでに死んでいましたが、私たちは残りの４匹を連れて帰りました。黒に白い模様が入ったとても美しい子犬たちで、ピットブルとジャーマンシェパードのミックスのようでした。

1匹だけが毛布で包んで抱きしめても震えが止まりませんでした。寒さのせいではないのはわかっていました。原因はショックです。でも、私はエモーションコード・チャートを取りだし、自分がサロゲートになってテストをして囚われた感情を探しました。子犬のおもな囚われた感情は〝激しい恐怖〟〝ショック（衝撃）〟〝怯え〟〝裏切り〟〝放棄（自暴自棄）〟でした。

私は何があったのか質問して、答えを知るために自分でテストを行い、子犬たちがわざと溺れる場所に捨てられたことを知りました。動揺するのも当然です！　私は子犬の囚われた感情を慎重にすべて解放し、なくなったことを確認しました。

30分たらずのセッションのあと、子犬は震えが止まって落ち着きました。私は気持ちよさそうに毛布に包まれている子犬を抱っこしていたかったけれど、彼はもう遊びたいようでした。

子犬たちがトラウマになりそうな経験をしたことを知り、私は他の子犬たちの囚われた感情も解放しました。いい家族にもらわれてよいスタートを切ってほしかったので、私たちは子犬を動物の保護施設に連れていきました。子犬たちにはすぐに飼い主が見つかりました。――カトリーナ・B

意地悪なニワトリ

私たちは産みたての卵を食べられるように、裏庭でニワトリを飼っていました。でも今年になって新しいニワトリを飼いはじめたら、毎日古株のニワトリたちが新入りをいじめているのを見て悲しくて……。血が出ているときもありました。若いニワトリたちに食べさせない、ねぐらに入れない、水を飲ませない、卵を産ませない、広い庭でくつろがせることもさせないで狭い場所に追いやりさえしていました。オンラインで専門家に解決策を訊いても、全員が「いじわるなニワトリを食べてしまいなさい」と冗談を言うだけでした。そんなことはしたくありません。もうペットになっていましたし、私たちは肉ではなくて卵が欲しかっただけですから。私はエモーションコードで背中の痛みがとてもよくなったことがあったので、地元のプラクティショナーにニワトリにセッションをしてもらえないかと訊きました。その先生は犬と馬で成功した実績があったので引き受けてくれ、日が暮れてニワトリたちがねぐらに入ってから、電話でセッションをしてくれました。翌朝、びっくりしました。ニワトリたちが一緒に餌を食べて、水を飲み、くつろぎ、さらにうれしかったことには、巣でフンをするのではなく、卵を産んでくれたのです（これは、私たちの健康につながりますから）。毎日ニワトリたちを見ていますが、1日ですっかり変わったのが本当に信じられません。――ミシェル・T

動物はいつも商品として扱われ、感情を気遣われることがめったにない。これは犬のブリーダーの話である。

ラブラドール・レトリーバー、ジャジー

チョコレート色のラブラドール・レトリーバーのジャジーはブリーダーに飼育され、何年も妊娠しては子犬と引き離されてきました。愛情深い里親に引き取られてからも、まだ抗不安剤を飲まなければならなかったのです。私が出会ったなかで、いちばんの怖がりでした。セッションのために家に入ることさえ恐れていました。胸が張り裂けそうでした。セッションでは〝切望（熱望）〟〝不出来（落伍者）〟〝自尊心の低さ〟〝悲痛〟といった感情を解放しました——すべて子犬に関するものです。

2日後、里親からジャジーが初めて目をあわせてくれたと報告がありました。とても感銘を受けた様子で。また、ジャジーは今までみせたことのない動作もしたとか。また家にきてもう一度セッションをしてほしいと頼まれたので、今度はジャジーの体験に関する感情を解放しました。

その後、ジャジーはとても具合がよくなり、もう薬はいらなくなりました。怖がらずに家に入りますし、以前は里親がジャジーを探していたのに、今ではジャジーがふたりを探すとか。ジャジーの変化はたいへん目覚ましいものでした。——ダイアナ・P

馬の悲しみ

馬のレインジャーへのセッション後、私が珍しい動物の扱い方をするらしいという噂が広まりはじめた。するとカーラという女性から、愛馬バリアントがうまく歩けないので見てほしいと連絡があった。

バリアントは騎手の指示で馬が決まった動き方をするように調教する馬場馬術で使用されるとても優雅な馬だった。異常な歩き方をする馬は使えず、訓練は中止されていた。獣医が診察しても肉体的には悪いところが見つからず、それでカーラは私に助けを求めたのだ。

私が厩舎に到着すると、少しばかり騒ぎが起こった。厩舎のオーナーや調教師や厩務員が馬の精神的な重荷を楽にしたという噂の新しい技術に興味を持って見にきたのだ。ちょっとした人だかりができているなかで、セッションを行った。私が誰かにサロゲートをつとめてほしいと頼むと、メリッサという騎手が引き受けてくれた。

メリッサを通じてバリアントの潜在意識をテストすると、まもなく異常な歩き方の理由がわかった。囚われた感情のせいで臀部に不具合があったのだ。さらにテストを進めると、囚われた感情は〝悲哀〟だとわかった。

「その悲哀は他の馬に関することですか？」。私が尋ねると、メリッサの腕の反応は弱かった。つまり「ノー」だ。

「その悲哀は人間についてですか？」。メリッサの腕の反応はまた弱い。「ノー」だ。

「犬についてですか？」。ノー。

「ネコ？」。ノー。

何が起こったのかもっと情報が欲しかったが、あり得そうなものが尽きてしまった。だが、がんばった。近くにリスがいたのを見て尋ねた。「その悲しみはリスについてですか？」。ノー。

鳥が頭上を飛んでいったので尋ねた。「それは鳥についてですか？」。そのとき、メリッサの腕の反応が強くなり、答えが「イエス」だと示した。

鳥のことで馬が悲しんでいる？　私たち全員がとまどい、くすくす笑った。

すると、馬主であるカーラが急に口を開いた。「ちょっと待って。心あたりがあるの」

見たところ、真剣な顔をしていた。「先週、鳥のひなが巣から道路に落ちたの。バリアントの馬房の前よ。ひな鳥はしばらく生きようとしてもがいていたようだけど、結局死んでしまった」

「それは死んだひな鳥についての悲哀ですか？」。私はメリッサを通じてバリアントに訊いた。答えは「イエス」だった。

バリアントはその悲劇を黙って見ていたに違いない。そして悲しみに打ちひしがれ、感情が囚われて臀部に不具合を起こし、歩き方に影響したのだ。

私はバリアントの背中に磁石を滑らせて、囚われた感情を解放した。カーラはバリアントを厩舎から出して歩かせた。驚いた！　バリアントの歩き方の問題は、ひな鳥に関する囚われた〝悲哀〟とともに、すっかり消えていた。

わが家の子どもたちは地元の馬場公園で乗馬を習っていたが、そこでオーナーの馬の囚われた感情を解放することになった。オーナーがその話を語ってくれた。

元気を取り戻した馬たち

私は14歳から馬の調教と乗馬に関わってきました。今は馬主となり、馬場公園を運営しています。愛馬とともに全米レイニング（ウエスタン馬術）協会主催の競技会にも定期的に出場しています。ネルソン先生と奥さまのジーンと出会い、ありがたいことに2頭の馬にセッションをしていただきました。素晴らしい効果がありましたので、私が目にしたことをお話ししたいと思います。

私の馬はすべてクオーター種で、いわゆる牛追いの馬です。

気に入っている馬の1頭がニュート。現在14歳で、馬には珍しく5年前に引退しましたが、ニュートには問題がありました。10年前、ニュートはアリ塚の上で寝て、左後ろの皮膚のかなり大きな範囲をアリに何度もかまれてしまいました。数日以内には毛がすべて抜け、二度と回復しませんでした。毛はまた生えますが、以前のように芸を見せられなくなり、苦しそうなのが明らかなので、6、7年前に引退させたのです。元気がなくなり、まだ若いのに急に年をとったようでした。ここ5年は完全に引退していましたが、年に2度くらいは連れだして少しだけ仕事をさせていました。何かやることを与えたほうがいいと思ったからです。

この間、獣医にもカイロプラクターにも診せましたし、ショック療法まで受けましたが、何も効果はありませんでした。ニュートはとても貴重な馬です。祖父母はともに父系も母系もドック・バーの血を引いています。ドック・バーはとても有名なクオーターホースです。ニュートの母系の馬は全米のレイニングで5本の指に入っていますから。

セッションを終えると、ネルソン先生とジーンはニュートは囚われた感情に苦しんでいると言いました。特に2歳頃の〝自制不能〟と〝緊張〟に。それはニュートがうちにくる以前、前の馬主兼調教師にかなり厳しく強引に働かされていた頃でした。

ネルソン先生たちにセッションを行ってもらってから（約30分を1回だけ）、ニュートはすっかり変わりました。それどころか、急に4歳の頃に戻ったみたいでした。今は牛にロープをかけるのにニュートを使っています。これは馬の背中が引っぱられる仕事ですが、問題ありません。私はニュートのペースで手綱を握って芸をさせていますし、ニュートは絶好調ですから。こんなふうになるなんて、本当に驚きました。ニュートは元気いっぱいで、いつも遊びたがっています。引退して何年もほとんど何もできなかったのに、ニュートはすっかり生まれかわりました。

もう1頭、バックという馬もいます。私が所有しているなかでいちばんいい馬で、とても小さくて美しい薄茶色のクオーターホースです。バックを手に入れたのは3カ月前でした。最初からまったく元気がなく、こちらを信用してくれないし、何もやりたがりませんでした。働きたくないのです。たまたまバックが調教されたときの様子を知ると、控えめに言っても強引すぎました。私に言わせれば、1年くらいはそんな厳しい訓練でも芸はするだろうが、それで終わりです。なぜなら、馬がこう言うでしょうから。「好きなだけ、こっちを苦しめればいいさ。だが、もうどうでもいい。へとへとだ」と。

バックはそこまで追いつめられ、疲れきっていました。生きることがいやで、仕事が嫌いで、人間が嫌いだったのは、あまりにも酷使されたから。ネルソン先生と奥さまが調べると、3歳のときに調教師から取りこんだ〝憎しみ〟、3歳のときに生じた〝憂うつ（意気消沈）〟、その他にも〝圧倒〟〝パニック（うろたえる）〟などの感情がありました。どれも当然の気持ちでしょう。

それ以来、バックは大きく変わりました。まず、歩調が変わりました。そしてとても乗りやすくなり、リラックスするようになりました。私が乗ったら、本来はそうなるのです。それに、もう人間を怖がらなくなり、あまり警戒しなくなりました。今ではあらゆる面で普通の馬です。働くことが好きだし、元気いっぱいです。本当に驚くべきことです。バックは生まれかわったようです。

先月、全米レイニング協会のショーに出場すると、バックは雄馬クラスで30頭中3位、調教馬で3位になりました。そしてうれしいことに、このショーで以前の調教師が所有するなかでいちばん優秀な馬に5点差で勝ったのです。怖がらせる調教はしばらくは効きめがあるでしょうが、信頼は永遠に続きます。

エモーションコードの仕組みはわかりませんが、本物であるのは心から納得しています。セッションを行う様子と、それで得られた成果を見て、本当にびっくりしました。ネルソン先生は馬の経歴を知らなかったのに、浮かびあがってきた感情や事情はとても正確でした。
この方法が効果を発揮するのを見ましたし、その結果は私の馬たちに表れていましたし、感じられました。この方法を説明しようとしても、まるで魔術のように感じるでしょう。私が知っているのは効果があることだけ。大切なのはそれだけです。——ボイド・R

ふたたび歩けた馬

私は国際馬術連盟レベルの馬場馬術の調教師兼獣医で、オリンピックを経験した調教師たちとドイツで調教をしていました。カリフォルニアのサンファン・カピストラーノに調教場をかまえてからは、調教レベルからインターミディエイトⅡレベルまで、17年間で23頭の馬を調教し、今は半ば引退してホルシュタインの雄馬リベレーションを飼っています。カリフォルニア、コロラド、オレゴンで馬場馬術を教え、ショーの審判もつとめています。

1998年7月、私はカリフォルニア州サンディエゴでネルソン先生が開いたエモーションコードのセミナーに初めて参加しました。これまで囚われた感情を見つける先生の方法を利用してきて、人間にも馬にも効く素晴らしい方法だと知りました。お伝えしたい驚くべき話はたくさんありますが、なかでも素晴らしいのが、これからお話しするふたつです。

数年間調教していたある馬は、年に何度か脚の具合が悪くなりました。3人の獣医に診察してもらい、レントゲンを撮り、カイロプラクティックと鍼治療も試しましたが、不調な期間は何をしても効果がないようでした。競技に出ている馬で、その謎めいた不調がいつ起こるかわからないので、私たちはとてもいらいらしていました。ネルソン先生のクリニックへ10年通ってセミナーにも行ってエモーションコードを習うと、私はこのエネルギーヒーリングを訓練している馬たちにも使いはじめました。

ハイランダーの具合が悪くなるのは、右の飛節のあたりでした。私はハイランダーの感情の重荷を取り除きはじめました。ハイランダーには大きなハートウォールがあり、囚われた感情をひとつずつ解放していきました。ハイランダーが囚われていたのは〝放棄（自暴自棄）〟〝怒り〟〝悲痛〟、馬主への〝恨み〟でした。こうした感情は5歳でトレーラーに乗せられたときに生じていました。トレーラーのなかで倒れたのです。でも馬主はトレーラーを停めて助けようとせず、ハイランダーは倒れたまま目的地まで運ばれたとか。実際に起きたことかと尋ねると、馬主は恥ずかしそうに認めました。単純にどうしたらいいかわからず、そのままトレーラーを走らせてショーの開催場へ向かったということでした。ハイランダーは自分が倒れたことを馬主が知っていたことを知っており、それで恨んでいたのです。見捨てられたとも感じていました。

すべての感情を解放すると、すっかり悪くなっていた飛節が10分で完璧に治っていました。私が調教していたそれからの3年間、ハイランダーは健康なままでした。2回だけもう一度囚われた感情を解放しなければならないことがありましたが、それは馬たちがトレーラーに乗るのをいやがっているのを見たときでした。きっと、自分の悲しみを思いだしたのでしょう。それでも元気を保ち、大会で7度優勝しました。

もうひとつは講習会で調教していた歩けなくなった馬の話です。調教するのは、そのときが初めてでした。私は身体的な不調なのか、それとも精神的な不調なのかを調べるために筋肉テストをしていいかと馬主に訊きました。結果は精神的な不調――つまり、原因は感情的なものでした。私は厩舎で安楽死させられた他の馬に対する〝悲痛〟を取り除くことができました。また、ボディーコードで心臓を含む複数の器官の不具合も発見できました。かかった時間は10分ほどで、セッションが終わるとすぐに、馬は元気よく駆けだしました。その後何度も私の講習会にきていましたが、他の馬主に売られるまで、ずっと元気でいました。

私は購入を検討している馬が感情的な問題を持っているかどうか、調教可能かどうかを調べるためにエモーションコードを使ってきました。よい馬を選ぶのに非常に助かっています。また自分の馬の健康診断として、いつも筋肉テストを利用しています。馬が肉体的にも健康で幸せなのはエモーションコードとボディーコードのおかげでしょう。――デビー・S

湾曲したアリアナの背骨

馬のセッションに関わったことは数回ありますが、身体的な目覚ましい結果が瞬時に現れたのはこの例です。パソフィノの雌馬であるアリアナはひどい虐待を受けていました。餓死しかけたのですが、他にどんな仕打ちに耐えてきたのかは知るよしもありません。動物管理局が介入して、そのままでは確実に死ぬところを救われたのです。私が働いていた牧場がアリアナをノースカロライナへ連れていき、そこが終の棲家となりました。

アリアナは自分の影にさえ怯えていましたが、新しい家の素晴らしい人々が多くの時間をかけて世話をした結果、また人間を信用できるようになりました。12歳のとき、アリアナの背骨が湾曲しました。普通であれば、鞍を着けるのが若すぎたのが原因だと考えるでしょう。けれども、私は緊張をほぐすまえに、筋肉テストではなく振り子を使ってエモーションコードを行いました。そして〝放棄（自暴自棄）〟〝怯え〟〝無力感〟を解放すると、驚いたことに、アリアナの背中が10センチ近く隆起したのです。私の目の前で。アリアナは囚われた感情を解放すれば身体的な変化も起こせることの真の証です。――キャロリン・W

感染症が治ったフランキー

友人の愛馬フランキーの飛節はひどい感染症にかかっていました。私は自分がサロゲートになり、フランキーにセッションを行い、ハートウォールとその他の囚われた感情を解放しました。すると、すぐに飛節が治りはじめ、友人は調教がしやすくなったようです。本当に素晴らしい効果です。――アンドレア・F

悲しい話のハッピーエンド

私は動物愛護協会に保護された2歳の犬のセッションを行いました。その犬は体重約15キロ、雑種で、胸に深い裂傷を負った状態で保護されました。ポーチの犬小屋に3日間も放置されていたのです。犬は人間を信用していませんでした。不安レベルは0から10までの段階で11――計測不能です！　動物愛護協会の人々は身体の傷は治せるとわかっていましたが、犬は明らかにひどい虐待を受けている様子。もらい手を見つけられるほど心の傷を治せる自信はなさそうでした。プロキシを使ったエモーションコードを6週間行うと、犬は一時預かりの家でとてもいい子にしていました。次のステップはもらい手を探すことです。——メレディス・B

結論

私たちはこの地球で動物とともに生き、何度も私的に世話をする役割を担ってきた。動物は伴侶であり、友人なのだ。あたかも家族の一員かのように愛すことは多いし、そうあるべきなのだ。

家族に対するように、世話をしている動物も食べ物と家を与え、安全で健康にいられるように最善を尽くさなければならない。

飼っている動物をよく見ていること。何か不安になるようなことが起きたら——バリアントの目の前でひな鳥が死んだときのように——動物がどんなふうに感じたか想像すること。身体であっても行動であっても、何らかの症状が現れたときは、動物は囚われた感情があることを伝えようとしているのかもしれない。あなたにはもう動物を助ける手段があるのだから。

どうか、怖がらずに試してほしい。動物への愛で心を満たし、胸で祈り、助けるという明確な意思を持ち、できると信じれば、ぜったいに成功する。

第4部

明るい未来

第11章　囚われた感情がない人生

Life without Trapped Emotions

明日を恐れてはいない。昨日を見て、今日を愛しているから。――ウイリアム・アレン・ホワイト

ネガティブな感情を感じるのも、感情の重荷に対処するのも、人間としての経験の一部だろう。だが、囚われた感情が引き起こす悪影響から自由になって残りの人生を送ることはできると、私は信じている。昔に囚われた感情を消すことも、新しく感情が囚われないようにすることも学べるからだ。

人生とはさまざまなものが入りまじった袋で、感謝すべき天恵から乗り越えるべき困難、試してみるべき好機、下すべき決断、そしてときには悲しみや切望（熱望）が詰めこまれている。このすべてが経験となる。信仰心を働かせ、知識を得て、愛する度量を広げる道を与えてくれるのだ。人間はみなエネルギーで繋がっている。ひとりに何か起きれば、程度の差はともかく、他の全員に影響する。私たちは経験を通して互いへの理解や思いやりを深めることで、繋がりを強くする機会を得るのである。

人生の浮き沈みはすべて、感情に関する技術、すなわち感情に関する知性を発達させる訓練の機会を与えてくれる。

今は感情的な反応は反射的に起こり、ほとんどコントロールできていないように思えるかもしれない。自分に起きたことによって感情がコントロールされていると感じているだろう。だが、囚われた感情によって行動が〝自動操縦〟されるものであり、囚われた感情が解放されるほど、どう感じて反応するかを自分で決められるようになる。日々多くのことに直面し、そのすべてに対する感じ方が、あなたの人生の流れを左右するのだ。

感情の体験を中断していないだろうか?

感情の体験が起こる3つのステップを思いだしてほしい。まず感情の振動が起こり、そのあと通常は感情をすぐに感じはじめる。その後感情を解き放てば、この体験は完結する。

この段階を踏んでいるどこかで体験を中断してしまうと、感情エネルギーを体内に閉じこめてしまう。おそらく激しい感情のほうが囚われやすいことは、もう理解できているだろう。つまり、感情は体験の2番目のステップで囚われるのだ。

それでは、感情の体験をもっと早い段階で中断したら、つまり感情の振動は生じたが、まだ本当には感じていない段階で中断したらどうなるのだろうか?

感情について「封じこめる」とか「抑えこむ」といった言葉を聞いたことがあるだろう。もしかしたら、あなたや、あなたの知りあいがやりがちなことかもしれない。あるいは、あまりにも反射的にやってしまうので、問題として認識さえしていないのかも。私はこの現象を〝感情の否定〟と呼んでいる。感情の体験を尊重するのではなく、否定するからだ。この現象がどんなふうに悪影響を及ぼすのかは、メリッサの例でわかるだろう。

私はしばらくエモーションコードとボディーコードを使い、子どもの頃と大人になってからの両方で生じた〝怒り〟やそれに近い気持ちなど、多くの囚われた感情を解放しました。ただし、不思議なのは実際にはほとんど怒りを感じたことがないことでした。めったに怒ることはなく、正直にいうと怒るのが怖いので、過去に数回怒った出来事は今でも覚えています。

このことを意識してから、私は一定のパターンがあることに気づきました。少しでも腹が立つと、脳が話題を変えるように、すぐにその気持ちをさえぎってしまうのです。そして先に進もうとしても結局はとまどい、どうしようもなくなって、落ち込むというパターンです。こうしたときは肉体的な苦痛や自己破壊を伴うことも多く、2回に1回はまだ〝怒り〟〝恨み〟〝苦々しさ〟などの感情が囚われていることがわかります。そんな感情なんて感じていないのに！

自分が怒れるのかどうかを確かめるために、わざと何度か怒ろうとしたことさえありました——でも、無理でした。

子どもの頃、怒るのは悪であり、自分も他人も傷つけると、事あるごとに教えられてきました。きっと私の潜在意識は怒りを制御できなくなるのが怖くて、怒りが生じた瞬間に否定したのでしょう。それでも身体は感情の振動を発していましたが、私はそれを感じることを自分に許さなかったのです。

それが人生に深刻な問題を引き起こしたのだと思っています。長年、虐げられ、利用されることを他の人々に許してきました。今は多くのことを学び、怒りに対する考えを改める必要があると気づきました！　今ではどんな感情も私たちに道を示しているのだとわかります。怒りも自分を守って弁護する方法を教えてくれたはずなのです。

〝怒り〟などの囚われた感情を多く解放したおかげで、潜在意識は感情の体験を制止するのをやめました。私はもう必要なときには自分を守り、欲しいものは求め、健康的な境界を定めることができます

――力がみなぎっているような最高の気分です！――マリッサ・R

感情の否定

あなたが大半の人と同じなら、ネガティブな感情を理解したり、適切に処理したりできるよう育てられていないだろう。そうなった原因は、感情には目的があることや、私たちが感情をかなりコントロールしていることを知らないからだ。

その結果、古い習慣と感情に対処する能力不足のせいでネガティブな感情が生じると打ちのめされるか、ときにはまだ何も感じないうちに、すべてを否定してしまうことになる。マリッサの場合、〝怒り〟というネガティブな感情が早い段階で潜在意識にさえぎられてしまったせいで、そもそも〝怒り〟が生じていたことにも気づかなかった。また、感情は感じはじめているのに、その感情を引き受けることをしないで体験をさえぎってしまう場合もあるだろう。自分の感じ方が気に入らず、感じることをやめたいので、自分で解決したり、他の感情に飛びついたり、感覚を鈍らせたり、話題をまるっきり変えたりするのだ。もし、まだ感情の体験を迂回させる知性や技能を持ちあわせていないなら問題である（詳しくは後述する）。その結果が感情の否定であり、それが囚われた感情に繋がることが多いからだ。これは敷物の下で埃を掃くようなもの

である。何度もこのプロセスをくりかえしているせいで、しばしば反射的に行っているが、ちょっとしたことで明るみに出るものである。

こうしたパターンはとても危険である。なぜなら、自分では他の感情を〝選んでいる〟つもりかもしれないが、実際には潜在意識からの重要なコミュニケーションを否定しているのだから。

こうした感情の否定は多くの面で害を及ぼす。自分の感情をコントロールできていると思うことで、自尊心が高まるだろう。だが、感情はメッセージを伝える役割を担っていることを思いだしてほしい――健康や人間関係について重要なことを伝えるために送りこまれたのだ。どんなに感情を否定しようとも、その振動は変わらずに器官や腺で生じている。感情を制止しつづけたら（意図の有無にかかわらず）身体と潜在意識は他の方法であなたの注意を引こうとする。感情を否定することによって、ひどい痛みと苦しみが引き起こされるのだ。

こうしたパターンに自分が当てはまる気がする場合は、囚われた感情を解放しはじめたときに、その過程で起こる症状がとりわけ強烈かもしれないと頭に入れておくべきだろう。エモーションコードを使っても、その感情が生じた体験が再現されることはほとんどない。だが、その感情を感じる前に阻止したのだとしたら、解放する過程で少しだけ影響されて、その感情を体感するかもしれない。多少辛いかもしれないが、感情をしっかり体感して、身体と潜在意識からの重要なコミュニケーションを受け止めることをお勧めする。

ネガティブな感情に対する考えへの異議

特定の感情への信念や考えは感情の体験を狂わせる場合がある。あなたには特定の感情に対する古くて根深い思いこみがないだろうか？　ネガティブな感情全体に対しては？　ネガティブな感情はけっして心地いいものではないが、どれも役に立つ可能性がある――すべては、こちらの見方次第なのだ！　あなたはエモーションコードを使って、すべてのネガティブな感情に対して、もっと中立的であるべきである。そうすれば恐れたり、打ちのめされたり、抑えこんだりするのではなく、ひとつひとつの感情にこめられたメッセージに気づけるだろう。

子どものときに家で泣くことは許されず、リトルリーグの練習中も泣くことを恥ずかしいと思ったのではないだろうか。今大人になって、あなたは泣きたくても泣けないのかもしれないし、あるいはずっと泣いていたり、不適切な場面で泣いていたりするのかもしれない。これは感情を否定しているか、囚われた感情があるか、あるいはその両方が重なっているときに起きる。こうした点は少しずつ、一度にひとつずつ感情を解放していけば、問題は少なくなり、いずれなくなるだろう。

あなたの感情は、あなたが選ぶもの

感情については誤解が多く、よくあるのが他人には自分に特定の感情を抱かせる力があるという考えだ。「夫ったら、私を激怒させたのよ」とか「それで、落胆させられたわけ」とか「そんなわけで機嫌を悪くさせられたんだ」などと言ったことがないだろうか？　ちょっと考えてみれば、おかしなことを言っているのがわかるだろう。誰もあなたが選ばない感情を感じさせることなんてできないのだ。

じつは、あなたの感情は、あなたに起きたことで生じているわけではない。人生に影響する出来事すべてを意識してコントロールすることはできないが、あなたはいかに考え、感じ、行動するかを選ぶことはできる。何が起ころうとも、どんな感情を抱くのかを選ぶのは最終的にはあなたなのだ。

私たちの多くは無意識のうちに感情の奴隷になっていることがある。感情的な反応は反射的に感じるので、感情をコントロールできると言っても信じられないかもしれない。だが実際には、潜在意識は有能な機械であり、あなたが命令したことしかやらない。あなたがつくったパターンをくりかえしているのだ。ネガティブな感情はとても早く現れるので、どこからともなく現れる自然な反応ではなく、違う感情を選ぶ時間などはないように感じるだろう。約束に遅れたら、反射的に不安になるかもしれない。誰かに失礼な扱いをされたら、反射的に腹が立つかもしれない。侮辱されたり虐げられたりしたら、すぐに恨んだり怒ったりするかもしれない。

あなたが大半の人と同じなら、受け入れられないことがときおり起きているはずだ。それなら、あらかじめのんびりかまえるか、感情をコントロールすることを決めないと、いつまでもそうした反応を続けることになる。これまでと同じような反応を自らに許せば、潜在意識は過去に似た状況で選んだ感情に基づいて、ネガティブな感情を提示する。あらゆる感情の体験の最初のふたつのステップ（感情が生じて感じはじめるまで）はほんの数秒であり、それを変えるには時間と努力が必要である。

特定の状況に対していつもネガティブな反応をしていたかもしれないが、過去にネガティブな反応をしたからといって、未来も同じでなければいけないわけではない。いつもの反応にするか、違う反応をするかは選べるのだ。過去と未来は必ずしも同じである必要はない。

感情の体験のルートを意識して選び直してポジティブな感情を選ぶときは、そのたびに潜在意識の古いプログラミングを壊すことになる。最初は難しく感じるだろうが、続けていけば、いずれは新しく設定されたプログラミングが動きだし、習慣になってポジティブな反応を選びはじめるだろう。

感情の実体は、あなたがいつも選んでいる。どう感じるかは、いつもあなたが選んでいるのだ。いつも。この事実に気づくだけでも、じつはかなり力がついている。あなたはどんな状況に直面しても、自分が望む感情を選べる。あなたの感情の体験をつくっているのは、あなたなのだ。

あなたの焦点が現実を決める

新しい一日が始まれば、選択肢が生まれる。人生で起こっている問題について、いい気分になるか、いやな気分になるか。人生ではたいてい、よいことと、あまりよくないことが両方起きる。何に注目して選ぶかが、幸せの方程式では大きな要素なのだ。

問題や人生でうまくいかなかったことばかりに注目していると、結局はネガティブな感情が生まれることが多い。

かつて観た映画で、賢い教師が生徒にこう教えていた。「覚えておけよ、何に注目するかで現実が決まるんだ」。何とうまく真実を言いあてていることか！　コップに水が半分残っているとき、もう半分しか残っていないとも言えるが、まだ半分残っていると見るほうが力になるし、ポジティブな現実になるだろう。

愛情を持ってふりかえる

人は過去にばかり注目しすぎることがある。過去のネガティブな出来事に注目して感情を再体験することを選べば、どんなに昔の出来事でも、また新たに囚われた感情を生むことになる！

この件については、ダイアンという患者が頭に浮かんでくる。ダイアンの父親が亡くなったのは、私がセッションをはじめる10年前だったが、それでも父親が死去した4年後に囚われた〝悲哀〟が見つかった。囚われた感情をつくらずに葬儀を乗り越えたのに、4回目の命日に〝悲哀〟に負けることを自らに許してしまったのだ。当時、ダイアンは激しい悲哀を抱くことを自らに許してしまい、結果としてネガティブで危険な可能性もある感情が囚われたのだ。人にはみな辛い時期があり、ときおり囚われた感情が生じるのは避けられないかもしれない。だが、ふたつの重要な点を選べば、たいていは避けられる。まず、感情にはすべて目的があることを忘れないこと――感情は身体と心と頭からのコミュニケーションなのだ。次に、感情の選択は変えられることを忘れない――たとえば、愛する人を亡くした悲しさが募ってきたら、その人を愛していたことを思いだし、ポジティブな思い出に注目すること。私は次に父親が恋しくなったら、そうすべきだとダイアンに提案した。もしも、あなたも必要になったら、同じ方法を試してほしい。

過去に対する穏やかな気持ち

ハートウォールを解放して以来、心身の健康に大きな進歩があったことに気がつきました。とても激しかった不安が和らいできて、まだ影響していると思わなかった過去の出来事に対しても穏やかな気持ちでいられるようになりました。　――トリシア・V

愛情に満ちた思い出に気持ちを向ける

わが家の末っ子は家族ぐるみで付きあっていた友人ががんで亡くなり、深い悲哀に苦しんでいました。

でも、その感情を解放すると、大切な人を失ったことではなく、愛情に満ちた楽しい思い出に気持ちを向けることができました。——ジョイ・B

感情の方向を変える

感情をコントロールできるようになりたければ、感情の体験の変える方法を覚えることが不可欠である。重要なのは感情の体験全般に敏感に意識を向けることで、そうすればその過程がはっきりわかるようになる。私たちは囚われた感情、古い習慣、そして当然ながら現在の状況という複数の要素に基づいて感情を選択していることを思いだしてほしい。たいていは自然な反応に飛びつくか、感情の振動を生じさせて、すぐに感じはじめる。だが、たいていの感情の体験において、この矢継ぎばやの反応はあまりにも速すぎであり、大幅に速度を落とすほうがいいだろう。まず、感情の方向の変え方に目を向けることをお勧めする。

今はまだ劇的でトラウマになりそうな出来事の最中に感情の方向を変えることは心配しなくていい。大きな賭けになりそうにない、もっと小さな日常的な感情に目を向ける。それなら、いずれ機会が訪れるだろう。

次にいらいらしたり、悲しくなったり、寂しくなったりしたら（それほど激しくない、他の感情でもいい）深呼吸をして、数分は他のことをすべて忘れて、方向転換の練習に集中する。今何らかの感情を抱えているか呼びさますことができるなら、今すぐ試してみるといいだろう。

1．その感情に息を吹きこむ——理由があってそう感じたことを尊重し、どんなメッセージがこめられているにせよ、解読できるまでその感情を失わない。

2. どんな感情を抱いているのか理解する。わからない場合はエモーションコード・チャートに記載されている感情に目を通す。それでもわからなければ、筋肉テストで突きとめる。

3. 身体に痛みなどがないか確認する。感情と関連している場合がある。

4. その感情に至った経緯を分析する。とつぜん感じたのか？　何らかの状況に対する適切な反応なのか？　過剰反応ではないのか？（明確に理解できなくてもかまわない）

5. 自らにその感情を抱く許可を与え、メッセージを理解する。

6. その感情に関係するか、もしくはその感情を生みだした囚われた感情があるかどうか確認する。囚われた感情があれば解放する。囚われた感情がなくなるまで、このステップをくりかえす。

7. もう一度感情を分析してから、深呼吸をする。まだ感情が残っているだろうか？　異なる感情を抱いたら、ステップ2に戻る。もとの感情が残っていたら、ステップ8へ。

8. 身体と潜在意識に、メッセージを伝えてくれたことに感謝する。体験した感情を尊重する。自らに古い習慣を捨て、ポジティブな感情を抱く許可を与える。

9．代わりにどう感じたいかを決める。高い水準でかわりになるのは、思いやり、寛容、好奇心等の感情である。

10．必要であれば、選んだ感情と連携する思考をつくりあげる。たとえば、好奇心を感じたいのであれば、自分にこう語りかければいい。「どうしたら、私の望みを理解してもらえるようにできるだろう」

11．ここまでのステップを理解できたら、もう感情の体験の方向転換は成功である！　最初はぎこちなくかっこ悪く感じるかもしれないが、何度もくりかえせば、うまくなる。そして、いつか自動的にできるようになるだろう！

古い潜在意識のパターンに支配されるのではなく意識して選択したのは、進化して成長することを選択したということである。

新しい知識を活用して囚われた感情を意識すれば、自動的な反応が先走る前に立ち止まって考えられるようになる。感情を方向転換させる方法を理解したということは、ゆっくり考える道具ができたということである。

次にネガティブな状況に直面したら、ただ反応してはいけない。考えるのだ！「ネガティブな感情か、ポジティブな感情か、どちらが自分に役立つだろうか？」と自問してほしい。たいていはポジティブが勝つ。選択できる感情は数多く存在する。次の表は、ポジティブな選択をしたいときに使用できるポジティブな感情の一覧である。

「ポジティブな感情」リスト

受容	欲望	希望
上昇志向	勤勉	謙虚
期待	高揚	関心
畏敬	共感	喜び
慈悲	興奮	親切
温厚	信頼	愛
慈善	許し	謙遜
快適	友情	情熱
自信	寛容	根気
満足	うれしさ	平和
勇気	感謝	充足
好奇心	幸福	驚き
歓喜	名誉	意欲

引きよせの法則

あなたが欲しいものについてポジティブな感情を抱くことは、まさにその夢をつくりあげる助けになる。あなたが望む人生を思い描き、その夢がすでに叶っていたらどんな感情を抱くだろうかと想像すれば、いずれあなたを幸せにするものを目の前につくりだす機会を得られるだろう。

望まないものに注意を向けたり、ネガティブな感情を抱いたりすると、そうした問題が人生で起こったり、永久に続いたりする。

たとえば、愛する人を見つけられそうにないと考えてばかりいるのは、愛する人を見つけられないという信号を宇宙に送っていることなのだ。結果として、あなたは愛する人を見つけられないか、少なくとも見つけるのが難しくなる。

私たちはつねに思考を宇宙へ発信している。そして、こうした思考は光速やその他の限界に制限されないと、私は考えている。思考は強力で、考えたり感じたりすることが、創造することなのだ。

創造はつねに起こっている

個人が考えたり、思考を拡大したりくりかえしたりするとき、その人は創造の過程にいる。何かがその思考を表すのだ……思考が意識的であろうが無意識だろうが、あなたは意識のなかで抱いている支配的な思考を引きよせることになる。――マイケル・ベックウィズ師すでに意識的な思考をコントロールし、ポジティブな傾向に保つことの重要性は理解できただろう。では、潜在意識の思考は？

潜在意識はあなたが人生で達成しようとしていることの結果に多大な影響を及ぼす。囚われた感情がネガティブな影響を及ぼすのは、潜在意識の仕組みによるところが大きい。あなたが必死にポジティブに考え、コップにはまだ水が半分残っていると考えようとしても、潜在意識の囚われた感情が裏切り、特定の周波数でネガティブな思考を宇宙に絶えず発信しているのだ。

囚われた感情が多いほど、ネガティブな思考エネルギーが発信され、心から欲しているものを引きよせるのが難しくなる。

だが、よいニュースは囚われた感情は解放できるということだ。エモーションコードを定期的に使う習慣を身に着ければ、潜在意識レベルの思考や感情で起こる悪影響を避けられる。思考の周波数を変えられるからだ。

ネガティブな囚われた感情から自由になれば、人生で心から願いものを引きよせるポジティブな感情を選びやすくなるだろう。

私たちはつねに選んでいる

ネガティブな感情に囚われるのではなく、自分自身の感情を選ぶ重要性は、ヴィクトール・E・フランクルの『夜と霧』（みすず書房）で見事に説明されている。心理学者であるフランクルは第二次世界大戦中、ナチスの強制収容所に送られた。人間の行動を学ぶ学生らしく、フランクルは当然ながら周囲の人々を観察した。苦境や目にした恐怖に対する人々の反応はさまざまだった。フランクルは絶望という感情を選んであきらめてしまった人々は長生きできなかったことに気がついた。驚いたことに、言葉に絶する恐怖のまっただなかでも、愛と希望という感情を選んだ人々がいたのだ。

フランクルはこう記している。

強制収容所で生きていた私たちは、他の人々を慰め、最後のパンのひと切れを譲って宿舎を歩いていった男たちがいたことを覚えている。少数かもしれないが、人間はすべてを奪われてもひとつだけ残せるものがあるという充分な証だ。それは人間に残された最後の自由――どんな状況でも自分の態度を選ぶ自由、自分の生き方を選ぶ自由である。

抵抗vs受容

私たちの苦しみの多くは過去に起きたこと、現在起きつつあること、未来に起きるかもしれないことへの抵抗による。はずれた予想にこだわったとき、抵抗が始まる。また、神がすることや、正しいとわかっていることへの抵抗もある。こうした抵抗はしばしば〝自尊心（プライド）〟と呼ばれる。

囚われた感情も私たちに抵抗させようとするが、それでも最終的に選択するのは自分自身なのだ。その選択がさらなる選択を呼び――しばしばさらなる囚われた感情を呼び――悪循環となる。今起きていることに抵抗するとき、私たちは怒りや恨みや苦々しさや恐怖を感じている。抵抗している状態は、あまりにも早く結論に飛びついたり、判断したり、感情を選んだりしている状態なのだ。抵抗しているとき、私たちは絶えずチャンスに「ノー」と言い、周囲に醜さを探し、自分と他者との違いを探しているのだ。

消えた恐怖

私の母は約1年半前に亡くなりました。その数カ月前、私はハートウォールと一緒に、たくさんの囚われた感情を身体から解放しました。ハートウォールだけでなく、体内の他の場所にも囚われていたのが〝怯え〟でした。子ども時代のトラウマや当時経験した評価によるもので、絞りこんでいくと決まり悪さへの不安だったことがわかりました。もうひとつ、母から遺伝したのが〝恐れ〟でした。〝恐れ〟は隠れていてわかりにくく、困難な問題に直面したときに、私のなかで大きくなるようでした。このふたつの感情が人生における抵抗を、とりわけ人前で話すことでの抵抗をつくっていました。私は残りの人生ではこの暴れ者たち（感情）と戦わなければならないという事実を受け入れました。戦って、前へ進むにはたくさんのエネルギーがいりましたが。母が亡くなったあと、家族から葬儀を仕切ってほしいと頼まれました。私はふたつの感情を解放しておいてよかったと安堵しました。葬儀の朝、目が覚めても〝恐れ〟がなかったからです！　ふたつの感情と戦う必要も抵抗する必要もありませんでした。健康的な不安がわずかに緊張の形をとって残っていましたが。葬儀では私にはコントロールできないところでの失敗がひとつふたつありました。でも、私は葬儀をきちんとやり遂げ、何も変えませんでした。また悲しみも軽く、囚われた感情に組みこまれることもありませんでした。——ケネス・P

自尊心が高くて抵抗がある状態で最も悪影響を及ぼす問題が、他の人々を許せないことである。自分が苦しんでいる本物あるいは想像上の傷に固執し、よりネガティブな感情を抱いて、ときには復讐まで望んでしまうのだ。

許しと神の意思

恨みを胸に抱いているかぎり、怒りはけっして消えない。恨みを忘れればすぐに怒りは消えるだろう。

――ブッダ

抵抗している状態は、神と宇宙の意思と対立している状態である。私たちは毎日神のひらめきを受けとり、宇宙の知性を利用している。だが、抵抗することを選べば、その美しい力をわきに捨て、振動エネルギーの低さに文句を言い、あらゆる善と分離されていることを感じながら、低馬力で人生を歩いていくことになる。

自分の意思を他の人々や神や宇宙に対して競わせると、私たちは能力の成長を阻害し、利用できる力から自らを切り離すことになる。

予想がつくだろうが、身体は抵抗に反応する――緊張して炎症が起こる。眠れなくなる。痛みが発生する。身体は抵抗が自分のエネルギーや周囲の人々のエネルギーのなかにつくりあげた混乱状態に反応するのだ。

そして抵抗することで、より多くの抵抗を引きよせるのだ！　最悪のことが起こるのを予測して、実際に起きたら怒るようなものである。

これ（抵抗すること）を受容の状態と比較してみよう。受容の状態にあるとき、エネルギーは混乱することなく穏やかな水のように流れている。私たちは受容することで他の人々に心を開き、意義のある深いレベルで繋がり、他の人々の美しさを見て、思いやりを持って反応する。受容の状態にあることは傷つきやすくなることではなく、今何が起きてもゆっくり、じっくり考えて、適切に反応できるようになる。また、受容はネガティブさへの防御としても機能する。それはネガティブな感情を引きよせないことに加え、受容が振動数を引きあげるので、ネガティブなことがほとんど、あるいはまったく引っかからないからだ。

過去を受け入れるということは、過去を許して忘れることである。それは選択なのだ。囚われた感情があると、この段階を完了するのが難しくなるかもしれないが、囚われた感情を解放すれば、はるかに簡単になる。受容とは期待どおりにいかなかった過去を完全に忘れることである。受容の状態に移行して抵抗を捨てる決断ができれば、あなたの進歩や幸せをじゃましていた古い感情をずっと簡単に捨てられるようになるだろう。

楽しいプロセス

ときおり困難なときもありますが、全体的には楽しく分析をしています。分析はとても難しい場合があります。でも、やるだけの価値がある結果が出ます。私は家族のひとりと、なかなか厄介な関係にあります。私の思いやりと他人を批判しない能力は日々高くなっています。それに、慢性的だった疲労感も改善されました。私はハートウォールを壊したことと、ボディーコードの効果のおかげだと信じています。——カット・L

まちがいを進んで認める

抵抗から受容に移行して大きく成長するために重要な鍵は、自分がまちがっている可能性を認めたときに明らかになる。完璧な人はいない。人はまちがいを犯すものである。それで学んで進歩するのだ。だが、自尊心が傷つくなどネガティブな感情の体験で、まちがってはいけないと教えこまれている場合もあるだろう。〝頑固さ（断固たる執着）〟〝恥〟〝罪悪感〟〝自虐〟〝恨み〟〝自尊心（プライド）〟などの感情を体験したことがある人は、まちがえることに関する考えをしっかり見つめ直したほうがいいかもしれない。あなたが謝るのが苦手なタイプなら、この場合に当てはまるかもしれない。口論で負けるのに耐えられない人、とりわけ自分が正しいとわかっているときに耐えられない人も当てはまる。

進んでまちがいを認められる状態はエモーションコードを行うときに役に立つ。なぜなら、自分を批判することなく行えるからだ。好奇心を持って、探っていけるからである。幼い子どもたちが好奇心と驚きを携えて周囲の世界を自由に探検し、その途中で学びを得ていく姿を想像してほしい。子どもたちがそうできるのは、正しいことにこだわらず、まちがえることを恐れないからだ！　これまでもまちがいを犯し、おそらくこれからもまたまちがいを犯すことを受け入れれば、私たちは自分がつくった小さな牢獄から逃げられる。そうすれば新しいものを探検できるだけでなく、自分の価値にも気づくことができ、力が湧いてくるだろう。

ふたたび思いきり描けるように

ハートウォールを壊したのはとても強烈な体験でした。プラクティショナーと一緒に残り数個の感情に取りかかったとき、ひとつの感情を解放していくたびに、ドアがひとつずつ開いていくような気持ちになりました。ドアが開くたびに、愛と光が差しこんできたような気分だったのです。感情がひとつずつ取り除かれていくたびに、胸がいっぱいになり、満たされていきました。この効果は少しずつ減ってはいるけれど、まだ続いています。

絵を描くことについても大きく変わったことに気づきました。私は美術で学位を取っているのに、絵を描くにしても、他のどんな芸術活動を行うにしても、不安を抱えていました。作品がどんなふうに批評されるのか、いつも心配だったからです。ハートウォールを解放したあと、ある日絵を描いていて、心から楽しんでいることに気がつきました。批評を気にせずに、自分が感じるまま、自分が幸せになれる絵を描けたのです。そんなふうに描けたのはせいぜい高校生くらいまででしたが、それよりも子どもの頃の描き方を思いだしました。自分の世界に入りこみ、思うままに何時間も描きつづけていた頃のことを。

また、とても楽に体重を落とすこともできました。以前のようにジャンクフードに依存せず、栄養価の高い食事計画を続けられたのです。

ハートウォールという知識を得て、解放できたことに感謝します。ハートウォールを壊して以来、本当の自分を再発見できていると思いますし、本当の自分を他の人々にもわかってもらいたいです。――アンバー・R

進んで他の人々のまちがいを許す

受容の状態でいるということは、他の人々を絶えず許すことでもある。傷ついた感情にいつまでも固執するのは、自分を傷つけた相手を罰しているようで、正当なことだと感じるかもしれない。だが、実際にはネガティブな感情にしがみついて傷つくのは私たちであって、傷つけた相手ではない。相手はこちらの感情に気づいているかもしれないし、気づいていないかもしれない。だが、相手がどう感じるかはすべて相手次第なのだ。受容するということは、そういう意味で他人のことはコントロールできないと気づくことである。私たちが決められるは、自分が今どう感じたいかだけだ。過去に固執して苦しむことを選んでも、相手が一緒に苦しむわけではない。それに他の人が苦しむことを望むのは、霊的に低い状態であり、どちらにしてもあなたを傷つける！

　私はルイス・スメデスのこの言葉が好きでいつも引用している。「許すことは囚われ人を自由にすることであり、その囚われ人は自分だと気づくことである」。さあ、自分を自由にしたらどうだろう。何年も何年も傷ついた感情に餌を与え、どうしてネガティブな感情と悪影響をふやすのだろうか？

　人間の苦しみがふえるのは、互いにどうしたらいいのかわからないからである。他の人々のためにどうすべきかがわかれば、自分にどうすべきかもわかる。

　もしも虐げられることがあったら、イエス・キリストが私たちに残してくれた手本を思いだすといい。イエスは人生の終わりにこう語ったのだ。「父よ、彼らをお許しください。彼らは何をしているのかわからないのです」。イエスは最期に愛と許しの感情を選んだのであり、私たちもできるはずである。

　2005年、許しの力の例となる実話が全米に伝わるニュースとなった。コラムニストのジェイ・イブンソンはこう伝えている。

高速で走っている車からあなたが運転する車のフロントガラスに、10キロ近い凍った七面鳥を投げつけてきた10代の若者に対してどんな思いを抱くだろうか？　顔を繋ぐために金属板や金具を使った手術に6時間耐え、それでも正常に戻るには何年も治療を受けなければならないと聞かされたあとだとしたら、どう思うだろうか？　死なずにすんだし、脳の障害で一生苦しまなくてすむと喜ぶべきだろうか？

そもそも乱暴を働いた若者と仲間たちが七面鳥を持っていたのは、ちょっとしたスリルを求めてクレジットカードを盗んで、はめをはずして買い物をしたからだと聞いたあとなら、どう思うだろうか？

これは政治家たちが犯罪に対して断固たる態度で臨むと約束するような恐ろしい犯罪である。立法府の議員たちが、犯罪に凍った鶏肉を使った場合は罪が重くなるという法案を我先に提出する類の犯罪である。

ニューヨークタイムズ紙は、これはどんなに厳しい罰でも被害者は納得できないだろうという地区首席検事の談話を引用している。「死刑でも納得できないだろう」

だが、この事件がとても異例だったのは、ここからである。被害者である元貸金取立て代行業者マネージャーの44歳のビクトリア・ルボロはどんな復讐をするより、加害者である19歳のライアン・クッシングの人生を救うほうに興味を抱いた。検察官たちにクッシングについての情報を、暮らしぶりだとか育ちかたについての情報を求めたのだ。そしてクッシングに司法取引を持ちかけることを主張した。第二級謀殺の罪を認めれば、郡の刑務所で6カ月の懲役を受けたあと、5年の保護観察を受ければすむのだ。第一級謀殺で判決が下されれば――この犯罪にはそれが相当だった――クッシングは25年間収監され、何の技術もめどもない中年として、社会に放りだされたのだ。

だが、これはまだ話の前半でしかない。法廷で展開された後半こそが、注目すべき部分なのだ。ニューヨークポスト紙の記事によれば、クッシングはルボロがすわっている法廷に慎重におずおずと入ってきて、涙を浮かべ、小声で謝罪した。「あなたにしたことを申し訳ないと思っています」するとルボロが立ちあがり、被害者と加害者が泣きながら抱きあったのだ。ルボロは泣きつづけるクッシングの頭をなで背中を軽く叩き、ニューヨークタイムズ紙の記者も含め、目撃者たちの前で言ったのだ。「いいのよ。あなたにできるだけいい人生を送ってほしいだけだから」。記事によれば、無情な検察官たちや記者たちでさえ、涙をこらえていたという【1】。

私たちを癒し、許せるようにしてくれたエモーションコード

私の前夫はポルノとセックスの依存症で、23年間の結婚生活のほとんどで浮気をしていました。私が彼のネガティブな囚われた感情を解放すると、もうその手の欲望はなくなったようでした。彼はとても驚き、自分で『エモーションコード』を読み、やり方を学びました。そして、とても上達しました。彼は自分が与えた傷を修復できるなら何でもしたいと望み、その後数カ月かけて、彼のせいで生じた私のネガティブな囚われた感情をすべて解放してくれました。そのおかげで私は大きく変わり、前夫を心から許し、心の重荷をおろし、傷を癒すことができました。——匿名希望

愛について

他の人を許せる能力は、愛する能力から生まれる。自分を傷つけた相手に愛情を送るのは難しいことが多

い。とても無理だと思ったら、自分を愛することに集中すること！　最も純粋な愛は無条件の愛であり、そこに限界や条件はない。

他の人々を許し、無条件の愛を抱くことがどうして囚われた感情を避けることに繋がるのだろうか？

自分自身や友人たちに無条件の愛を送る振動を発生させているとき、私たちは意識が高くなっている。心を開いて他の人々の意欲を理解し、よりよい繋がりができるのだ。あまり批判せず、すぐに思いやりを示すようになる。この状態にあると、そもそもあまりネガティブな感情を抱かない。無条件の愛の美しい周波数には、囚われた感情を生じさせる暗い感情が入りこむ隙がないのだ。

この種の愛の育て方を学ぶことは、私たちがこの世に生まれてきた重要な理由のひとつだと、私は信じている。ときには難しいこともあるが、私たちは純粋なエネルギーと光でできているのだ。そして神に救いを求めれば、すぐに願いは叶うはずである。

他の人々に対してこんなふうに感じられたとき、心は愛の周波数で共鳴し、私たちはそこに平和と調和を感じるのだ。

無条件の愛は私たちに利己的になるのではなく、外へと目を向けることを教えてくれる。他の人々が必要としていることに関心を抱き、理解できるようにしてくれるのだ。他の人々を助けるために、自分の時間や労働や財産を捧げられるように導いてくれるのである。私たちを〝奪う人〟ではなく〝与える人〟や感謝して〝受けとる人に〟してくれる。私たちの間に絆や、親近感や、友愛を築いてくれるのだ。私たち個人には価値を、全体には帰属意識を与えてくれるのだ。

純粋な愛は創造主からの贈り物であり、私たちの心で生まれて放たれる。私たちはこの純粋な愛をもっとも生まれさせ、妨げとなる囚われた感情を解放することにつて、神の手助けを求められる。それが到達可能な目標なのだ。

心が愛で満たされると、他の人が幸せになる手助けができることに喜びを感じるようになる。他の人々の幸福が、自分の幸福と同じように気にかかるようになるのだ。だからこそ、他の人々や社会にしっかり貢献することで、自らが幸せになれるのである。心が精神的な意味で大きくなり、より多くの愛を与え、受けとれるようになるのだ。

そして心が愛で満たされると、あまり感情が囚われなくなる。ますます寛大で、辛抱強く、親切になるのだ。そして無条件の愛を抱くと、他の人々を批判するのではなく、欠点や弱点を見逃しやすくなる。純粋な愛に満ちた人生は手に入れようと努力し、そのために生きる価値があるのだ。ポジティブな人生であり、ネガティブな感情の海よりずっと高みにある人生である。

私たちはみな古い習慣と世の中の低俗なエネルギーを超越し、偉大な愛の存在になれる力がある。まずはその意思を持つことから、一度に1歩ずつ進むといいだろう。

真実のなかで生きる

正しく真実だとわかっていることと矛盾なく生きているとき、私たちは高潔でいられる。高潔であることは美徳であり、内なる力であり、自らに正直なことである。高潔さは人を最善の姿に促す。

一般的に、高潔であるほど、囚われた感情は生じにくくなる。魂は分割できない完全なものであり、そこに矛盾はないからだ。

高潔に生きることを選ぶと、心も頭も穏やかになる。真実のなかで生きているからだ。この道で生きつづけると、高潔さは強化され、自信が増し、積極性も高まる。こんなふうに生きている人にはネガティブな感情が囚われる場所がないのだ。

人生には本質的に不安で困難な時期がある。私たちは成長し、変化を乗り越えることで困難に対処しなければならない。高潔な人生でも完全に感情が囚われないわけではないのだ。

ひとりの人間は全力を尽くし、順応し、他人の要望を受け入れ、自らを磨き、リスクを取り、難しい決断を下し、自分には無理だと思うことをやり、ときには他人や自分にはコントロールできない環境のせいで傷つくことで成長する。

逆境や障害や困難は成長する機会を与えてくれる。私たちはそうした困難に抵抗して恨むこともできれば、受け入れて天の恵みだと歓迎し、もたらされるだろう成長に感謝することもできる。最も厳しい経験に直面することが、最大の恩恵の場合もあるのだ。

障害に立ち向かっているときは、囚われた感情が生じていないかどうかを確認し、ネガティブな影響を受けないようにすることが大切である。

精錬する者の人生の火

人生は学び、清められる場である。この原則をよく表している例を紹介しよう。

かつて旧約聖書のマラキ書の勉強をする女性の会がありました。3章について学んでいるとき、「彼は精錬する者、銀を清める者として座し」という一節を見つけました。女性たちはとまどい、この言葉は神の品性と本質について何を表しているのだろうと疑問を抱きました。すると、ひとりの女性が銀の精錬について調べてきて、次の勉強会で報告すると申し出ました。

女性はその週のうちに銀細工師に連絡し、作業している様子を見せてほしいと予約を取りました。銀の精錬に興味があると話しただけで、それ以上の理由は何も言わずに。女性が見ている前で、銀細工師は銀を火の上に持ちあげて熱しました。そして銀を精錬するときは、不純物をすべて焼きつくすために、火がいちばん熱い真ん中に当てなければならないのだと説明しました。

女性は神が人間をそんなに熱いところに当てていることについて考えました。そして、もう一度「彼は精錬する者、銀を清める者として座し」という節について思いをめぐらせました。そのあと銀を精錬している間、ずっと火の前にすわっていなければならないというのは本当かと尋ねました。

銀細工師は「本当です」と答え、すわって銀を持っていなければならないだけでなく、火に当てている間ずっと銀を見ていなければならないのだと説明しました。少しでも長く火に当てすぎたら、銀が傷ついてしまうからと。

女性はしばらく黙っていました。そして銀細工師に「銀がきちんと精錬できたかどうかはどうやってわかるのですか？」と質問しました。

銀細工師はにっこり笑って答えました。「ああ、それは簡単です。見ていれば、自分の思い描いたとおりになっていますから」

今日、この世の炎の熱さを感じたら、神の目がじっと見つめていることを思いだしてください。――差出人不明人生の試練に圧倒されそうになったら、神には目的があり、あなたは愛されているのだと思いだすこと。

人生は高みにのぼるためのプロセスである

われらが創造主はあなたを精錬している。私たちの目標はその精錬加工にあわせ、着実に進みながら霊気と意識をあげていくことであり、そうすれば能力の範囲内で神のように無条件の愛を与えられるようになる。

人間にはひとりひとり、この世に滞在している間にやり遂げるべき運命や果たすべき使命があると、私は信じている。囚われた感情は病気の原因となり、生きられる人生を生きられなくする恐れがある。苦しんでいる人々を救うのは使命であり、救われた本人だけでなく、癒されて力を与えられた人生から発せられた影響力が時間と空間を限られずに永遠に広がっていく。私の人生における最大の喜びは、人々に教え、教え子のなかからヒーラーを出し、自分自身で施術することである。そうしたことをしながら、私は人々に力を与え、健康で幸福になれる手伝いをできることで、喜びを得ているのだ。

祈りについて

若かりし頃、私は意義深い霊的な体験をして、神は実在し、私たち全員を愛してくださっていることを知った。神は私たちの父であり、生きていて、実在する。私たちは文字どおりの意味で、神の魂の子であり、兄弟であり、姉妹なのだ。

私にとって祈りは、私たちが人間として本当は何者なのか、身体はどのように機能しているのか、問題を正すにはどうすべきなのか、どのように癒すべきなのかを理解するために、とても重要な手がかりである。施術のために私のもとへやってきた人々を助ける前に、私は導きを受けるために静かに祈りを捧げる習慣がある。これまで何度も自分の能力を超える理解やひらめきを得てきた。私はそうした手助けにとても感謝し、ますます神を信じている。

私は人生のあらゆる分野で、とりわけ他の人々を助ける際に、神の手助けを求めることを強くお勧めする。神はあなたのために存在している。あなたは信じ、神が助けてくれることに感謝すればいいのだ。

祈り方がわからず、どんな形式に従えばいいのかわからない場合は、効きめがあった方法を教えよう。たいていは「天の父よ」あるいは「天にましますわが父よ」と、神に呼びかけることからはじめる。次にこれから助けようとしている人を助ける機会を与えられたことを、神に感謝する。そのあと、その人を助けるに際して、神の手助けと眼識と導きを得られるよう願う。そして「イエス・キリストのみ名において、アーメン」で締めくくる。「アーメン」というのはたんに「そのとおり」という意味である。

あなたの成長の旅に、神のご加護がありますように。旅の途中で多くの人々を救えるよう願っている。あなたなら、きっとできる。

感情Emotionsの用語解説

次のリストはエモーションコード・チャートに対応し、人間の感情をすべて網羅している。辞書にはこのリストより多くの感情が載っているだろうが、簡単に素早く使えるようにシンプルなリストにした。あなたが体験した感情にぴったりあうものが載っていなくても、潜在意識が最も近い感情を示してくれる。結果として、この60の感情は私たちが体験する感情すべてを含んでおり、エモーションコードを使用する際にはこれで充分である。私たちによって生じ、私たちが体験する感情の振動は、次の感情ですべて収まる（例「気恥ずかしさ」は「屈辱」に、「当惑」は「混乱」、「憤怒」は「怒り」に該当する）。

愛されない（愛が受け入れられない）Love Unreceived
愛情を拒絶された感覚。求められていない、大切にされていない、受け入れられていない、求めている愛を得られていないという感覚。「彼女は彼に夢中だったが、彼は彼女が生きていることも知らず、彼女の愛は受け入れられなかった」「彼は母親を愛そうとしたが、母親の心は得られず、愛は受け入れられなかった」

圧倒 Overwhelm

頭や心が圧倒された気分。激しいストレス。上司に圧倒された気分。過度の重圧。

怒り Anger

強い不快感と敵意で、通常は不当なことや、不当だとみなしたことで生じる。脅威を感じた場合、傷ついたり、怖かったり、拒んだりしていることの隠れ蓑としての怒りもある。

苛立ち Peeved

いらいらする、うるさい、頭にくる、うんざりする、癪にさわる、怒る。「車を傷つけられて、とても腹が立っている。こんなに頭にくることをされたら耐えられない」

裏切り Betrayal

裏切られたと感じるのは、信頼関係が壊れた場合や、信頼していた人に捨てられたか、傷つけられた場合である。「彼が嘘をついていたことに気づいて、裏切られた気持ちになった」

他者への裏切りは、信用を守ったり信頼に応えたりすることに不誠実な場合や、約束に忠実でなかったり破ったりした場合や、信頼されている人を見捨てた場合など。「彼女は友人を裏切った気がして、その感情が身体に囚われた」

自分への裏切りは、高潔さを踏みにじった場合、モラルに反した場合、自分の身体や心を虐げた場合など。

「彼は金を盗み、自らの良心を裏切ったと深く感じた」

恨み Resentment

損害を与えられた、または侮辱された相手への不快感や憤り。不公平に扱われたことへの苦々しさ。許したくないという気持ち。敵意を伴うことが多い。行動、強烈な敵意、反感に表れる悪感情。「彼は宿題を手伝ってくれない子どもたちを恨んでいた」

臆病（優柔不断）Wishy Washy

弱い、熱意に欠ける。優柔不断。決断力がない。気骨に欠ける。信念がない。根性がない。

恐れ Dread

何か起ころうとしていることへの不安。未来の何かへの危惧。通常は現実のことだが、何かわからないこともある。「高校の同窓会に出席して自分をいじめた不良たちに会うことに恐怖を感じた」

怯え Fear

迫りくる危険や悪や苦痛によって生じる強烈な苦しみ。恐れるものは現実もしくは想像。

葛藤 Conflict

内なる葛藤は、自分との精神的な戦いで、相反する要求や衝動で生じる。「彼は新しい仕事を引き受けるかどうかで葛藤した」

外部での葛藤は、戦ったり、反論したり、不愉快になったり、苦労したり、格闘したり、敵対したりする状況。「彼女と前夫は子どもたちの親権をめぐって戦いつづけていた」

悲しみ（沈んだ心）Sadness

悲痛に影響を受けた不幸で、憂いを帯び、沈んだ状態。

頑固さ（断固たる執着）Stubbornness

気難しい、折れない、許すことができない、または苦手。強情、頭が固い、抵抗する。

狂喜（過度の喜び）Overjoy

身体を圧倒するほどの激しい喜びや高揚感。身体器官にショックを与えるほどの喜び。「狂喜乱舞したせいで、茫然として息が切れた」

恐怖を伴う嫌悪感 Horror

恐るべきことや衝撃的なきっかけ（ひどく暴力的または残酷な出来事など）で生じた警戒、嫌気、憎悪など強烈な感情。「車の衝突事故を見て、ひどい嫌悪感を覚えた」

拒絶 Rejection
否定され、拒まれ、はねつけられたという思い。役に立たない、あるいは重要ではないから捨てられた。追われた。求められていない。見放された。

緊張 Nervousness
不自然もしくは深刻な不安や心配。恐れ。小心。びくびく、そわそわ。

屈辱 Humiliation
自尊心、尊厳、自重の痛ましい損失。悔しく、恥じ入っている。

嫌悪感 Disgust
趣味のよさや倫理が損なわれたときの不満や不快感。強い反感。「殺人犯が無罪となったとき、彼女は嫌悪を感じた」

孤独感（心細さ）Forlorn
みじめで、見捨てられた気持ち。捨てられた気持ち、寂しさ、虚しさによる悲しみや孤独。孤独な絶望。

コントロール不能 Lack of Control

自制心の欠如は、自分の行動が抑制できない場合であり、自分の破壊衝動や破壊力に対する意識が欠けているのかもしれない。「彼はお金の使い方をコントロールできない」「彼女は自制心を失って、彼を叩いた」

環境をコントロールできない場合は、不利な立場に陥ったり、今起きていることを制御できず、変えることもできない状態。他の誰か、あるいは何かが、あなたの進路を決めている感覚。「彼女には、彼らの決定をコントロールできなかった」「車は凍った道路を滑り、彼はコントロールを失った」

混乱 Confusion

途方に暮れたり、混乱したり、選択に迷ったり、明確さや明瞭さがない状況。まごつき、当惑している。

罪悪感 Guilt

過ちや罪を犯した感覚。他者に対して有害な行為をした責任を感じている（虐待、両親の離婚、死など）。抑うつ、恥、自虐などの感情を伴うことも多い。

サポート（支持）されない Unsupported

支えや、助けや、励ましがないと感じている。他者から与えられず、助けが必要なときに守られていない。責任が重すぎてひとりでは耐えられないという感覚。病気、虚弱、精神力の弱さがある場合は、自らの身体に支えられていないという感覚もある。

自虐 Self-Abuse

心を傷つける場合はネガティブな独り言が多く、自分を責める等。「彼女はいつもそんなばかなまねはやめろと自らに言って、自虐行為をしている」

身体を傷つける場合は、依存性の高いものを使用して身体を酷使する。睡眠、正しい食生活、栄養などに関して身体に気を遣わない。耐えられないほど働く。過度に自らを叱る、責める。実際もしくは想像上の〝罪〟を贖っている場合もあり、通常は怒りに駆りたてられている。「彼は働きすぎて睡眠を取らずに、身体を酷使している」

自尊心（プライド）Pride

実際の、または想像上の長所や優位に立っていることで、自らを評価しすぎている状態。うぬぼれており、過度に目立つこと、ほめられること、認めていることを欲する。他の人々より優れていると感じている。高慢。教えにくい。つねに正しくなければいけない。実際以上の信頼を得たがる。他者を見下し、侮る。他者、特に神に対して反抗的。健康的な自尊心を抱くのは（誇り、自負心）よいことで、その場合は囚われた感情として現れない（健康的な自尊心が傷ついた場合は現れる）。「彼女が他の男を選び、彼の自尊心は傷ついた」「彼女は自尊心が高く、少しの失敗も許さない」

自尊心の低さ Low Self-Esteem

自分の価値や有用性に対する評価が低い。欠点ばかりに目がいく。自分に対する軽視。自信がない。自己愛の欠如。

嫉妬 Jealousy

他者の成功や業績や有利さへの恨み。妬み。ライバルや不倫を疑い、不安を抱いている。愛されていないという不安や、不確かさから生じる。

ショック（衝撃）Shock

急激あるいは猛烈な感情もしくは感覚の撹乱。過度の驚き。トラウマを与えられた、もしくは呆然とした感覚。

心痛（悲嘆）Heartache

心の苦悩、痛み。通常は困難や人間関係の悲しみの結果生じる。胸がつぶれたり、ひりついたり、身体の感覚も引き起こす。

心配 Worry

困難や問題についてくよくよする。状況や人物に対して落ち着かず、不安になる。起こり得る問題を過度に気にする。愛する人の抱えそうな苦しみを気にかける。

脆弱（ひ弱さ）Vulnerability
心身ともに害を受けやすいと感じている。危険で、不安定な感覚。

切望（熱望）Longing
誰か、あるいは何かを恋しく思うこと。憧憬、思慕、切望。強く求め、焦がれること。持っていないものを欲しがる。「彼女はまったくちがう人生を切望（熱望）していた」「彼女が海外勤務の間、彼は深い切望（熱望）を抱いていた」

絶望（諦め）Despair
希望を完全に失った状態。みじめで、助けられることも、慰められることもない

絶望感 Hopelessness
希望がない状況。よいことは何も期待しない。救済法も対処法もなく、変化や改善も期待できない。「多くの仕事に求職したが、何も申し出がなく、彼女は絶望を感じはじめた」

創造することに対する不安 Creative Insecurity
人間関係、家族、健康、お金、仕事や芸術面での試み等あらゆるものの進化や創造について不安を感じ、自分を信じられない状況。創造の途中で生じ、妨げとなる不安感。「彼女の作家としての行き詰まりは、まちがいなく創造の不安から生じた」

強い欲望（渇望）Lust
激しい性欲や本能的欲求。耐えがたいほどの欲望や切望（権力欲など）。情熱。強欲。「彼の権力に対する欲望はコントロールできなかった」「性的虐待の被害者は、虐待する側の欲望という感情を取りこんだ」

当惑（途方に暮れる）Lost
正しく満足できる道が見えない状況。方向を見失っている。
物理的な当惑は、大半は子ども時代に起こる。「少年は当惑し、帰り道がわからなかった」
精神的な当惑は、正しい決断や方向性が見えない、精神的な安定が見つけられないことをいう。「彼は妻を亡くして、途方に暮れていた」

努力が報われない Effort Unreceived
仕事や業績や努力が受け入れられず、認められないとき。最善を尽くしたのに充分だと認められないとき。感謝されていないという気持ち。賛成された、認められたという感覚がない。

泣く Crying
悲しみを表現する行為。痛みや苦しみへの反応で、感情があふれでることも含まれ、喉や胸や横隔膜など身体的な感覚を生じさせることが多い。絶望への反応も。泣くことを自分に許さないと、しばしば囚われた感情が生じる。

苦々しさ Bitterness
厳しく、不愉快で、皮肉な態度。傷を負ったり、不公正さを感じたりした経験で怒りや恨みを感じた状況。

憎しみ Hatred
嫌悪または侮蔑。ひどく嫌ったり、反感を覚えたりすること。〝傷ついた愛情〟の結果、生じることが多い。人物より状況に対する感情のことが多い（他人の行動、不公平な状況など）。
自己嫌悪は抑うつ、破壊行動、依存、病気を起こすことが多い。

激しい恐怖 Terror
激しく、鋭く、圧倒されるような不安。激しい恐怖。警戒感。「車に衝突しそうだったと気づいて恐ろしくなった」

恥 Shame

まちがっていて、欠陥があり、みっともないという感情。不名誉、正しくない、ばかなことをしたか、体験したという辛い感覚。恥辱。恥。後悔の原因。すべての感情のなかで最も程度の低い振動。罪悪感、抑うつ、自殺にさえ繋がる。

パニック（うろたえる）Panic

圧倒されるほどの急激な不安。理性をなくした行動や、ぞっとする不合理な思考や、震えや過呼吸などの身体的症状を引き起こす。恐ろしいことが迫ってくるという強烈な感覚。

悲哀 Sorrow

後悔。喪失や落胆や悲嘆から生じた苦悩。悲嘆の感覚あるいは表れ。不幸、悲しみ。

悲痛 Grief

愛する人の死、夢の終わり、災害、不運などによる苦しみ。死別に対する普遍的な反応。期待に背かれたときにも起こる。「少女は父親を亡くして悲嘆に暮れた」「女性は洪水で家を失い、悲嘆に暮れた」「彼女は息子のとんでもない決断に悲嘆に暮れた」

非難 Blaming

非難されている場合は、何かについて責任があると思われている、責められている、罪を犯したと思われている（実際に罪を犯していても）場合。「彼女は夫の行動について、みんなに非難されていると感じた」

他者を非難する場合は、相手に責任があると思っている、相手を責めている、相手に落ち度があったと思っている、自分の責任を避けるために誰かあるいは何かに責任を押しつけている場合がある。心のなかで被害者をつくり、個人の力を低下させる点で、鍵となる感情である。「私はこの状況について姉を非難したくてたまらなくなり、私たちふたりの失敗だとは認めたくなかった」

自分を責める場合は、自分に落ち度があったことを自覚しており、自虐、抑うつなどの感情に繋がりやすい。「彼は家族に起きた悪いことはすべて自分のせいだと感じていた」

不安（心配・懸念）Anxiety

何かおかしいが、それが何かわからないときに感じる。落ち着かない感じや、いやな予感から生じる。知らないものへの不安、心あたりのない不安。「彼女は特に理由はないのに、いつも不安や心配を感じている」

不安定さ Insecurity

自信の欠如。自意識過剰。照れ。危険や笑われることへの不安。

不出来（落伍者）Failure

期待されたり、試みたり、望まれたりしたことで、成功や達成に届かなかったとき。「結婚生活が終わったとき、失敗した気持ちになった」「仕事を失ったとき、家族を支えるという点で失敗した気分だった」「彼女は科学の授業の成績で失敗して動揺していた」

防衛 Defensiveness

攻撃に抵抗したり、自分を守ったりする状態。批判や自尊心が傷つくことに敏感。自分の心身に対する現実もしくは想像上の脅威を警戒している。

放棄（自暴自棄）Abandonment

物理的な意味では、ひとりにされた、置き去りにされた、捨てられた状態（このタイプは子ども時代に多い）。「母親に保育園に置いていかれたとき、乳児は見捨てられたと感じた」

感情的な意味では、見切りをつけられた、手を引かれた、離れられた、感情的に捨てられた状態。物理的でない意味で「置き去りにされた」感覚。経済的に見捨てられた場合にも当てはまる。「夫が結婚生活での問題について話しあおうとしなかったので、妻は見捨てられたと感じた」「大学生は両親が学費の支払いをやめたときに、見捨てられたと感じた」

無価値感 Unworthy
充分ではない、評価に値しないと思っている。ほめられたり、信用されたりする価値がない。分不相応で、ふさわしくなく、不釣り合い。

無力感 Helplessness
力がなく、自分自身も救えない感覚。他者の助けや庇護がない状態。〝被害者意識〟の人が抱える一般的な感情。環境や身分は変えられないという気持ち。「この状況で変化を起こすことに無力感を抱いた」

役立たず Worthless
重要ではなく、価値がない。人柄や性質のよさがなく、尊敬されるところがない。目的がない。

憂うつ（意気消沈）Depression
自分に対する〝内向きの怒り〟によって生じた状態。喜びやわくわくした気持ちが感じられない。進行中のネガティブな感情で生じた活力のないネガティブな状態。

優柔不断 Indecisiveness
選択できない状態。選択肢の間で迷う。自己不信や、よい選択をする能力への疑問から生じる。「彼女はどちらの選択肢もよく思えず、優柔不断な態度をとった」

欲求不満 Frustration

いらだちや、疲れや、悩み。行きづまりを感じたり、進展できなかったり、変化を起こしたり、目的や目標を達成するのを阻害されている気分。

落胆 Discouragement

勇気、希望、自信のない状態。失望、意気消沈した状況。何かやってみるという気力がない。

利用される Taken for Granted

ぞんざい、または無頓着に扱われているように感じる。達成したことについて感謝されていない、認められていない。無視されている、またはこき使われている感覚に近い。

出典

・Amen, Daniel G. *Change Your Brain, Change Your Life : The Breakthrough Program for Conquering Anxiety, Depression, Obsessiveness, Anger, and Impulsiveness*. 1st ed. New York : Three Rivers Press, 1999

・Truman, Karol K. *Feelings Buried Alive Never Die*. 4th rev. ed. Nashville : Brigham Distributing, 1991

・*Webster's New World Dictionary of the American Language*. New York : Prentice Hall Press, 1962

エモーションコードの調査について

継続中の調査の一つとして、私たちエモーションコード調査チームはPTSD（心的外傷後ストレス障害）[1]、不安症[2]、憂うつ（意気消沈）[3]、薬物依存[4]、アルコール依存[5]の分野100人の対象者を無作為に抽出して、ハートウォールの解放前後に自己報告の形で反応を計測している。

調査の結果として、PTSDの調査参加者は平均35％の改善があった。抑うつは平均36％の改善があった。また、不安症は数字では10％の改善だが、日常生活での不安が少なくなったことがわかっている。

ハートウォール解放の前後では、調査参加者のパートナーとの関係の満足度[6]と、宗教との繋がりの変化[7]についても追跡している。また、人生に対して意味や目的を感じているか否か[8]についても調べている。調査の結果、パートナーとの関係の満足度は平均12％上昇しており、ハートウォールを取り除いた人々はパートナーとの関係により満足するようになったことを意味している。同様に、宗教に対する受容は約10％上昇しており、あらゆる霊的なことを受け入れやすくなったことを示している。

継続中の調査について知りたい場合は、DiscoverHealing.comへ。

「エモーションコードの調査について」参考文献

［1］クリスティー・A・ブレビンズ、フランク・W・ウェザーズ、マーガレット・T・デイビス、トレーシー・K・ウィット、ジェシカ・L・ドミノ “The Posttraumatic Stress Disorder Checklist for CSM-5（PCL-5）: Development and Initial Psychometric Evaluation.” ジャーナル・トラウマティックストレス 28（2015年11月25日号）: 489-98. doi:10.1002/jts.22059

［2］ウイリアム・W・K・ズン “A Rating Instrument for Anxiety Disorders.” サイコサマティクス12,no6（1971年11、12月号）: 371-9. doi:10.1016/S0033-3182（71）71479-0.

［3］K・クロエンク、R・L・スピッツァー、J・B・W・ウイリアムズ “The PHQ-9: Validity of a Breif Dpression Severity Measure.” ジャーナル・オブ・ジェネラルインターナルメディスン16, no.9（2001年 9 月号）: 606-13. http://doi.org/10.1046/j.1525-1497.2001.016009606.x

［4］H・A・スキナー “The Drug Abuse Screening Test.” アディクト・ビヘイバー. 7,no4（1982）: 363-71

［5］トマス・F・バボール、J・R・デラフエンテ、J・サンダーズ、M・グラント AUDIT “*The Alcohol Use Disorders Identification Test.Guidelines for use in primary health care.*Geneva Switzerland:” 世界保健機構、1992

［6］J・L・ファンク、R・D・ロッジ “Testing the Ruler with Item Response Theory: Increasing Precision of Measurement for Relationship Satisfaction with the Couples Satisfaction Index.” ジャーナル・オブ・ファミリーサイコロジー21（2007年12月号）: 572-83

［7］V・ジニア “The Spiritual Experience Index: Revision and Reformulation.” レビュー・オブ・リリジャスリサーチ38（1997）: 344-61

［8］M・F・ステガー、P・フレージャー、S・オイシ、M・ケイラー “The Meaning in Life Questionnaire: Asessing the Presence of and Search for Meaning in Life.” ジャーナル・オブ・カウンセリングサイコロジー53（2006）: 80-93

down.
【2】http://www.theguardian.com/science/2015/aug/21/study-of-holocaust-survivors-finds-trauma-passed-on-to-childrens-genes.

第8章　心を囲む壁

【1】ローリン・マクラティ “The Energetic Heart: Bioelectromagnetic Communication within and between People,” in Paul J.Tosch and Marko S. Markov, eds., バイオエレクトロマグネティック・メディスン（London: Informa Healthcare, 2004）, 541-62
【2】R・マクラティ、M・アトキンソン、W・ティラー、*The Role of Physiological Coherence in the Detection and Measurement of Cardiac Energy Exchange Betseen People*（Proceedings of the Tenth International Montreux Congress on Stress, Montreux, Switzerland, 1999）.
【3】*Mindshock:Transplanting Memories*. Channel14.com,Belfast,Northern Ireland. http://video.google.com/videoplay?docid=2219468990718192402
【4】The Secret ロンダ・バーン TS Productions, LLC.2006　※本文中の対応箇所不明

第11章　囚われた感情がない人生

【1】ジェイ・イブンソン “Forgiveness Has Power to Change Future,” デザートモーニングニュース、2005年4月21日, p.AA3

Press, 1993）
【7】ディーパック・チョプラ、2004年テレビ講演
【8】江本勝「水からの伝言」
【9】ウォルター・リューベック、フランク・アルジャワ・ペーテル、ウイリアム・リー・ランド *The Spirit of Reiki*（Twin Lakes, WI: Lotus, 2001）, 72
【10】ドク・ルー・チルダー、ハワード・マーティン、ドナ・ビーチ *The Heart Math Solution*（New York: Harper One, 1999）,260
【11】ロバート・C・フルフォード *Touch of Life:The Healing Power of the Natural Life Force*（New York:Pocket Books,1996）,25

第4章　磁石を使うヒーリング

【1】ドク・ルー・チルダー、ハワード・マーティン、ドナ・ビーチ *The Heart Math Solution*（New York: Harper One, 1999）, 34
【2】"Pineal Gland Calcification and Defective Sense of Direction" ブリティッシュ・メディカル・ジャーナル（Clin Res Ed）291（6511）（1985年12月21日号）1758-9
【3】"Frog Defies Gravity" ニューサイエンティスト、1997年4月12日号, 13
【4】P・B・ローゼンバーグなど "Repetitive Transcranial Magnetic Stimulation Treatment of Comorbid Posttraumatic Stress Disorder and Major Depression" ジャーナル・オブ・ニューロサイキアトリー・アンド・クリニカル・ニューロサイエンス 14,no.2（2002年夏）：270-6
【5】ロバート・チャモビッツ、チャールズ・H・ラメルカンプ・ジュニア、ルイス・W・ウォナメーカー、フロイド・W・デニー・ジュニア "The Effect Tonsillectomy on the Incidence of Streptococcal Respiratory Disease and Its Complications" ペディアトリクス 26, no.3（1960年9月号）335-67
【6】ジャーナル・オブ・ニュークリア・メディスン 33, no.3（1992年3月号）409-12

第5章　潜在意識から答えを得る

【1】デビッド・R・ホーキンズ Power vs Force : *The Hidden Determinants of Human Behavior*（Carlsbad, CA:Hay House, 1995）,59
【2】同書, 34
【3】"Finding Water with a Forked Stick May Not Be a Hoax: Dowsing Data Defy the Skeptics" ,http://www.popularmechanics.com/science/a3199/1281661.

第7章　囚われた感情の遺伝

【1】http://www.scientificamerican.com/article/fearful-memories-passed-

注
Notes

第2章　囚われた感情の秘められた世界

【1】ジェファーソン・ルイス　*Something Hidden: Abiography of Wilder Penfield*（Halifax,Nova Scotia:Formac,1951）,198

【2】ロバート・フロスト　*Applied Kinesiology: Atraining Manual and Reference book of Basic Princeples and Practices*, (Berkeley, CA: North Atlantic Books, 2002）,4

【3】キャンディス・B・パート　*Molecules of Emotion: The Science Behind Mind-Body Medicine*（New York: Touchstone, 1997）

【4】アイザック・アシモフ、『アシモフの原子宇宙の旅』（二見書房、1992）

【5】ウィリアム・A・テイラー、ウォルター・E・ディブル・ジュニア、マイケル・J・コヘイン、*Conscious Acts of Creation: The Emergence of a New Physics*（Walnut Creek,CA:Pavior,2001）1.

【6】ウィリアム・A・テイラー, *Science and Human Transformation: Subtle Energies, Intentionality and Consciousness*（Walnut Creek, CA: Pavior, 1997）,14

【7】ブルース・リプトン『「思考」のすごい力：心はいかにして細胞をコントロールするか』（PHP研究所、2009）

【8】現在のエモーションコード・チャートには「劣等感」はない。この感情は「無価値感」、「不安」、「自尊心の低さ」などで表現されている。

第3章　古のエネルギーヒーラーの謎

【1】ジョン・アイオビン, *Kirlian Photography: A Hands-on Guide*（Victoria, Australia: Images, 2000）,24

【2】同書,25

【3】http://paranormal.se/topic/kirlianfotografi.html

【4】ジェリー・デビッドソン・ウィートリー, *The Nature of Consciousness*（Phoenix: Research Scientific Press, 2001）,668

【5】リー・ウォレン "Connetedness p.1," http://www.wisemindbodyhealing.com/articles/approaches-healing-modalities/spirit-soul/article-connectedness-p-1）

【6】P・C・W・デイビーズ、J・R・ブラウン、*The Ghost in Atom: A Discussion of the Myseries of Quantum Physics*（Cambridge University

ボディーコードはこれまで開発されたなかで、エネルギーヒーリングについて最も総合的に学べる自習コースであり、教育動画やオンラインマニュアル、特許取得ずみのパソコンやスマートフォンなどで使える双方向マインドマップも用意されている。

詳しい情報はDiscoverHealing.comへ。

もっと詳しい情報が欲しいとき

エモーションコードについて質問がある場合は、すでに回答されている可能性がある。DiscoverHealing.com/supportのデータベースには、他の人々が問い合わせた質問が記載されている。それを見て、まだ回答されていなければ、どんな質問でも寄せてほしい。

全体的な質問はDiscoverHealing.com/contactへ。

下のことができる。
・エネルギーヒーリングについて詳しいことが学べる
・エモーションコードに関する動画を見られる
・動画、書籍、CD、ヒーリングツール、補足資料にアクセスできる
・他の生徒たちに質問したり、交流したりすることができる
・ライブやオンラインイベントの予定がわかる
・『エモーションコード』を購入できる
・エモーションコード認定プラクティショナーになる方法がわかる
・認定プラクティショナーによる遠隔セッションに申し込める
・エモーションコードに関するウェブセミナーを見られる
・ボディーコードについて詳しいことが学べる
DiscoverHealing.comでは他の会員と交流し、会員専用教育動画を視聴できる。
DiscoverHealing.comを訪れて、残らず有効活用してほしい。

ソーシャルメディアについて
DiscoverHealing.comに記載

言語について
『エモーションコード』の翻訳（英語以外）版についての情報は、
DiscoverHealing.comに記載

広報について
インタビュー等のメディア対応については、DiscoverHealing.comからPRチームへ問い合わせを。

ボディーコードについて
私はバランスの失調を直すことがヒーリングへの早道だと学んだ。本書にも記したように、囚われた感情は心身のあらゆる病気の重大な原因であり、私たちが苦しんでいる最も一般的なバランスの失調である。長年の施術経験から、私は人間が陥る可能性があるあらゆる種類のバランス失調を突きとめる、とてもシンプルだが総合的な方法を開発した。その方法の効果が非常に高く、非常に厄介な問題にも効きめがあったのは、病気を引き起こしているのがバランス失調だからである。
エモーションコードはより大きな主体である方法論、ボディーコードのひとつである。ボディーコードを利用すれば、潜在意識にアクセスして、ヒーリングを阻害し、心身の病気の原因となっていた、気づかなかったバランス失調を発見できる。ボディーコードを使えば、修正する必要があるバランス失調について潜在意識に簡単に質問でき、問題を解決する方法さえ知ることができる。

参考情報
Resources

認定プラクティショナーになりたいときは

エモーションコードの認定プラクティショナーになれば、エモーションコードの熟練者になれ、ヒーリングの可能性がさらに広がる。ヒーラーの仕事への興味の有無にかかわらず、認定プラクティショナーになることは、エモーションコードを習得する最善の方法である。だが、エモーションコードで人々を救うことを新しい仕事として考えたことはないだろうか？　認定プラクティショナー養成プログラムはエネルギーヒーリング分野での仕事をはじめる最善の道であり、身体的、精神的、経済的な自由を得られ、新しい世界が開けるかもしれない。

認定プラクティショナーの必要性は世界中で高まっており、あなたがそのニーズを満たして、私たちを助けてくれるかもしれない。

エモーションコードの認定プラクティショナーとして、新しい人生の可能性を開いてほしい！

DiscoverHealing.comは著作権を保有するエモーションコード方法論を商業目的で使用する個人、及びエモーションコードのプラクティショナーとして活動する個人の訓練と認定をする権利を保有しています。

詳しい情報はDiscoverHealing.com/certification

認定プラクティショナーを探したいときは

認定プラクティショナーに、プロキシを利用してまたは直接、囚われた感情やハートウォールを解放してもらいたい場合は、お手伝いできる仲間が増えています。

詳しい情報とご予約はDiscoverHealing.com/practitioners

DiscoverHealing.comについて

私の目標はあなたがヒーラーになるための力を貸す知識を提供することである。感情の重荷とハートウォールを解放し、あなた自身と愛する人を救う方法を知ること、そしてすべての人々が持てる可能性を残らず発揮することは、生まれながらの権利だと信じているのだ。

DiscoverHealing.comはこの効果が高く自然なヒーリング技術の目的と誰でも利用できる補足情報を提示するために制作した。どうか立ち寄って、簡単に会員になれるオンラインの教育用ライブラリーをのぞいてほしい。そこでは以

監修あとがき

私がエモーションコードに出合ったのは、2013年のことです。「アメリカで人気のヒーリングアプローチがある」という友人の誘いで参加した、「ハートウォール（Heart Wall：心の壁）」セッションの体験がきっかけでした。セッション内容はもちろんのこと、誰でも簡単にできる点に大変感銘を受け、さっそく公認プラクティショナー資格を取得。翌年ソルトレイクシティで行われた、ブラッドリー・ネルソン博士のセミナーにも参加し、博士の真摯で慈愛にあふれるお人柄にも心打たれ、以来、日本で公認プラクティショナーとして活動を続けています。

私は、「我々人間は無限の可能性を持つ存在である」という信条の下、エモーションコード、ボディコードを含め、さまざまな効果的なアプローチを活用したエネルギーワークやセミナーを行っています。私たちは「肉体」という物体以上の存在であり、意識や感情も含めたエネルギーの集合体として、もっと自由に、もっと楽しく生きることができる――そう私は信じており、本書でネルソン博士が語る「宇宙に存在するものは、物理的な形を取っていようが見えない形だろうが、すべてエネルギーでできていて、感情というエネルギーが肉体というエネルギーに影響を与えている」という考えは、大変共鳴できるものです。

加えて、自分ではまだ知らない「能力」が、自分の中にあると気付けることも、エモーションコードの素晴らしい点だと感じます。本書に記された「(神や宇宙とつながっている)潜在意識は何でも知っていること」や「自ら問いかけ求めれば、潜在意識は真実を教えてくれること」がそうです。

過去の私は、兄や友人の死による深い悲しみに溺れ、変えられない環境に対する自分の無力さを嘆きながら、現実から逃避してアルコール漬けの日々を送り、心身ともに自分を苦しめていた時期もありました。でもある時そのばかばかしさに気付き、全てをリセットすることにしました。なぜ気付けたのか？　それは心身ともにギリギリの状態であっても、自分自身と向き合い「問いかけ」をし続けたことで、潜在意識が私に「気付き」を与えてくれたのだと思っています。エモーションコードにも、私が潜在意識から気付きを得たのと同じような、素晴らしい効果があると感じています。

日本では、エモーションコードの内容や効果がまだまだ知られていません。本書は、ネルソン博士が自ら実践されてきたヒーリングワークや研究結果をもとに、そのことが論理的に誰にでもわかるように説明されています。事例も豊富に掲載されており、日本の読者にとっても大変説得力があるのではないでしょうか。

本書を通じて、一人でも多くの方がエモーションコードを実践し、潜在意識との向き合い方を学び、自分自身や周囲の方々の囚われた感情を自ら開放することで、悩みや不安のない充実した人生を過ごしていただけるよう、心から願っております。

２０２０年２月

高柳　美伸

■著者紹介

ブラッドリー・ネルソン（Dr. Bradley B. Nelson）

バイオエナジェティックス療法とエネルギー心理学の第一人者として世界中で認められ、エモーションコードも含まれる簡単だが強力なセルフヘルプ法、ボディーコードの開発者でもある。自身が開発したヒーリング方法を世界中で指導して絶賛され、70を超える国々で数千人のプラクティショナーを認定している。講演者や優秀な指導者としても広く知られ、現在もより多くの人々に指導するために活動中。主な著書に『The Body Code: Unlocking Your Body's Ability to Heal Itself』がある。妻ジーンとの間に７人の子どもをもうけ、アメリカ・ユタ州南部に在住。

■監修者紹介

高柳美伸（たかやなぎ・みのぶ）

心身のヒーリングや能力開発を目的として、ボディコード＆エモーションコードの認定プラクティショナー他、国内外のさまざまなアプローチで、ワークショップ、リトリート、個人セッションを幅広く手掛ける。

株式会社なごみ：http://www.nagomi.com/monroe/bodycode/index.html

■訳者紹介

寺尾まち子（てらお・まちこ）

英語翻訳者。主な訳書に、『リンカーンのように立ち、チャーチルのように語れ』（海と月社）、『あなたを守れるなら』（二見書房）など。

翻訳協力／株式会社リベル

2020年4月3日　初版第1刷発行
2023年12月1日　　　第2刷発行

フェニックスシリーズ ⑲

エモーションコード
――「囚われた感情」の解放による奇跡の療法

著　者　ブラッドリー・ネルソン
監修者　高柳美伸
訳　者　寺尾まち子
発行者　後藤康徳
発行所　パンローリング株式会社
〒160-0023　東京都新宿区西新宿 7-9-18　6 階
TEL 03-5386-7391　FAX 03-5386-7393
http://www.panrolling.com/
E-mail　info@panrolling.com
装　丁　パンローリング装丁室
印刷·製本　株式会社シナノ

ISBN978-4-7759-4225-3